高等职业院校市场营销专业系列教材

市场调查与预测

主　编　王文华
副主编　商香华　黄　静

中国物资出版社

图书在版编目（CIP）数据

市场调查与预测/王文华主编．—北京：中国物资出版社，2010.7

（高等职业院校市场营销专业系列教材）

ISBN 978-7-5047-3431-0

Ⅰ.①市… Ⅱ.①王… Ⅲ.①市场—调查—高等学校：技术学校—教材②市场预测—高等学校：技术学校—教材 Ⅳ.①F713.5

中国版本图书馆 CIP 数据核字（2010）第 104348 号

策划编辑 寇俊玲
责任编辑 张利敏
责任印制 何崇杭
责任校对 孙会香 梁 凡

中国物资出版社出版发行
网址：http://www.clph.cn
社址：北京市西城区月坛北街 25 号
电话：（010）68589540 邮政编码：100834
全国新华书店经销
中国农业出版社印刷厂印刷

开本：787mm×1092mm 1/16 印张：16 字数：389 千字
2010 年 7 月第 1 版 2010 年 7 月第 1 次印刷
书号：ISBN 978-7-5047-3431-0/F·1358
印数：0001—3000 册
定价：24.00 元

内 容 提 要

全书共分三个模块，主要内容有：准备调查、实施调查、总结调查。

本书是高等职业教育市场营销专业及其他相关专业的技能教材之一。适合于三（两）年及五年制的学生使用，也可供其他企业的市场调研人员学习及参考。

前　言

为了进一步落实“基于工作过程的课程改革”及“行动导向教学”的高等职业教育思想，高职市场营销专业与其他专业一样也在作人才培养模式、课程体系、教学内容和教学方法的改革，而这些改革离不开教材改革。这本《市场调查与预测》就是基于这样一个背景开发的。在吸收国际国内先进理论成果的同时结合教学实际，突出新的特色，创新教学体系、方法，将国家规范与实际需要结合起来，面向学生、面向市场，重点强调实际训练与操作，着力打造定位准确、特色鲜明的市场营销专业的品牌教材。

本书共分为三个模块，首先是准备调查，主要内容是：确定调查目标、选择调查方法、选择调查方式、设计调查问卷、制订调查计划。其次是实施调查，主要内容是：组建调查队伍、培训调查人员、开展调查、控制调查。最后是总结调查，主要内容是：整理调查资料、分析调查资料、预测发展趋势、撰写调查报告、审查和追踪调查。

本书的编写工作安排如下：①山东交通职业学院的王文华负责整体构思、大纲的编写及第二模块的编写工作。②山东交通职业学院的商香华负责细化大纲内容及第三模块的编写工作。③青岛酒店管理学院的黄静负责第一模块的编写工作。他们都是多年从事市场调查与预测的教学与研究工作，并躬身市场调研实践的高职院校老师，因此，本书是集体智慧的结晶，更是理论与实践的极佳组合，有力地保证了其理论深度、实用性和可操作性。

本书模块又分为若干个任务，按“学习任务、情景案例、案例点评、知识体系（其中，又插入小贴士及案例）、任务实训、复习思考、案例分析”等体系来编写，深入浅出地阐述了“是什么”“做什么”“怎么做”及“如何做好”等最重要也是最基本的市场调研内容。语言简洁通俗、突出重点，既宜用于课堂教学，也适用于学生自学阅读。书中所举案例力求贴切新颖，具有较强的参照性。

本教材还配有电子教学参考资料，包括电子教案，教学指南，能够为老师授课和学生学习提供诸多便利，登录 http：//www. clph. cn 即可下载。

编　者

2010 年 6 月

目 录

模块一　准备调查

任务一　确定调查目标

1. 熟悉确定调查项目的各项任务
2. 掌握市场调查的内容构成

情景案例

日本卡西欧公司的市场调查

日本卡西欧公司，自公司成立起便一直以产品的新、优而闻名世界，其新、优主要得力于市场调查。卡西欧公司的市场调查主要是销售调查卡，其卡只有明信片一般大小，但考虑周密，设计细致，调查栏目中各类内容应有尽有。第一栏是对购买者的调查，其中包括性别、年龄、职业、分类。第二栏是对使用者的调查，使用者是购买者本人、家庭成员或者其他人。每一类人员中，又分年龄、性别。第三栏是购买方法的调查，是个人购买、团体购买，还是赠送。第四栏是调查如何知道该产品的，是看见商店橱窗布置、报纸杂志广告、电视广告，还是朋友告知、看见他人使用等。第五栏是调查为什么选中了该产品，所拟答案有：操作方便、音色优美、功能齐全、价格便宜、商店的介绍、朋友的推荐、孩子的要求等。第六栏是调查使用后的感受，是非常满意、一般满意、普通，还是不满意，另外几栏还分别对机器的性能、购买者所拥有的乐器、学习乐器的方法和时间、所喜爱的音乐、希望有哪些功能等方面作了详尽的设计。为企业提高产品质量、改进经营策略开拓新的市场提供了可靠依据。

案例点评

从此案例中可以看出，市场调查对于企业市场营销工作和企业发展有着很重要的作用，案例中日本卡西欧公司市场调查的项目是提高产品质量、开拓新的市场，并围绕此项目选取了产品、渠道和满意度等内容作了最具针对性的调查。

知识体系

一、确定调查项目

市场调查是以提高企业营销效益为目的，有计划地收集、整理和分析市场的信息资料，提出解决问题的建议的一种科学方法。

市场调查项目又称调查课题，是指市场调研应收集什么样的主题信息、研究什么问题，达到什么目的。确定调查项目的意义关系到市场调查是否具有针对性、可行性、有效性和价值性。

（一）明确调研意图

明确调研意图的工作主要渠道有：和决策者讨论、会见专家、分析第二手资料以及进行定性研究。

1. 和决策者讨论

和决策者讨论的工作非常重要。决策者需要理解调查的作用和局限性。调查可以提供相关的信息，但不一定能提供解决问题的方案，这需要决策者来判断。反过来，调查者也需要了解决策者面临问题的实质，以及决策者希望从调查中获得的信息和要解决的问题。

为了明确调查问题，调查者必须善于和决策者接触。有许多因素使这种接触变得非常复杂，如和决策者接近就比较困难。有些单位对接近最高领导规定了非常复杂的程序和礼节，调查者或调查部门在单位所处地位决定了在调研的初期阶段接近关键的决策者的难易程度。另外，一个单位可能不止一位关键决策者，无论是单独见面还是集体见面都可能非常难。尽管存在这些问题，调查者仍然很有必要与关键的决策者接触。

2. 会见专家

除了和决策者交流以外，会见非常熟悉调查问题的专家，对系统地阐述调查问题也是非常有帮助的。这里所说的专家，既包括公司内部的专家，也包括公司外部的专家。通常情况下，专家的知识可以通过随意的个人交流获得，无须制作正式的调查问卷。当然，在会见之前，对会见将要谈论的题目提前列出来是非常有用的，但是会见无须严格按照提前准备的题目顺序和问题进行，可以灵活地对计划进行随机调整，只要达到获得专家知识的目的即可。与专家会面，只是为了界定调研问题，而不是寻找解决问题的方法。从专家处获得建议存在两个潜在的困难：

①有些人自称自己有知识并积极地希望参与，但他们未必是真正的专家。

②向顾客单位以外的专家求助往往比较困难。

因此，会见专家的方法更多地适用在为工业公司或产品技术特性而举行的营销调查中，这类专家相对比较容易发现和接近。这种方法也适用于没有其他信息来源的情况，例

如，对一个全新的产品进行调查。

3. 分析第二手资料

第二手资料是指并非为解决现有的问题而收集的资料。而第一手资料则是指调研者为解决具体调研问题而亲自收集的资料。第二手资料的来源渠道包括：企业和政府渠道、商业性的营销调研公司和计算机数据库。第二手资料是了解背景知识最节约、最迅速的渠道。分析第二手资料对于界定调查问题非常必要，只有充分分析了第二手资料，才能开始收集第一手资料。

在有些情况下，根据从决策者、产业专家处获得的信息以及收集的第二手信息仍不足以界定调研问题，这时，还应采取定性调查等其他方法来明确调查问题。

（二）确定调查目的

确定调查目的是调查的首要问题，只有确定了调查目的，才能确定调查的对象范围、内容和方法，否则就会列入一些无关紧要的调查项目，而漏掉一些重要的调查项目，无法满足调查的要求。

调查目的即调查的主题，但有些调查是属于多目的的，也就是属于比较广泛性的市场调查。例如，某一厂家拟推出设计较为新颖的服饰，除了需要调查一般对象的式样喜好程度和购买潜力外，同时希望了解该服饰的配饰设计是否理想。则此项调查目的（主题）包括了多层意义在内，而在整体的计划中必须列入考虑。

【小贴士 1－1】

1990 年我国第四次人口普查的目的十分明确，即“准确地查清第三次人口普查以来我国人口在数量、地区分布、结构和素质方面的变化，为科学地制定国民经济和社会发展战略与规划，统筹安排人民的物质和文化生活，检查人口政策执行情况提供可靠的依据”。

确定调查目的，就是明确在调查中要解决哪些问题，通过调查要取得什么样的资料，取得这些资料有什么用途等问题。

（三）确定调查对象和调查单位

明确调查目的之后，就要确定调查对象和调查单位，这主要是为了解决向谁调查和由谁来具体提供资料的问题。调查对象就是根据调查目的、任务确定调查的范围以及所要调查的总体，它是由某些性质上相同的许多调查单位所组成的。调查单位就是所要调查的社会经济现象总体中的个体，即调查对象中的一个个具体单位，它是调查中要调查登记的各个调查项目的承担者。

【案例 1－1】

为了研究某市各广告公司的经营情况及存在的问题，需要对全市广告公司进行全面调查，那么，该市所有广告公司就是调查对象，每一个广告公司就是调查单位。又如在对某市职工家庭基本情况一次性调查中，该市全部职工家庭就是这一调查的调查对象，每一户职工家庭就是调查单位。

在确定调查对象和调查单位时，应该注意以下四个问题：

第一，由于市场现象具有复杂多变的特点，因此，在许多情况下，调查对象也是比较复杂的，必须用科学的理论为指导，严格规定调查对象的含义，并指出它与其他有关现象的界限，以免造成调查登记时由于界限不清而发生的差错。如以城市职工为调查对象，就应明确职工的含义，划定城市职工与非城市职工、职工与居民等概念的界限。

第二，调查单位的确定取决于调查目的和对象，调查目的和对象变化了，调查单位也要随之改变。例如，要调查城市职工本人基本情况时，这时的调查单位就不再是每一户城市职工家庭，而是每一个城市职工了。

第三，调查单位与填报单位是有区别的，调查单位是调查项目的承担者，而填报单位是调查中填报调查资料的单位。例如，对某地区工业企业设备进行普查，调查单位为该地区工业企业的每台设备，而填报单位是该地区每个工业企业。但在有的情况下，两者又是一致的，例如，在进行职工基本情况调查时，调查单位和填报单位都是每一个职工。在调查方案设计中，当两者不一致时，应当明确从何处取得资料并防止调查单位重复和遗漏。

第四，不同的调查方式会产生不同的调查单位。如采取普查方式，调查总体内所包括的全部单位都是调查单位；如采取重点调查方式，只有选定的少数重点单位是调查单位；如果采取典型调查方式，只有选出的具有代表性的单位是调查单位；如果采取抽样调查方式，则用各种抽样方法抽出的样本单位是调查单位。

二、确定调查内容

（一）市场宏观环境调查

1. 政治环境调查

（1）政治环境调查。主要是了解对市场影响和制约的国内外政治形势以及国家管理市场的有关方针政策。

（2）调查内容。对于国际市场，由于国别不同，情况就复杂得多，主要可以从以下几个方面进行调查：

①国家制度和政策。主要了解其政治制度、对外政策（包括对不同国家、地区的政策等）。鉴于有些国家政权不够稳定，因此，只有了解并掌握这些国家的政权更迭和政治趋势，才能尽可能避免承担经济上的风险和损失。

②国家或地区之间的政治关系。随着国际政治关系的变化，对外贸易关系也会发生变化，如设立或取消关税壁垒，采取或撤销一些惩罚性措施、增加或减少一些优惠性待遇等。

③政治和社会动乱。由于罢工、暴乱、战争等引起的社会动乱，会影响国际商品流通

和交货期，给对外贸易带来一定的风险，但同时也可能产生某种机遇，通过调查，将有助于企业随机应变，把握市场成交机会。

④国有化政策。国有化政策是指了解各国对外国投资的政策，如外国人的投资是否要收归国有，什么情况下要收归国有等。

2. 法律环境调查

世界上许多发达国家都十分重视经济立法并严格遵照执行。我国作为发展中国家，也正在加速向法制化方向迈进，先后制定了合同法、商标法、专利法、广告法、环境保护法等多种经济法规和条例，这些都对企业营销活动产生了重要的影响。随着外向型经济的发展，我国与世界各国的交往越来越密切，由于许多国家都有各种适合本国经济的对外贸易法律，其中规定了对某些出口国家所施加的进口限制、税收管制及有关外汇的管理制度等，这些都是企业进入国际市场时所必须了解的。

3. 经济环境调查

经济环境对市场活动有着直接的影响，对经济环境的调查，主要可以从生产和消费两个方面进行：

（1）生产方面。生产决定消费，市场供应、居民消费都有赖于生产。生产方面调查主要包括这样几项内容：能源和资源状况、交通运输条件、经济增长速度及趋势产业结构、国民生产总值、通货膨胀率、失业率以及农、轻、重比例关系等。

（2）消费方面。消费对生产具有反作用，消费规模决定市场的容量，也是经济环境调查不可忽视的重要因素。消费方面调查主要是了解某一国家（或地区）的国民收入、消费水平、消费结构、物价水平、物价指数等。

4. 社会文化环境调查

社会文化环境在很大程度上决定着人们的价值观念和购买行为，它影响着消费者购买产品的动机、种类、时间、方式以至地点。经营活动必须适应所涉及国家（或地区）的文化和传统习惯，才能为当地消费者所接受。

5. 科技环境调查

科学技术是生产力。及时了解新技术、新材料、新产品、新能源的状况，国内外科技总的发展水平和发展趋势，本企业所涉及的技术领域的发展情况，专业渗透范围、产品技术质量检验指标和技术标准等，这些都是科技环境调查的主要内容。

6. 地理和气候环境调查

各个国家和地区由于地理位置不同，气候和其他自然环境也有很大的差异，它们不是人为造成的，也很难通过人的作用去加以控制，只能在了解的基础上去适应这种环境。应注意对地区条件、气候条件、季节因素、使用条件等方面进行调查。气候对人们的消费行为有很大的影响，从而制约着许多产品的生产和经营，如衣服、食品、住房等。

由此可见，地理和气候环境与社会环境一样，也是市场调查不可忽视的一个重要内容。

（二）市场微观环境调查

1. 市场需求调查

需求通常是指人们对外界事物的欲望和要求，人们的需求是多方面、多层次的。多方面表现在：有维持肌体生存的生理需求，如衣、食、住、行等；也有精神文化生活的需求，如读书看报、文娱活动、旅游等；还有社会活动的需求，如参加政治、社会集团及各种社交活动等。按照标志不同，还可分为物质需求（包括生产资料和生活资料），精神文化需求和社会活动需求；商品需求和劳务需求；欲望需求及有支付能力的需求等。

在市场经济条件下，市场需求是指以货币为媒介，表现为有支付能力的需求，即通常所称的购买力，购买力是决定市场容量的主要因素，是市场需求调查的核心。此外，由于市场是由消费者所构成的，因此，只有对消费者人口状况进行研究，对消费者各种不同的消费动机和行为进行把握，才能更好地为消费者服务，开拓市场的新领域。

（1）社会购买力总量及其影响因素调查：

①社会购买力含义与构成。社会购买力是指在一定时期内，全社会在市场上用于购买商品和服务的货币支付能力。社会购买力包括三个部分：即居民购买力、社会集团购买力和生产资料购买力。其中，居民购买力尤其是居民消费品购买力是社会购买力最重要的内容，历来都是市场需求调查的重点。

居民消费品购买力是城乡居民在市场上用于购买生活消费品的货币支付能力。对居民消费品购买力总量的调查，主要是通过收集、整理和分析购买力的各种指标来实现的，这些指标是：本期形成的居民消费品购买力、居民结余购买力、本期已实现的居民消费品购买力和本期未实现的居民消费品购买力等。对各种指标的计算方法是市场统计的研究内容，我们在此不多介绍。

②影响居民消费品购买力的因素调查主要包括以下几个内容：

a. 居民货币收入。由于居民的购买力来源于其货币收入，所以，居民货币收入的多少，是决定居民购买力大小的最主要的因素。城镇职工、城镇个体经营者和农民由于劳动单位和劳动性质不同，其收入来源（如工资收入、出售产品收入和劳务收入等）和影响因素（包括政策因素、价格因素等）也不同，因而应对此进行调查。

从市场营销角度出发，通常考虑居民个人收入、可支配收入和可随意支配收入三个项目。

个人收入是指个人从各种经济来源所得到的收入。个人收入的总和除以人口数就是每个人的平均收入。

个人可支配收入是指个人收入中扣除负担的税金所剩下来的能够作为个人消费或储蓄的收入。这部分收入相当一部分要用于支付维持个人和家庭生存必需的费用，如食品、衣着、燃料和房租水电等。

可随意支配收入是指从可支配收入中扣除维持个人和家庭生活必需费用所余下的部分，可随意支配收入是需求中最活跃的因素，它所形成的需求伸缩性很大，需求弹性较强。

b. 居民非商品性支出。居民的货币收入并非全部用于购买商品，有一部分要用于文

化、娱乐、生活服务开支，以及缴纳税金、票证费、党团工会组织费等非购买商品的货币支出，非商品支出在货币收入中所占比例大小，会影响居民消费品购买力的大小，这部分货币支出的数量，一方面取决于居民的货币收入水平，即居民的富裕程度，另一方面取决于各种文化、服务事业的发展情况和收费标准。

c. 结余购买力。居民的结余购买力表现为储蓄存款、手存现金和各种有价证券，三者处在经常的变动之中。结余购买力有期初结余和期末结余两种，期初结余购买力大小会对本期市场产生影响，而期末结余购买力大小则决定了对下期市场的冲击力。

d. 流动购买力。就某一地区来说，当地居民购买力的大小，还要受流动人口引起的货币流入和流出的影响，货币流入大于流出，当地的购买力就会增加；反之，流出大于流入，当地购买力就会减少。造成货币流出、流入变动的主要原因是流动人口的变化，比邻地区商品供应状况，以及商业网点设置与经营范围的调整等。

通过对购买力总量及其影响因素的调查，可使企业对所在地区的市场容量情况有一个整体的了解，为企业在计划期安排业务计划、确定生产和销售规模提供重要依据。

（2）购买力投向及其影响因素调查：

①购买力投向的含义及调查内容。购买力投向是指在购买力总额既定的前提下，购买力的持有者将其购买力用于何处，购买力在不同商品类别、不同时间和不同地区都有一定的投放比例，对购买力投向及其变动的调查，可为企业加强市场预测、合理组织商品营销活动和制定商品价格提供参考依据。

购买力投向调查，主要是收集社会商品零售额资料，并对其作结构分析，它是从卖方角度观察购买力投向变动，其方法是将所收集到的社会商品零售额资料按商品主要用途（如吃、穿、用、住、烧等）进行分类，计算各类商品零售额占总零售额的比重，并按时间顺序排列，以观察其特点和变化趋势，它直接反映了一定时期全国或某地区的销售构成，在商品供应正常的情况下，它基本上反映了商品的需求构成，当某类商品供应不足，需求受到抑制时，它只能在一定程度上反映商品的需求构成。

②影响购买力投向变动的主要因素。

a. 消费品购买力水平和增长速度的变化。

b. 消费条件的变化。

c. 商品生产和供应情况。

d. 商品销售价格的变动。

e. 社会时尚及消费心理变化。

f. 社会集团购买力控制程度等。

2. 消费者人口状况调查

某一国家（或地区）购买力总量及人均购买力水平的高低决定了该国（或地区）市场需求的大小。在购买力总量一定的情况下，人均购买力的大小直接受消费者人口总数的影响，为研究人口状况对市场需求的影响，便于进行市场细分化，就应对人口情况进行调查，其主要包括总人口、家庭及家庭平均人口、人口地理分布、年龄及性别构成、教育程度及民族传统习惯等。

(1) 总人口。对于一些生活必需品来讲，人口量的大小与这类商品需求量成正比。根据一个国家（或地区）的总人口与购买力，可以概括了解该国（或地区）市场规模的大小。在对总人口进行研究时，应该注意流动人口的变化情况，正如前面所讲的那样，人口流动会引起购买力的流动，从而引起市场需求的变化，这对于处在政治、经济、文化中心或地处交通枢纽的城市来说，尤为明显，此外，总人口的增长速度及其变化也将对市场需求构成产生影响。

(2) 人口地理分布。人口地理分布与市场需求有着密切关系。比如沿海地区和内地、城市与农村，在消费、需求构成、购买习惯和行为等方面都有着许多差异。

(3) 家庭总数和家庭平均人口数。家庭是社会的细胞，许多商品都是以家庭为基本单位来进行消费的。如住房、家具等，因此，家庭总数和平均人口数对于家庭用品的需求有很大的影响。近年来，随着我国人民生活条件的改善，我国家庭也出现了由过去几代同堂的大家庭向三口之家的小家庭发展的趋势。

(4) 民族构成。各民族由于其历史、文化和信仰不同，形成了各自比较鲜明的民族习惯，这种民族传统习惯往往会造成差别很大的消费习惯。如我国与中东地区国家、与欧美国家的生活习惯就有很大差别，对饮食、服装等商品的需求也就不同。同时，我国自身也是一个多民族国家，因此，在对消费者进行调查时，应注意这种因民族不同而产生的消费习惯的差异。

(5) 年龄构成。不同年龄的消费者对商品和服务的数量和种类有着不同的需求。如年轻人对服装、体育用品、音像制品、文具等用品需求较多，而老年人则对滋补品、保健用品有较多需求。当然，这也不是一概而论的，在不同的地区、不同的时期会有不同的特点，这都要依赖于通过市场调查去了解和把握。

(6) 性别差异。由于性别的差异，不但对消费品的需要有很大差别，其购买习惯和行为也有很大差别。通常女性对化妆品及服装的要求较多，喜欢逛商场，购物次数多但每次购物量不大，购物受外界影响较大，常需经过反复、犹豫、挑选后方能下决心购买；而男性对汽车、摩托车、烟酒等商品比较青睐，他们一般购物次数少，但每次购物量较大，购物时自主性强，比较果断和迅速。这些都是通过市场调查所获得的性别消费特征。

(7) 职业构成。职业不同，对消费品需求的差异也是比较明显的，工人一般用于物质方面的支出较多，而教师用于购买书刊及精神文化方面的支出相对多一些。

(8) 教育程度。教育程度不同，会产生不同的消费需要和习性。一般来说，教育程度较高的消费者商品知识比较广泛，喜爱购买某些特殊商品和文化层次较高的商品，购买商品时也显得较有理性。

3. 消费者购买动机和行为调查

(1) 消费者购买动机调查。所谓购买动机，就是为满足一定的需要，而引起人们购买行为的愿望和意念。人们的购买动机常常是由那些最紧迫的需要决定的，但购买动机又是可以运用一些相应的手段诱发的。消费者购买动机调查的目的主要是弄清购买动机产生的

各种原因，以便采取相应的诱发措施。

(2) 消费者购买行为调查。消费者购买行为是消费者购买动机在实际购买过程中的具体表现，消费者购买行为调查，就是对消费者购买模式和习惯的调查，即通常所讲的"3W1H"调查如图 1-1 所示，即了解消费者在何时购买（When）、何处购买（Where）、由谁购买（Who）和如何购买（How）等情况。

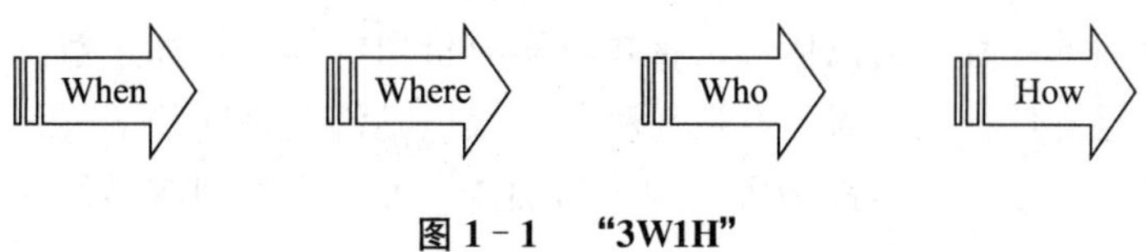

图 1-1　"3W1H"

①消费者何时购买的调查。消费者在购物时间上存在着一定的习惯和规律。某些商品销售随着自然气候和商业气候的不同，具有明显的季节性。如在春节、"五一"、中秋节、国庆节等节日期间，消费者购买商品的数量要比以往增加很多。应按照季节的要求，适时、适量地供应商品，才能满足市场需求。此外，对于商业企业来说，掌握一定时间内的客流规律，有助于合理分配劳动力，提高商业人员的劳动效率，把握住商品销售的黄金时间。

【小贴士 1-2】

某商场在对一周内的客流进行实测调查后发现，一周中客流量最多的是周日，最少的是周一；而在一天内，客流最高峰为职工上下班时间，即上午 11 时和下午 5 时；其他时间客流人数也均有一定的分布规律。据此，商场对人员和货物都作出了合理安排，做到忙时多上岗、闲时少上岗，让售货员能在营业高峰到来时，以最充沛和饱满的精神面貌迎接顾客，从而取得了较好的经济效益和社会效益。

②消费者在何处购买的调查。这种调查一般分为两种：一是调查消费者在什么地方决定购买，二是调查消费者在什么地方实际购买。对于多数商品，消费者在购买前已在家中作出决定，如购买商品房、购买电器等，这类商品信息可通过电视、广播、报纸杂志等媒体所做的广告和其他渠道获得。而对于一般日用品、食品和服装等，具体购买哪种商品，通常是在购买现场，受商品陈列、包装和导购人员介绍而临时作出决定的，具有一定的随意性。目前我国一些城市已出现通过电视商场购买的方式，使得决定购买和实际购买行为在家中便可完成。

此外，为了合理地设置商业和服务业网点，还可对消费者常去哪些购物场所进行调查。

③谁负责家庭购买的调查。对于这个问题的调查具体可包括三个方向，一是在家庭中

由谁作出购买决定，二是谁去购买，三是和谁一起去购买。有关调查结果显示：对于日用品、服装、食品等商品，大多由女方作出购买决定，同时也主要由女方实际购买；对于耐用消费品，男方作出决定的较多，当然在许多情况下也要同女方共同商定，最后由男方独自或与女方一同去购买；对于儿童用品，常由孩子提出购买要求，由父母决定，与孩子一同前往商店购买。此外，通过调查还发现，男方独自购买，女方独自购买或男女双方一同购买对最后实际成交有一定影响。

上述三个方面的调查能为商店经营提供许多有价值的信息，如了解到光临某商场或某柜台的大多为年轻女性，就可着意营造一种能够吸引她们前来购物的气氛，并注意经销商品的颜色和包装等；如果以男性为主，则可增加特色商品或系列商品的陈列和销售。

④消费者如何购买的调查。不同的消费者具有各自不同的购物爱好和习惯，如从商品价格和商品牌子的关系上看，有些消费者注重品牌，对价格要求不多，他们愿意支付较多的钱购买自己所喜爱的品牌；而有些消费者则注意价格，他们购买较便宜的商品，而对品牌并不在乎或要求不高。

4. 市场供给调查

市场供给是指全社会在一定时期内对市场提供的可交换商品和服务的总量。它与购买力相对应，由三部分组成：即居民供应量、社会集团供应量和生产资料供应量。它们是市场需求得以实现的物质保证。对市场供给的调查，可着重调查以下几个方面：

(1) 商品供给来源及影响因素调查。市场商品供应量的形成有着不同的来源，从全部供应量的宏观角度看，除由国内工农业生产部门提供的商品、进口商品、国家储备拨付和挖掘社会潜在物资外，还有期初结余的供应量。可先对不同的来源进行调查，了解本期市场全部商品供应量变化的特点和趋势，再进一步了解影响各种来源供应量的因素。影响各种来源供应量的因素可归纳为以下几个方面：

第一，生产量。商品货源的数量首先依赖于生产量，而生产量的高低又决定于现有生产水平和增长速度。

第二，结余储存。结余储存应包括商业部门和生产者两方面的储存，还应包括国家储备。

第三，进出口差额及地区间的货物流动。

第四，价格水平。商品价格合理与否，对商品货源有较大影响，此外，可替性商品价格水平的变化，也影响着相关商品供应量的大小。

第五，商品销售前景预期。生产经营者预期的主要形态是涨价预期、扩张预期、降价预期和紧缩预期。涨价预期会导致企业不顾具体商品的市场行情而盲目经营，使本来已供过于求的商品继续扩大其生产经营，涨价预期形成后，商品持有者往往掌握着商品（常是紧缩商品）而不投入市场，以待涨价，从而造成某种商品一方面市场短缺，另一方面库存积压，破坏了商品上市的均衡性，所以，对此也应加以了解。

(2) 商品供应能力调查。商品供应能力调查是对工商企业的商品生产能力和商品流转能力进行的调查。调查主要包括以下几个方面的内容：

第一，企业现有商品生产或商品流转的规模、速度、结构状况如何？能否满足消费要求？

第二，企业现有的经营设施、设备条件如何？其技术水平和设备现代化程度在同行业中处于什么样的地位？是否适应商品生产和流转的发展？

第三，企业是否需要进行投资扩建或者更新改建？

第四，企业资金状况如何？自有资金、借贷资金和股份资金的总量、构成以及分配使用状况如何？企业经营的安全性、稳定性如何？

第五，企业的现实赢利状况如何？综合效益怎么样？

第六，企业现有职工的数量、构成、思想文化素质、业务水平如何？是否适应生产、经营业务不断发展的需要等。

（3）商品供应范围调查。商品供应范围及其变化，会直接影响到商品销售量的变化。范围扩大意味着可能购买本企业商品的用户数量的增加，在正常情况下会带来销售总量的增加；反之，则会使销售总量减少。此项调查内容主要包括：

①销售市场的区域有何变化。在调查中要了解有哪些地区、哪些类型的消费者使用本企业的商品，了解他们在今后一段时期的购买是否会发生变化。同时，还要了解哪些地区、哪些类型的消费者目前尚未购买但可能购买本企业的商品，通过宣传能否使他们对本企业的商品发生兴趣，当地社会集团购买情况等。通过市场调查，如果发现本企业商品销售区域有其他企业同类商品进入，并且明显比本企业的商品受欢迎，那么，本企业商品在该区域的销售将面临挑战；反之，则预示着本企业将有一个较好的销售前景。

②所占比例有何变化。由于某些商品供应能力有限，或因消费者选择商品的标准不同，所以，往往会造成在同一市场上多种同类商品都有销路的状况，各企业的商品都占有一定的市场比例，即通常所讲的市场份额。市场比例不是固定不变的，它会受消费者的喜好、商品的改进等各种因素的影响而发生变动。因此，要随时了解本企业商品与其他企业商品相比所存在的优势和差距，这些同类商品在市场上受消费者欢迎的程度，消费者对各种同类商品的印象、评价和购买习惯等。通过调查，使企业对市场比例变化的状况、趋势及其原因有较深入和全面的了解，有利于企业在争取市场的过程中获得更多的份额。

5. 市场营销活动调查

市场营销活动调查也要围绕营销组合活动展开。其内容主要包括：竞争对手状况调查、商品实体和包装调查、价格调查、销售渠道调查、产品寿命周期调查和广告调查等，现分述如下：

（1）竞争对手状况调查。调查的内容主要包括：

第一，有没有直接或间接的竞争对手，如有的话，是哪些？

第二，竞争对手的所在地和活动范围；

第三，竞争对手的生产经营规模和资金状况；

第四，竞争对手生产经营商品的品种、质量、价格、服务方式及在消费者中的声誉和形象；

第五，竞争对手技术水平和新产品开发经营情况；

第六，竞争对手的销售渠道；

第七，竞争对手的宣传手段和广告策略；

第八，现有竞争程度（市场、占有率、市场覆盖面等）、范围和方式；

第九，潜在竞争对手状况。

通过调查，可将本企业的现有条件与竞争对手进行对比，为制定有效的竞争策略提供依据。

（2）商品调查。市场营销中的商品概念是一个整体的概念，不仅包括商品实体，还包括包装、品牌、装潢、商标、价格以及和商品相关的服务等。例如，我国许多出口商品质量过硬，但往往由于式样、工艺、装潢未采用国际标准，或未用条形码标价等原因。而在国际市场上，以远低于具有同样内在质量和使用价值的外国商品价格出售，造成了严重的经济损失。

①商品实体调查。商品实体调查是对商品本身各种性能的好坏程度所作的调查，它主要包括以下几个方面：

a. 商品性能调查。商品的有用性、耐用性、安全性、维修方便性等方面都是人们在购买商品时经常考虑的因素。通过调查可以了解哪些问题是最主要的，是生产经营中应该强调和狠抓落实的重点。

b. 商品的规格、型号、式样、颜色和口味等方面的调查。通过调查，了解消费者对上述方面的意见和要求。

c. 商品制作材料调查。主要是调查市场对原料或材料的各种特殊要求。如近年来美国许多青年人喜欢穿纯棉制作的衬衫，而不喜欢穿化纤类衬衫；我国的不少消费者喜欢喝不含任何添加剂的饮料等。

②商品包装调查。商品包装调查内容如表 1－1 所示。

表 1－1　商品包装调查内容表

包装种类		调查内容
销售包装	消费品包装	包装与市场环境是否协调；消费者喜欢什么样的包装外形；包装应该传递哪些信息；竞争产品需要何种包装样式和包装规格
	工业品包装	包装是否易于储存、拆封；包装是否便于识别商品；包装是否经济，是否便于退回、回收和重新利用等
运输包装		包装是否能适应运输途中不同地点的搬运方式；是否能够保证防热、防潮、防盗以及适应各种不利的气候条件；运输的时间长短和包装费用为多少等

③产品生命周期调查。任何产品从开始试制、投入市场到被市场淘汰，都有一个诞生、成长、成熟和衰亡的过程，这一过程称为产品的寿命周期，它包括导入期、成长期、

成熟期和衰退期四个阶段。因此，企业应通过对销售量、市场需求的调查，进而判断和掌握自己所生产和经营的产品处在什么样的寿命周期阶段，以作出相应的对策。

a. 产品销售量及销售增长率调查。销售增长率是判断产品处于寿命周期哪个阶段的重要依据。因为在寿命周期的各个阶段，销售增长率是不同的。根据日本的经验，增长率在投入期是不稳定的，成长期则在10%以上，成熟期大致稳定在0.1%～10%，衰退期则为负数。当然，国情不同、行业不同，其经验数值也不一定相同。

b. 产品普及率调查。耐用消费品的普及率资料可通过居民家计调查获得，通常用每百户居民所拥有的耐用消费品数量来表现，当调查结果显示企业某种产品接近衰退期时，就应及早采取相应措施，或者停止生产和经营该种产品，开发其他新产品；或者再通过努力，如对产品进行一些改装或改变促销策略等，以使产品的寿命周期得以延长。

(3) 价格调查。从宏观角度看，价格调查主要是对市场商品的价格，水平、市场零售物价指数和居民消费价格指数等方面进行调查。居民消费价格指数与居民购买力成反比，当居民货币收入一定时，价格指数上升，则购买力就会相对下降。

从微观角度看，价格调查的内容可包括：a. 国家在商品价格上有何控制和具体的规定。b. 企业商品的定价是否合理，如何定价才能使企业增加赢利。c. 消费者对什么样的价格容易接受，以及接受程度？消费者的价格心理状态如何。d. 商品需求和供给的价格弹性有多大、影响因素是什么等。

(4) 销售渠道调查。企业应善于利用原有的销售渠道，并不断开拓新的渠道。对于企业来讲，目前可供选择的销售渠道有很多，虽然有些工业产品可以对消费者采取直销方式，但多数商品要由一个或更多的中间商转手销售，如批发商、零售商等，对于销往国际市场的商品，还要选择进口商。为了选好中间商，有必要了解以下几方面的情况：

第一，企业现有销售渠道能否满足销售商品的需要？

第二，企业是否有通畅的销售渠道？如果不通畅，阻塞的原因是什么？

第三，销售渠道中各个环节的商品库存是否合理？能否满足随时供应市场的需要？有无积压和脱销现象？

第四，销售渠道中的每一个环节对商品销售提供哪些支持？能否为销售提供技术服务或开展推销活动？

第五，市场上是否存在经销某种或某类商品的权威性机构？如果存在，他们促销的商品目前在市场上所占的份额是多少？

第六，市场上经营本商品的主要中间商，对经销本商品有何要求？

通过上述调查，有助于企业评价和选择中间商，开辟合理的、效益最佳的销售渠道。

(5) 促销调查。①广告调查。广告调查是用科学的方法了解广告宣传活动的情况和过程，为广告主制定决策，达到预定的广告目标提供依据。广告调查的内容包括广告诉求调查、广告媒体调查和广告效果调查等。

广告诉求调查也就是消费者动机调查，包括消费者收入情况、知识水平、广告意识、生活方式、情趣爱好以及结合特定产品了解消费者对产品接受程度等。只有了解消费者的喜好，才能制作出打动人心的好广告。

广告媒体调查的目的是使广告宣传能达到理想的效果，广告媒体是广告信息传递的工具，目前各种媒体广告种类繁多，大致可归纳为以下四类：a. 视听广告，包括广播、电视和电影等。b. 阅读广告，包括报纸、杂志和其他印刷品。c. 邮寄广告，包括商品目录、说明书和样本等。d. 户外广告，包括户外广告牌、交通广告、灯光广告等。同时，每一类媒体中又有许多具体媒体，如目前全国电视台就有上百家，有覆盖全国的，也有地区的，其声望、可靠性、覆盖面等各不相同。广告约有 2/3 的费用要花在媒体上，因此，如何能以最低的广告费用求得最大的媒体影响力，是企业和广告制作者所密切关注的问题，这就需要通过调查了解情况，将各种媒体相互间的长处和短处进行比较，包括印象度的优劣、各种媒体的经济性、各种媒体相互组合的广告效果变化等。

②人员推销调查。

a. 人员推销基本形式的调查。主要包括：

● 上门推销：这是一种向顾客靠拢的积极主动的“蜜蜂经营法”，也是被企业和公众广泛认可和接受的一种推销方式。在进行调查时，应重点调查这一促销方式的调查。

● 柜台促销：营业员在与顾客当面接触和交谈中，介绍商品、回答询问、促成交易，这也是一种“等客上门”的促销形式。

● 会议推销：它是指利用各种会议的形式介绍和宣传产品，开展推销活动，如推销会、定货会、物资交流会、展销会等。这种推销形式具有接触面广、推销集中、成交额大的特点。在各种推销会议上，往往多家企业同时参加推销活动，买卖双方能够广泛接触。

b. 推销人员的调查。主要包括：

● 要求推销人员应该具备的素质：热忱、坚定、勤劳、无畏；服务精神好、富有进取心；求知欲强；良好的个性、娴熟的技巧。

● 推销人员的选拔：通过表格筛选，由应征人员先填写应征表格；经过表格筛选出来的符合基本条件的人员，由企业的销售主管或人事经理与其面谈，这样可以了解其语言能力、仪表仪态、面临困境的处理方法以及知识的深度和广度等。

● 进行心理测验：包括智力和特殊资质测验、态度个性兴趣测验和成就测验等。

c. 营业推广调查。营业推广是指企业通过直接显示、利用产品、价格、服务、购物方式与环境的优点、优惠或差别性，以及通过推销、经销奖励来促进销售的一系列方式方法的总和。它能迅速刺激需求，鼓励购买。主要包括：

● 营业推广对象的调查。企业营业推广的对象主要有三类：消费者或用户、中间商和推销人员。

● 营业推广形式的调查：包括赠送产品、有奖销售、优惠券、俱乐部制和“金卡”、附赠产品、推销奖金、竞赛、演示促销、交易折扣、津贴、红利提成、展销会订货会等。

d. 公共关系调查。由于公共关系促销是企业的一种“软推销术”，它在树立企业形象和产品现象时，能促进产品的销售，因其满足了消费者高层次的精神需要，而不断赢得新老顾客的信赖。因此，在进行市场调查时应重点调查公共关系的作用以及哪种公共关系形式对企业产品销售所起的作用最大。通常所用的公共关系促销形式有：创造和利用新闻、举行各种会议、参与社会活动和建设企业文化等。

任务实训

设想一下，如果我国的小企业向一些发展中国家出口陶瓷洁具，应该了解或者注意些什么问题？向国际市场推销中国的民族产品，应该进行什么内容的市场调查？

1. 市场调查人员如何确定市场调查项目？
2. 以冰箱消费品为例，说明消费者购买的行为特点。
3. 举例说明企业发展中文化环境的重要性。
4. 市场环境调查的基本内容是什么？
5. 影响居民消费品购买力的主要因素有哪些？
6. 商品实体调查有哪些主要内容？

北京市超市业态度顾客满意度研究

超市是都市百姓经常要打交道的流通渠道，对超市是否满意将会影响到每一个居民的生活幸福感。有鉴于此，迪纳市场研究院针对北京市城八区的大中型超市进行了一次满意度调查，以了解整个北京市居民对超市这一零售业态的满意程度。本次调查在北京市共采集有效样本615个，调查通过电话访谈完成。分析框架采用迪纳市场研究院专门开发的超市满意度测量结构方程模型，并采用PLS算法计算得到满意度、忠诚度和影响满意度的各要素的用户评价分值，以及这些要素对满意度影响的大小。调查涉及的超市主要有家乐福、美廉美、京客隆、物美、超市发、华普、北京华联等。本次调查分析的主要结论包括：大中型超市整体顾客满意度得分与中国用户满意指数（CCSI）生活服务类中其他服务的平均得分相比较高；对大中型超市满意度影响最大的是经营的商品；顾客满意度对顾客忠诚度影响很大，顾客满意度提高1分，顾客忠诚度将提高0.930分；为了提高顾客满意度，从结构变量层次看，超市首先要关注促销，其次需要关注超市形象和超市政策；从操作层面看，在影响超市消费者满意度的37个具体要素中，需要重点提升的满意度驱动要素包括重视资源回收与环保、灵活调整收银台、积分卡优惠卡等。报告还对不同细分人群、主要超市的顾客满意度状况进行了分析。本次调查为超市如何改进服务质量、提高顾客满意度提供了数据支持和理论依据。

问题：

1. 此案例调查的目的、对象、内容分别是什么？

2. 此案例对你有何启示？

任务二　选择调查方法

学习任务

1. 掌握文案调查的功能和特点、方式和方法
2. 掌握访问调查法的几种方法
3. 掌握观察调查法的技术
4. 掌握实验调查法方案的设计
5. 学会应用市场调查的有关常用方法进行市场调查

情景案例

调查方法应用5则

1. 日本某公司的信息获取与利用

美国法律规定，本国商品的定义是“一件商品，美国制造的零件所含价值必须达到这件商品价值的50%以上”。日本一家公司通过查阅美国有关法律和规定获知了此条信息。这家公司根据这些信息，思谋出一条对策：进入美国公司的产品共有20种零件，在日本生产19种零件，从美国进口1种零件，这1种零件价值最高，其价值超过50%以上，在日本组装后再送到美国销售，就成了美国商品，就可直接与美国厂商竞争。

2. 商业密探：帕科·昂得希尔

帕科·昂得希尔是著名的商业密探，他所在的公司叫恩维罗塞尔市场调查公司。他通常的做法是坐在商店的对面，悄悄观察来往的行人。而此时，他的属下正在商店里努力工作，跟踪在商品架前徘徊的顾客。他们的目的是要找出商店生意好坏的原因，了解顾客走进商店以后如何行动，以及为什么许多顾客在对商品进行长时间挑选后还是失望地离开。通过他们的工作给许多商店提出了许多实际的改进措施。如一家主要是青少年光顾的音像商店，通过调查发现这家商店把磁带放置过高，孩子们往往拿不到。昂得希尔指出应把商品降低放置，结果销售量大大增加。再如一家叫伍尔沃思的公司发现商店的后半部分的销售额远远低于其他部分，昂得希尔通过观察的拍摄现场解开了这个谜：在销售高峰期，现金出纳机前顾客排着长长的队伍，一直延伸到商店的另一端，妨碍了顾客从商店的前面走到

后面，针对这一情况，商店专门安排了结账区，结果使商店后半部分的销售额迅速增长。

3. 楚汉酒店的经营之道

楚汉大酒店坐落在南方某省会城市的繁华地段，是一家投资几千万元的新建大酒店，开业初期生意很不景气。公司经理为了找到症结，分别从该市的大中型企业、大专院校、机关团体、街道居民中邀请了12名代表参加座谈会，并亲自走访东、西、南、北四区的部分居民及外地旅游者，调查后发现，本酒店没有停车站，顾客来往很不方便；居民及游客对本酒店的知晓率很低，更谈不上满意度；本酒店与其他酒店相比，经营特色是什么，大部分居民不清楚。为此，酒店作出了兴建停车场、在电视上作广告、开展公益及社区赞助活动、突出经营特色、开展多样化服务等决策。决策实施后，酒店的生意日渐火红。

4. 柯达公司的市场调查

以彩色感光技术先驱著称的柯达公司，目前产品有3万多种，年销售额100多亿美元，纯利在12亿美元以上，市场遍布全球各地，其成功的关键是重新产品研制，而新产品研制成功即取决于该公司采取的反复市场调查方式。以蝶式相机问世为例，这种相机投产前，经过反复调查。首先由市场开拓部提出新产品的意见，意见来自市场调查，如用户认为最想的照相机是怎样的？重量和尺码多大最适合？什么样的胶卷最便于安装、携带等。根据调查结果，设计出理想的相机模型，提交生产部门对照设备能力、零件配套、生产成本和技术力量等因素考虑是否投产，如果不行，就要退出重订和修改。如此反复，直到造出样机。样机出来后进行第二次市场调查，检查样机与消费者的期望还有何差距，根据消费者意见，再加以改进，然后进入第三次市场调查。将改进的样机交消费者使用，在得到大多数消费者的肯定和欢迎之后，交工厂试产。试产品出来后，由市场开拓部门进一步调查新产品有何优缺点？适合哪些人用？市场潜在销售量有多大？定什么样的价格才能符合多数家庭购买力？诸如此类问题调查清楚后，正式打出柯达牌投产。经过反复调查，蝶式相机推向市场便大受欢迎。

5. 澳大利亚某出版公司的网络问路

澳大利亚某出版公司曾计划向亚洲推出一本畅销书，但是不能确定用哪一种语言、在哪一个国家推出。后来决定在一家著名的网站作一下市场调研。方法是请人将这本书的精彩章节和片断翻译成多种亚洲语言，然后刊载在网上，看一看究竟用哪一种语言翻译的摘要内容最受欢迎。过了一段时间，他们发现，网络用户访问最多的网页是用中国大陆的简化汉字和朝鲜文字翻译的摘要内容。于是他们跟踪一些留有电子邮件地址的网上读者请他们谈谈对这部书摘要的反馈意见，结果大受称赞。于是该出版公司决定在中国和韩国推出这本书。书出版以后，受到了读者的普遍欢迎，获得了可观的经济效益。

案例点评

以上5个案例分别运用了文案调查法、观察法、访问调查法、实验调查法、网络调查法等主要调查方法。可见调查者能够针对特定的调查项目正确选择调查方法是很有必要的。

知识体系

在市场调查活动中，我们经常要面对市场调查方法选择的问题，在市场调查的过程中，如果由于方法选择不当，不仅达不到市场调查的目的，还消耗了人力、物力，还可能贻误时机。因此，我们不仅要掌握市场调查的常用方法，还应该学会根据不同的时空变化，选择不同的方法，让市场调查工作为后期的市场预测准确性奠定坚实的基础。

市场调查的方法是多种多样的，可以分别采用文案调查法、访问调查法、观察调查法、实验调查法等，也可以综合运用几种调查方法。

选择市场调查方法总的原则是：第一，根据调查目的和任务来选择。第二，根据调查对象特点来选择。第三，根据调查活动的经费预算来选择。第四，根据调查活动所需的时间来选择。

一、文案调查法

（一）市场信息的类别

市场调查是对市场信息进行收集和研究的过程，在介绍调查方法之前，有必要了解市场信息的各种类别。

1. 按市场信息负载形式分类

（1）文献性信息：如文字、图像、符号、声频、视频；手工型、印刷型、微缩型、卫星型等。

（2）物质性信息：如商品展览、模型、样品等。

（3）思维型信息：如预测信息、对竞争对手的决策判断等。

2. 按市场信息的产生过程分类

（1）原始信息：是市场活动中产生的各种文字和数据资料。

（2）加工信息：根据需要，对原始信息进行加工、处理和分析等。

3. 按市场信息的范围分类

（1）宏观市场信息：是关于企业外部经营环境的各种能够信息。如国民经济发展情况、居民购买力、股市行情等。

（2）微观市场信息：是反映企业生产、经营状况的各种信息。如企业商品销售额、劳动效率、购销合同履行情况等。

4. 按市场信息的时间分类

（1）动态市场信息：反映市场现象在不同时期的发展变化的信息。

（2）静态市场信息：是对某一时刻市场活动的说明，对各种动态及静态资料进行收集、整理和分析，是科学预测和决策的前提。

（二）文案调查法的特点

文案调查法又称直接调查法，是利用企业内部和外部的现有的各种信息、情报资料，对调查内容进行分析研究的一种调查方法。

与实地调查法相比，文案调查法具有以下几个特点：

（1）文案调查法是收集已经加工过的次级资料，而不是对原始资料的收集。

（2）文案调查法以收集文献性信息为主，它具体表现为各种文献资料。

（3）文案调查法所收集的资料包括动态和静态两个方面，尤其偏重于动态角度。

（三）文案调查法的功能

文案调查法的功能具体表现在以下四个方面：

1. 文案调查可以发现问题并为市场研究提供重要参考依据

（1）市场供求趋势分析，即通过收集各种市场动态资料并加以分析对比，以观察市场发展方向。例如，根据某企业近几年的营业额平均以15%的速度增长，由此可推测未来几年营业额的变动情况。

（2）相关和回归分析，即利用一系列相互联系的现有资料进行和回归分析，以研究现象之间相互影响的方向和程度，并可在此基础上进行预测。

（3）市场占有率分析，即根据各方面的资料，计算出本企业某种产品的市场销售量占该市场同种商品总销售量的份额，以了解市场需求及本企业所处的市场地位。

（4）市场覆盖率分析，即用本企业某种商品的投放点与全国该种产品市场销售点总数的比较，反映企业商品销售的广度和宽度。

2. 文案调查可为实地调查创造条件

（1）通过文案调查，可以初步了解调查对象的性质、范围、内容和重点等，并能提供实地调查无法或难以取得的市场环境等宏观资料，便于进一步开展和组织实地调查，取得良好的效果。

（2）文案调查所收集的资料还可用来证实各种调查假设，即可通过对以往类似调查资料的研究来进行实地调查的设计，用文案调查资料与实地调查资料进行对比，鉴别和证明实地调查结果的准确性和可靠性。

（3）利用文案调查资料并经适当的实地调查，可以用来推算所需掌握的数据资料。

（4）利用文案调查资料，可以用来帮助探讨现象发生的各种原因并进行说明。

3. 文案调查法可用于有关部门和企业进行经常性的市场调查

实地调查法与文案调查法相比，更费时、费力，组织起来也比较困难，故不能或不宜经常进行，而文案调查如果经调查人员精心策划，尤其是在建立企业及外部文案市场调查体系的情况下，具有较强的机动性和灵活性，随时能根据企业经营管理的需要，收集、整理和分析各种市场信息，定期为决策者提供有关市场调查报告。

4. 文案调查不受时空限制

从时间上看，文案调查不仅可以掌握现实资料，还可获得实地调查所无法取得的历史资料。从空间上看，文案调查既能对企业内部资料进行收集，还可掌握大量的有关市场环境方面的资料。

（四）文案调查法的局限性

第一，这种方法依据的主要是历史资料，过时资料比较多，现实中正在发展变化的新情况、新问题难以得到及时的反映。

第二，所收集、整理的资料和调查目的往往不能很好地吻合，数据对解决问题不能完全适用，收集资料时易有遗漏。例如，调查所需的是分月商品销售额资料，而我们所掌握的是全年商品销售额资料，尽管可计算平均月销售额，但精确度会受到影响。

第三，文案调查要求调查人员具有较广的理论知识、较深的专业知识及技能，否则将感到无能为力。此外，由于文案调查所收集的次级资料的准确程度较难把握，有些资料是由专业水平较高的人员采用科学的方法收集和加工的，准确度较高，而有的资料只是估算和推测的，准确度较低，因此，应明确资料的来源并加以说明。

（五）文案调查的渠道

文案调查应围绕调查目的，收集一切可以利用的现有资料。从企业经营的角度讲，现有资料包括企业内部资料和企业外部资料。因此，文案调查的渠道也主要是这两种。

（1）企业内部资料的收集。主要是收集企业经济活动的各种记录，包括以下三种：

①业务资料，包括与企业业务经济活动有关的各种资料。如订货单、进货单、发货单、合同文本、发票、销售记录、业务员访问报告等。

②统计资料，主要包括各类统计报表，企业生产、销售、库存等各种数据资料，各类统计分析资料等。

③财务资料，财务资料反映了企业活劳动和物化管理占用和消耗情况及所取得的经济效益，通过对这些资料的研究，可以确定企业的发展前景，考核企业经济时效。

④企业积累的其他资料。如平时剪报、各种调研报告、经验总结、顾客意见和建议、同业卷宗及有关照片和录像等。例如，根据顾客对企业经营商品质量和售后服务的意见，就可以对如何改进加以研究。

（2）企业外部资料的收集。对于企业外部资料，可从以下几个主要渠道加以收集：

①统计部门与各级各类政府主观部门公布的有关资料。国家统计局和各地方统计局都定期发布统计公报等信息，并定期出版各类统计年鉴，内容包括全国人口总数、国民收入、居民购买力水平等，这些均是很有权威和价值的信息。这些信息都具有综合性强、辐射面广的特点。

②各种经济信息中心、专业信息咨询机构、各行业协会和联合会提供的市场信息和有关行业情报。这些机构的信息系统资料齐全，信息灵敏度高，为了满足各类用户的需要，它们通常还提供资料的代购、咨询、检索和定向服务，是获取资料的重要来源。

③国内外有关的书籍、报纸、杂志所提供的文献资料，包括各种统计资料、广告资料、市场行情和各种预测资料等。

④有关生产和经营机构提供的商品目录、广告说明书、专利资料及商品价目表等。

⑤各地电台、电视台提供的有关市场信息。近年来全国各地的电台和电视台为适应市场经营形势发展的需要，都相继开设了市场信息、经济博览等以传播经济、市场信息为主导的专题节目及各类广告。

⑥各种国际组织、外国使馆、商会所提供的国际市场信息。

⑦国内外各种博览会、展销会、交易会、订货会等促销会议以及专业性、学术性经验交流会议上所发放的文件和材料。

(3) 国际互联网、在线数据库。国际互联网和在线数据库也是企业收集外部信息的重要渠道。对于市场调研者来说，通过国际互联网和在线数据库，可收集存放在世界各地服务器上的数据、文章、报告和相关资料，对于特定的市场调研课题来说，可以获得如下重要的信息资源。

①与调研课题有关的环境资料，包括总体环境、产业环境、竞争环境的资料。

②调研课题有关的主体资料和相关资料。

③与调研课题有关的各类公司、组织机构的资料。

④同类研究课题的报告、案例分析、研究思路与参考性方案。

⑤与调研课题有关的产品知识、市场知识和相关知识。

(六) 文案调查的应用范围

(1) 工业产品，以资本及主要原料为营运重心的厂家，它可利用文案市场调查佐以顾客购买动机调查之深入访问交互配合，可得精准结论。

(2) 高级特殊品，诸如高级汽车的市场行销调查。

(3) 国际贸易的出口企业对于进口地区之市场了解。

(4) 实地市场调查预备调查。

(5) 企业经常性市场调查。

二、访问调查法

(一) 访问调查法的概念和类型

1. 访问调查法的概念

询问调查法，就是调查人员采用访谈询问的方式向被调查者了解市场情况的一种方法，它是市场调查中最常用的、最基本的调查方法。

2. 访问调查法的类型

(1) 按访问方式分类：直接访问调查法和间接访问调查法。

(2) 按访问内容分类：标准化访问调查法和非标准化访问调查法。

(3) 按访问内容传递方式分类：面谈调查法、电话调查法、邮寄调查法、留置调查法和日记调查法等。

(二) 几种主要的访问调查方法

1. 面谈调查法

面谈调查法是调查者根据调查提纲直接访问被调查者，当面询问有关问题，既可以是个别面谈，主要通过口头询问；也可以是群体面谈，可通过座谈会等形式。个别面谈用于商品需求、购物习惯等。群体面谈请一些专家就市场价格状况和未来市场走向进行分析判断。

(1) 面谈调查法的优点：回答率高；可通过调查人员的解释和启发来帮助被调查者完

成调查任务；可以根据被调查者性格特征、心理变化、对访问的态度及各种非语言信息，扩大或缩小调查范围，具有较强的灵活性；可对调查的环境和调查背景进行了解。

（2）面谈调查法的缺点：人力物力耗费较大；要求调查人员的素质要高；对调查人员的管理较困难；此方法受到一些单位和家庭的拒绝，无法完成。

2. 电话调查法

电话调查法是由调查人员通过电话向被调查者询问了解有关问题的一种调查方法。

（1）电话调查的优点：取得市场信息的速度较快；节省调查费用和时间；调查的覆盖面较广；可以访问到一些不易见到面的被调查者，如某些名人等；可能在某些问题上得到更为坦诚地回答，例如，有些关于个人方面的问题，或者是对某些特殊商品的看法（如卫生巾、美胸品等），面谈调查可能不自然或不真实，但是在电话调查中则有可能得到比较坦诚地回答；易于控制实施的质量，由于访问基本上是在同一个中心位置进行电话访问，督导员或研究人员可以在实施的现场随时纠正访问员的不正确操作，例如，没有严格按问答题提问、说话太快、吐字不清楚、声调不亲切或者语气太生硬等可能出现的问题。

（2）电话调查的缺点：抽样总体与目标总体不一致，抽样总体实际上是全体电话用户，而是调查的目标总体可能包括所有有电话和没有电话的消费者，在我国电话的普及率还没有达到一个满意的水平，特别是在边远山区和农村，而发达国家可以达到95%以上，因此样本的代表性问题是我国目前实施电话调查的最大缺点；电话调查的被调查者只限于有电话的地区和个人；电话调查受到时间的限制；被调查者可能因不了解调查的详尽、确切的意图而无法回答或无法正确回答；对于某些专业性较强的问题无法获得所需的调查资料；无法针对被调查者的性格特点控制其情绪；访问的成功率可能较低，随机拨打的电话可能是空号或者是错号，被访者可能不在或正在忙不能接电话，被访者不愿意接受调查等。

3. 邮寄调查法

邮寄调查法是将调查问卷邮寄给被调查者，由被调查者根据调查问卷的填写要求填写好后寄回的一种调查方法。

（1）邮寄调查法的优点：可扩大调查区域；调查成本较低；被调查者有充分的答卷时间；可让被调查者以匿名的方式回答一些个人隐私问题；无须对调查人员进行培训和管理。

（2）邮寄调查的缺点：征询回收率较低；时间较长；无法判断被调查者的性格特征和其回答的可靠程度；要求被调查者应具有一定的文字理解能力和表达能力，因而对文化程度较低的人不适用。

4. 留置问卷调查

留置问卷调查法是当面将调查表交给被调查者，说明调查意图和要求，由被调查者自行填写回答，再由调查者按约定日期收回的一种调查方法。

5. 日记调查

日记调查是指对固定样本连续调查的单位发放登记簿或账本，由被调查者逐日逐项记

录，再由调查人员定期加以整理汇总的一种调查方法。

（三）访问调查法的优缺点比较

访问调查法的优缺点比较如表1－2所示。

表1－2　　五种访问法优缺点的比较

方面＼访问方法	面谈法	电话法	邮寄法	留置法	日记法
调查范围	较窄	较窄	广	较广	较广
调查对象	可控可选	可控可选	一般	可控可选	可控可选
影响回答的因素	能了解、控制和判断	无法了解、控制和判断	难了解、控制和判断	能了解、控制和判断	能了解、控制和判断
回收率	高	较高	较低	较高	较高
回答速度	可快可慢	最快	慢	较慢	慢
回答质量	较高	高	较低	较高	较高
平均费用	最高	低	较低	一般	一般

三、观察调查法

观察调查法简称观察法，是调查员凭借自己的感官和各种记录工具，深入调查现场，在被调查者未察觉的情况下，直接观察和记录被调查者行为，以收集市场信息的一种方法。

（一）观察调查法的特点

观察调查法不直接向被调查者提问，而是从旁观察被调查者的行动、反应和感受。其主要特点有：

（1）观察调查法所观察的内容是经过周密考虑的，不同于人们日常生活中的出门看看天气、到公园观赏风景等个人的兴趣行为，而是观察者根据某种需要，有目的、有计划地收集市场资料、研究市场问题的过程。

（2）观察调查法要求对观察对象进行系统、全面的观察。在实地观察前，应根据调查目的对观察项目和观察方式设计出具体的方案，尽可能避免或减少观察误差，防止以偏赅全，以提高调查资料的可靠性。因此，观察法对观察人员有严格的要求。

（3）观察调查法要求观察人员在充分利用自己的感觉器官的同时，还要尽量运用科学的观察工具。人的感觉器官特别是眼睛，在实地观察中能获取大量的信息。而照相机、摄像机、望远镜、显微镜、探测器等观察工具，不仅能提高人的观察能力，还能将观察结果记载下来，增加了资料的翔实性。

（4）观察调查法的观察结果是当时正在发生的、处于自然状态下的市场现象。市场现象的自然状态是各种因素综合影响的结果，没有人为制造的假象。在这样的条件下取得的观察结果，可以客观真实地反映实际情况。

（二）观察调查法的基本类型

1. 直接观察法

直接观察法是调查者直接深入到调查现场，对正在发生的市场行为和状况进行观察和记录。主要观察方式如下：

（1）参与性观察，是指调查者直接参与到特定的环境和被调查者中去，与被调查者一起从事某些社会经济活动，甚至改变自己的身份、身临其境、借以收集获取有关的信息。如“伪装购物法”或“神秘顾客法”。

（2）非参与性观察，又称局外观察，是指调查者以局外人的身份深入调查现场，从侧面观察、记录所发生的市场行为或状况，用以获取所需的信息。如供货现场观察、销售现场观察、使用现场观察。

（3）跟踪观察，是指调查员对被调查者进行连续性的跟踪观察。如商场顾客购物跟踪观察、女士着装跟踪观察、用户产品使用跟踪观察等。

2. 间接观察法

间接观察法是指对调查者采用各种间接观察的手段（痕迹观察、仪器观察等）进行观察，用以获取有关的信息。

（1）痕迹观察，是通过对现场遗留下来的实物或痕迹进行观察，用以了解或推断过去的市场行为。如食品厨柜观察法、垃圾清点观察法。

（2）仪器观察，仪器观察是指在特定的场所安装录像机、录音机或计数仪器等器材，通过自动录音、录像、计数等获取有关信息。如商场顾客流量自动测量、交通路口车流量自动测量、电视收视率自动测量等。

（3）遥感观察，是指利用遥感技术、航测技术等现代科学技术收集调查资料的方法，如地矿资源、水土资源、森林资源、农产品播种面积与产量估计、水旱灾害、地震灾害等均可采用遥感技术收集资料。这种方法目前在市场调查中应用较少。

（三）观察技术

观察技术是指观察人员实施观察时所运用的一些技能手段，主要包括卡片、符号、速记、记忆和机械记录等。适当的观察技术对提高调查工作的质量有很大的帮助。

观察卡片是一种标准化的记录工具，其记录结果即形成观察的最终资料。制作卡片时，应先列出所有观察项目，经筛选后保留重要项目，再将重要项目根据可能出现的各种情况进行合理的编排。如表 1－3 所示是某商场为观察购买者的行为而制作的顾客流量及购物调查卡片。使用时，在商场的进出口处由几名调查员配合进行记录，调查卡片每小时使用一张或每半小时使用一张，可将该时间内出入的顾客及其购买情况详细记录下来。

表 1-3　　顾客流量及购物调查卡片

被观察者　　观察时间　年　月　日　时至　时　观察地点　　观察者

	入向	出向	备注
人数			
购物人数			
购物金额			

符号和速记是为了提高记录工作的效率，用一套简便易写的线段、圈点等符号系统来代替文字，迅速地记录观察中遇到的各种情况。记忆则是采取事后追忆的方式进行记录的方法，通常用于调查时间紧迫或不宜现场记录的情况。

机械记录是指在观察调查中运用录音、录像、照相、各种专用仪器等手段进行的记录。

（四）观察调查法的主要内容

1. 观察顾客的行为

了解顾客行为，可促使企业有针对性地采取恰当的促销方式。所以，调查者要经常观察或者摄录顾客在商场、销售大厅内的活动情况，如顾客在购买商品之前，主要观察什么，是商品价格、商品质量还是商品款式等；顾客对商场的服务态度有何议论等。

2. 观察顾客流量

观察顾客流量对商场改善经营、提高服务质量有很大好处。例如，观察一天内各个时间进出商店的顾客数量，可以合理地安排营业员工作的时间，更好地为顾客服务；又如为新商店选择地址或研究市区商业网点的布局，也需要对客流量进行观察。

3. 观察产品使用现场

调查人员到产品用户使用地观察调查，了解产品质量、性能及用户反映等情况，实地了解使用产品的条件和技术要求，从中发现产品更新换代的前景和趋势。

4. 观察商店柜台及橱窗布置

为了提高服务质量调查人员要观察商店内柜台布局是否合理，顾客选购、付款是否方便，柜台商品是否丰富，顾客到台率与成交率以及营业员的服务态度如何等。

（五）观察调查法的运用

观察调查法的运用是观察人员的主观活动过程。为使观察结果符合客观实际，要求观察人员必须遵循以下原则：

（1）客观性原则，即观察者必须持客观的态度对市场现象进行记录，切不可按其主观倾向或个人好恶，歪曲事实或编造情况。

（2）全面性原则，即必须从不同层次、不同角度进行全面观察，避免出现对市场片面或错误的认识。

（3）持久性原则，市场现象极为复杂，且随着时间、地点、条件的变化而不断地变化。市场现象的规律性必须在较长时间的观察中才能被发现。

另外，还要注意遵守社会公德，不得侵害公民的各种权利，不得强迫被调查者做不愿做的事，不得违背其意愿观察被调查者的某些市场活动，并且还应为其保密。

观察调查法的一般程序，第一是选择那些符合调查目的并便于观察的单位作为观察对象。第二是根据观察对象的具体情况，确定最佳的观察时间和地点。第三是正确和灵活地安排观察顺序。第四是尽可能减少观察活动对被观察者的干扰。最后是要认真作好观察记录。

（六）观察调查法的优缺点

观察调查法的优点是可以实地记录市场现象的发生，能够获得直接具体的生动材料，对市场现象的实际过程和当时的环境气氛都可以了解，这是其他方法不能比拟的。观察法不要求被调查者具有配合调查的语言表达能力或文字表达能力，因此适用性也比较强。观察调查法还有资料可靠性高、简便易行、灵活性强等优点。

观察调查法的缺点，即只能观察到人的外部行为，不能说明其内在动机，观察活动受时间和空间的限制，被观察者有时难免受到一定程度的干扰而不完全处于自然状态等，总之，应用观察法，须扬长避短，尽量减少观察误差。

四、实验调查法

实验调查法是指市场调研者有目的、有意识地改变一个或几个影响因素，来观察市场现象在这些因素影响下的变动情况，以认识市场现象的本质特征和发展规律。实验调查既是一种实践过程，又是一种认识过程，并将实践与认识统一为调查研究过程。企业的经营活动中经常运用这种方法，如开展一些小规模的包装实验、价格实验、广告实验、新产品销售实验等，来测验这些措施在市场上的反映，以实现对市场总体的推断。

实验调查法按照实验的场所可分为实验室实验和现场实验。实验室实验是指在人造的环境中进行实验，研究人员可以进行严格的实验控制，比较容易操作，时间短，费用低。现场实验是指在实际的环境中进行实验，其实验结果一般具有较大的实用意义。

应用实验调查法的一般步骤是：根据市场调查的课题提出研究假设；进行实验设计，确定实验方法；选择实验对象；进行实验；分析整理实验资料并作实验检测；得出实验结论。实验调查只有按这种科学的步骤来开展，才能迅速取得满意的实验效果。

（一）实验设计

实验设计是调查者进行实验活动、控制实验环境和实验对象的规划方案。它是实验调查法各步骤的中心环节，决定着研究假设能否被确认，也决定实验对象的选择和实验活动的开展，最终还影响实验结论。

根据是否设置对照组或对照组的多少，可以设计出多种实验方案。基本的、常用的实验方案有：

1. 单一实验组前后对比实验

选择若干实验对象作为实验组，将实验对象在实验活动前后的情况进行对比，得出实验结论。在市场调查中，经常采用这种简便的实验调查。

【案例 1－2】

某食品厂为了提高糖果的销售量，认为应改变原有的陈旧包装，并为此设计了新的包装图案。为了检验新包装的效果，以决定是否在未来推广新包装，厂家取 A、B、C、D、E 五种糖果作为实验对象，对这五种糖果在改变包装的前一个月和后一个月的销售量进行了检测，得到的实验结果如表 1－4 所示。

表 1－4　　单一实验组前后对比　　单位：千克

糖果品种	实验前售量 Y_0	实验后销量 Y_n	实验结果 Y_n-Y_0
A	300	340	40
B	280	300	20
C	380	410	30
D	440	490	50
E	340	380	40
合计	1740	1920	180

从表 1－4 中可以看出，改变包装比不改变包装销售量大，说明顾客不仅注意糖果的质量，也对其包装有所要求。因此断定，改变糖果包装，以促进其销售量增加的研究假设是合理的，厂家可以推广新包装。但应注意，市场现象可能受许多因素的影响，180 千克的销售增加量，不一定只是改变包装引起的。

单一实验组前后对比实验，只有在实验者能有效排除非实验变量的影响，或者是非实验变量的影响可忽略不计的情况下，实验结果才能充分成立。

2. 实验组与对照组对比实验

选择若干实验对象为实验组，同时选择若干与实验对象相同或相似的调查对象为对照组，并使实验组与对照组处于相同的实验环境之中。

【案例 1－3】

某食品厂为了解面包的配方改变后消费者有什么反应，选择了 A、B、C 三个商店为实验组，再选择与之条件相似的 D、E、F 三个商店为对照组进行观察。观察一周后，将两组对调再观察一周，其检测结果如表 1－5 所示。

从表 1－5 中可知，两周内原配方面包共销售了 120＋130＝250（百袋），新配方面包共销售了 150＋140＝290（百袋）。这说明改变配方后增加了 40 百袋的销售量，对企业很有利。

表 1-5　实验组与对照组对比

面包店	原配方销售量（百袋）		新配方销售量（百袋）	
	第一周	第二周	第一周	第二周
A		37	43	
B		44	51	
C		49	56	
D	35			41
E	40			47
F	45			52
合计	120	130	150	140

实验组与对照组对比实验，必须注意二者具有可比性，即二者的规模、类型、地理位置、管理水平、营销渠道等各种条件应大致相同。只有这样，实验结果才具有较高的准确性。但是，这种方法对实验组和对照组都是采取实验后检测，无法反映实验前后非实验变量对实验对象的影响。为弥补这一点，可将上述两种实验进行综合设计。

3. 实验组与对照组前后对比实验

这是对实验组和对照组都进行实验前后对比，再将实验组与对照组进行对比的一种双重对比的实验法。它吸收了前两种方法的优点，也弥补了前两种方法的不足。

【案例 1-4】

某公司在调整商品配方前进行实验调查，分别选择了 3 个企业组成实验组和对照组，对其月销售额进行实验前后对比，并综合检测出了实际效果（如表 1-6 所示）。

表 1-6　双组前后对比　单位：万元

实验单位	前检测	后检测	前后对比	实验效果
实验组	$Y_0=2000$	$Y_n=3000$	$Y_n-Y_0=1000$	$(Y_n-Y_0)-(Xn-X_0)=$ 1000－400
对照组	$X_0=2000$	$X_n=2400$	$X_n-X_0=400$	

表中的检测结果，实验组的变动量 1000 万元，包含实验变量即调整配方的影响，也包含其他非实验变量的影响；对照组的变动量 400 万元，不包含实验变量的影响，只有非实验变量的影响，因为对照组的商品配方未改变。实验效果是从实验变量和非实验变量共同影响的销售额变动量中，减去由非实验变量影响的销售额变动量，反映调整配方这种实验变量对销售额的影响作用。由此可见，实验组与对照组前后对比实验，是一种更为先进的实验调查方法。

（二）实验调查法的应用

进行市场的实验调查，一是要有实验活动的主体，即实验者；二是要有实验调查所要了解的对象；三是要营造出实验对象所处的市场环境；四是要有改变市场环境的实践活动；五是要在实验过程中对实验对象进行检验和测定。

实验调查是一种探索性、开拓性的调查工作，实验者必须解放思想，有求实精神，敢于探索新途径，能灵活应用各种调查方法，才能取得成功。正确选择实验对象和实验环境，对实验调查的成败也有重要作用。如果所选的市场实验对象没有高度的代表性，其实验结论就没有推广的可能性。此外，由于实验活动要延续相当的时间，还要有效地控制实验过程，让实验活动严格按实验设计方案来进行。

（三）实验调查法的优缺点

实验调查法通过实验活动提供市场发展变化的资料，不是等待某种市场现象发生了再去调查，而是积极主动地改变某种条件，来揭示或确立市场现象之间的相关关系。它不但可以说明是什么，而且可以说明为什么，还具有可重复性，因此其结论的说服力较强。实验调查法对检验宏观管理的方针政策与微观管理的措施办法的正确性来说，都是一种有效的方法。

实验调查法在进行市场实验时，由于不可控因素较多，很难选择有充分代表性的实验对象和实验环境。因此实验结论往往带有一定的特殊性，实验结果的推广会受到一定的影响。实验调查法还有花费时间较多、费用较高、实验过程不易控制、实验情况不易保密、竞争对手可能会有意干扰现场实验的结果等缺点。这些缺点使实验调查法的应用有一些局限，市场调查人员对此应给予充分的注意。

五、网络调查法

（一）网络调查法的特点

网络调查又称网上调查或网络调研，是指企业利用互联网收集和掌握市场信息的一种调查方法。网上市场调查的实施可以利用 Internet 作为信息沟通渠道，它的开放性、自由性、平等性、广泛性和直接性的特性，使网上市场调查具有传统的市场调查手段和方法所不具备的一些特点。

1. 及时性和共享性

网上调查是开放的，任何网民都可以进行投票和查看结果，而且在投票信息经过统计分析软件初步自动处理后，可以马上查看到阶段性的调查结果。

2. 便捷性和低费用

实施网上调查节省了传统调查中耗费的大量人力和物力，它只需要一台能上网的的计算机即可，通过站点发布电子调查问卷，由网民自愿填写，然后通过统计分析软件进行信息整理和分析。

3. 交互性和充分性

网络的最大好处是交互性，因此在网上调查时，被调查对象可以及时就问卷相关问题提出自己更多的看法和建议，由网民自愿填写，然后通过统计分析软件进行信息整理和分析。

4. 可靠性和客观性

网上调查问卷的填写是自愿的，不是传统的强迫式的，因此填写者一般对调查内容有一定兴趣，回答问题也相对认真些，因此问卷填表写信息的可靠性有助于调查结论的客观性。同时，网上调查还可以避免传统调查中访问调查时人为错误（如访问员缺乏技巧，诱导回答问卷问题）导致调查结论的偏差。

5. 无时空、地域限制

网上市场调查是全天候的调查，这就与受区域制约和时间制约的传统调研方式有很大不同。

6. 可检验性和可控制性

利用 Internet 进行网上调查收集信息，可以有效地对采集信息的质量实施系统的检验和控制。

（二）网络调查法的方法

网络调查法按照采用的技术方法不同可分为站点法、电子邮件法、随机 IP 法、视频会议法、在线访谈法、搜索引擎等；按照调查者组织调查样本的行为不同，可分为主动调查法和被动调查法。主动调查法是指调查者主动组织调查样本，完成有关调查；被动调查法是指被调查者被动地等待调查样本单位造访，完成有关调查项目。

1. 站点法

将问卷置于网络中供受访者自行填答后传回。

2. 电子邮件法

通过向被调查者发送电子邮件，将调查问卷发送给一些特定的网上用户，由用户填写后又以电子邮件的形式反馈给调查者。

3. 随机 IP 法

随机产生一批 IP 地址作为抽样样本进行调查的方法，其理论基础是随机抽样。

4. 视频会议法

视频会议法是基于 Web 的计算机辅助访问（CAWI），它是将分散在不同地域的被调查者通过互联网视频会议功能虚拟地组织起来，在主持人的引导下讨论所要调查的问题。

5. 在线访谈法

调查人员利用网上聊天室或 BBS 与不相识的网友交谈、讨论问题、寻求帮助、获取有关信息。

6. 搜索引擎

利用网络的搜索服务功能，通过键入关键词就可以通过搜索得到大量的现成资料。亦可直接进入政府部门或行业管理网站，收集有关的统计数据和相关资料。此外搜索引擎还能够为市场调查策划提供许多相关的知识和信息支持及帮助。

（三）网络调查法的应用

网络调查法主要是利用企业的网站和公共网站进行市场调查研究，有些大型的公共网站建有网络调研服务系统，该系统拥有数十万条记录的有关企业和消费者的数据库，利用这些完整详细的会员资料，数据库可自动筛选受访样本，为网络调查提供服务平台。

网络调研的应用领域十分广泛，主要集中在产品消费、广告效果、生活形态、社情民意、统计网上直报、产品市场供求调研等方面的市场调查研究。网络调研框架如图 1－2 所示。

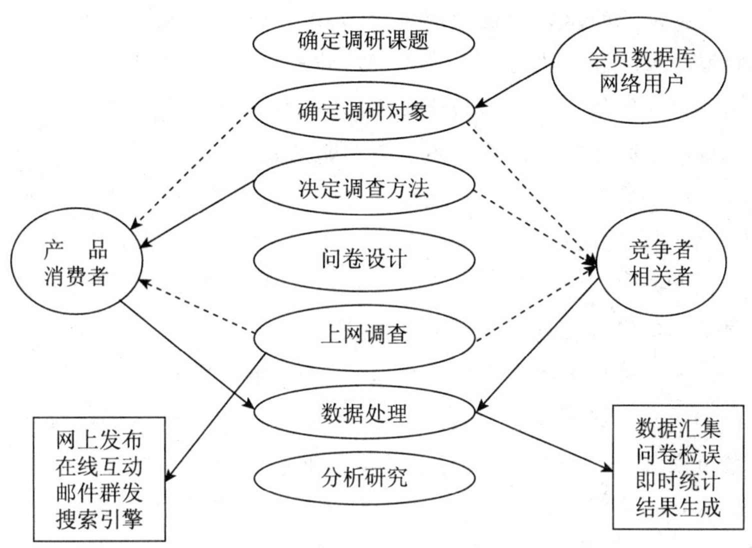

图 1－2　网络调研框架

任务实训

就一个大家关心的市场或者时事问题，进行个人小组访谈。

注意：做好事先选题和访谈对象的告知，关键是作好访谈事项的了解和准备好对调查对象实施思考启发的各种方案。任课教师应该对学生准备的文字访谈材料进行检查。教室桌椅应该作相应的布置。

复习思考

1. 什么是文案调查法？其主要作用和局限性表现在哪些方面？
2. 文案调查法的具体方法有哪些？
3. 访问调查法有几种形式？面谈调查法有何优缺点？
4. 什么是观察调查法？有何优缺点？有几种观察手段？
5. 实验调查法有何优缺点和适用范围？

6. 网络调查的常用方法有哪些？

7. 通过网络进行市场调查，调查的主要内容有哪些？

雅马哈数字钢琴的神秘购物

位于美国加利福尼亚的乐器制造商雅马哈集团于1985年生产出一种创新型钢琴，加重的琴键和体验型的数码音质能与弹奏真正钢琴的感受和音质相匹配。

作为新型钢琴市场的领导者，雅马哈把CLAVINOVA系列产品视为在更大的二手钢琴市场上获得一席之地的途径，同时又不与自己新的钢琴的顾客竞争。数码钢琴的合理价格使那些负担不起新钢琴而想购买二手钢琴的消费者认为是一种较好的选择。

“新钢琴的市场需求量大约为每年10万台，二手钢琴的市场需求量大约为500万台，并非所有的都是卖出去的，有一些是在家庭成员中流动，但很多零售店都接待一些对二手钢琴感兴趣的顾客，我们认为如果能让那些顾客见识一下CLAVINOVA，我们可以卖出很多产品，这就是推出神秘购物者计划的原由。”——雅马哈营销经理说。

雅马哈神秘购买者计划的要点很简单，购买者前往一家乐器店，要求看一下比较好的二手钢琴，售货员可以任意地向他们介绍二手钢琴。如果售货员向消费者介绍的第一架钢琴就是CLAVINOVA，他们就会立即得到一张100美元的支票，并告知他们“赢”了。如果售货员没有向购买者展示CLAVINOVA，那按要求神秘购物者应立即停止购物活动，不至于暴露神秘购物者的身份。对于没有赢得这一机会的售货员，雅马哈集团14个分部总经理中的一位会找他们谈话，以明确的方式告诉他们失去了这次机会，这一明确的做法是有效地管理在神秘购物中表现欠佳的店员的关键。雅马哈经理说：“对于制造商来说，与商店管理层和店员谈话，就要求他们按照我们的提供的行动惯例，使用我们的销售工具，就会改善我们商品的销售情况。如果遵守的话，我们很可能会看到销售量的增加。”

问题：

1. 雅马哈的计划是不是真正的神秘购物吗？若不是，怎样做可以使其变为传统的神秘购物计划？

2. 还有什么其他的市场调查方案有利于雅马哈优化其市场营销组合？

3. 你认为神秘购物计划是一种消极活动吗？也就是说尽力去发现做错了的雇员合适吗？

任务三　选择调查方式

学习任务

1. 熟悉全面市场调查、典型市场调查、重点市场调查、抽样市场调查等市场调查方式的基本理论
2. 熟悉抽样调查的基本内容和主要程序
3. 掌握抽样技术方案的基本内容及设计方法
4. 掌握抽样调查方法

情景案例

德国粮食单产的特别调查

德国粮食产量特别调查是采用三个阶段抽样选样本的，即以各州为抽样总体，直接抽取农场，在抽中的农场中抽取地块中抽选样本点。德国农业统计法规定：全国所有样本地块数量不得超过 14000 块。这个样本地块总量在各州及各种农作物之间的分配方案，是在联邦统计局计算的基础上，根据附属于联邦食品农林部的专家委员会的意见，由联邦食品农林部决定的。

样本农场的抽选由州统计局来进行。对于粮食产量特别调查中所涉及的每个粮食种类，分别抽取一套样本农场。每种粮食作物样本农场抽选的基础，是上次总调查中获取的有关该种粮食作物播种面积的数据。在抽取样本农场的过程中，为了减少工作量和调查费用，一次将粮食种植面积较少的农场排除在外，这个界限是由专家委员会来确定的。将全州粮食种植面积在一定规模之上的所有农场，按行政区域排队，并累计各种粮食作物的播种面积便得到抽样框，而后用系统抽样的方法抽取样本农场，样本地块由调查员和样本农场主共同决定。如果农场只有一块地种植某种粮食作物，则这块地就为样本地块；如果一个农场中种植某种粮食作物的地有两块以上，则用抽签的方法来选取一块地作为样本地块。在抽签时，如果个地块的面积差不多，则每一块地用一个签；如果个地块的面积差别较大，则按面积大小的不同给予不同签数。

采用一般的大规模收割脱粒方式所得到的粮食单产与之首个样本点，并在实验室脱粒而获得的粮食单产肯定是有差别的，为了修正这种差别，德国还在样本地中选取部分地块。对于面积进行准确测量并将其用一般的收割方式全部收割。有样本点割测，而得到的粮食单产与全部收割而得到的粮食单产的差别就可得出一个修正系数。每个州的每种粮食

作物的计算都有一个这样的修正系数，并用这些修正系数来对由样本点割测所得到的各种粮食单产进行修正。全面收割地块所在的农场是以样本农场按照地区及农场主姓名排除而得到的序列为抽样框，用简单随机抽样的方法抽取。

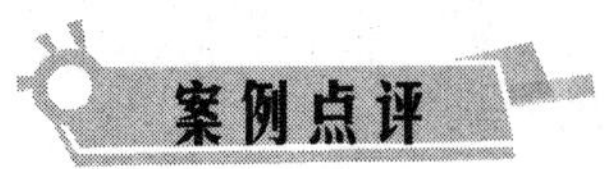

从此案中我们体会到调查样本选择对调查项目准确性的重要作用，不同样本可能得到不同结果，从而感受样本选择方法尤其是抽样方法的重要性。

知识体系

市场调查方式主要是样本选择的方法，根据调查样本的组织方式不同，可以分为市场普查、典型调查、重点调查、抽样调查等几种方式。

一、调查方式概述

（一）市场普查

1. 市场普查的意义和特点

（1）市场普查的意义。市场普查，也叫全面市场调查，是指为了收集一定时空范围的调查对象的全面系统的资料，对调查对象的全部个体单位所进行的一次性全面调查。实际应用中有宏观、中观、微观三大层次之分。

①宏观全面市场调查。它是全国范围内的全面市场调查，如工业普查、农业普查、经济普查、第三产业普查、人口普查等。

②中观全面市场调查。它是一定地区或一定行业（部门）范围内的全面市场调查，如IT 行业普查、烟草行业普查、电力行业普查、某市商业网点普查或产业单位普查等。

③微观全面市场调查。它是企业组织的员工基本情况普查、员工忠诚度全面测评、设备物资普查、销售渠道全面调查等。

（2）市场普查的特点：

①专门性。为了特定的目的而专门组织的调查。

②全面性。对全部单位都无一例外地进行调查。

③一次性。不是经常性的调查，通常每隔一定时间后才登记一次。

④准确性。不存在抽样调查误差，数据的准确性比较高。

⑤标准化程度高。统一规定调查项目、时间、方法、统一组织、统一标准、统一数据处理，因而获取的数据具有较高的标准化程度。

⑥调查费用比较高。涉及面广、工作量大，因而需要花费较多的调查费用。

2. 市场普查的方式

（1）普查员直接登记式。由聘请和培训过的调查员依据调查表或问卷，深入调查单位

进行观察、询问和登记。要注意降低设计误差和普查员登记误差。

（2）被调查者自填式。将调查表或问卷下放到企业、事业等基层单位，各基层单位根据原始记录和现成资料进行填报。要注意降低设计误差和被调查者的填报误差。

3. 市场普查的原则

为了确保全面市场调查的质量，必须重视其组织工作，做到统一领导、统一方案、统一要求、统一行动。在组织全面市场调查时，应遵循以下原则。

（1）必须统一规定调查项目。确保调查内容的一致性。

（2）必须统一规定调查的标准时点。保证调查数据时间的一致性。

（3）必须统一制定各种标准。保证调查数据的标准化。

（4）必须统一调查的步骤和方法。调查范围内各调查点必须统一步骤和方法。

（二）典型市场调查

1. 典型市场调查的特点

典型市场调查是指从调查对象（总体）中有意识地选择一部分有代表性的单位组成样本而进行的专门调查。

（1）典型市场调查特点：

①专门性。为了特定的调研目的而专门组织的调查。

②非全面性。只要求对调查对象中的少数典型单位进行调查。

③选择性。典型单位是有意识、有目的地挑选出来的。

④代表性。强调调查单位必须具有代表性，样本必须能够代表总体。

（2）典型市场调查主要优点：

①能够获得比较真实和丰富的第一手资料。

②调查单位少，可作深入细致的调查研究。

③调查范围小，调查单位少，可节省人力、物力和财力。

④机动灵活、节省时间、可快速反映市场情况。

（3）典型市场调查主要缺点：

①典型单位的选择难以完全避免主观随意性。

②缺乏一定的连续性和持续性，不利于数据的动态分析。

③用样本数据推断总体数量特征时，推断的精度不够高。

④调查结论的应用只能根据经验作出判断，难以作出准确测定。

2. 典型单位的选择

（1）选择依据。应根据已往的调查资料或建立的单位目录库为依据，在充分分析、比较、评估的基础上选择有代表性的单位作为典型单位。

（2）选择数目。一般来说，定性市场调研项目的典型单位可少一些，定量市场调研项目的典型单位可多一些。亦可根据已往的同类调查的实践经验，确定典型单位的必要数目。

（3）选择方法：

①取中选典。要了解总体一般数量表现，可选择中等水平（平均型和多数型）的单位

作为调查单位。

②划类选典。如果要较为准确地估计总体的一般水平，首先应对总体中的所有个体划分为不同的类型，然后再从各类中按其比例大小选择若干典型单位。

③“解剖麻雀”。如果要总结经验或失败的教训，则应选择先进单位或落后单位作为典型，以便作深入细致的调查。

3. 典型市场调查的方式

(1) 解剖麻雀式。选择少数几个典型单位进行深入细致的调查研究。主要应用于市场的定性调研。一般适用于以下情况：①总体各单位差异不大。②研究新事物、新情况、新问题。③总结先进经验，以便推广应用。④揭露矛盾，寻找问题的症结。⑤研究消费者的消费意向、动机和行为。

(2) 划类选典式。当总体各单位差异较大，调查者需要利用典型样本（典型单位组成的样本）的统计量推所总体数量特征时，可依据有关资料先对总体单位进行分类（划分不同的类型或子总体），然后在各类中按比例、有意识地选择一定数目的典型单位构成样本进行调查。最后由样本指标（样本的均值或比率）推断总体的有关指标。

【案例 1-5】

某县根据 2009 年的统计共有 24.86 万户，15 个乡镇，按照各乡镇农民的年纯收入可分为高、中、低三类，各有农户 7.10 万户、10.96 万户和 6.80 万户。现采用典型调查了解农民家庭彩色电视机的拥有量和需求量，拟调查 300 户，按照划类选典的办法，高、中、低三类农户各调查 86 户、132 户和 82 户。通过问卷测试，所得资料如表 1-7 所示。

表 1-7　某县农民家庭彩电需求测算表

农户类型	农户数（户）		样本户彩电拥有量		本年需求量		
	全县	样本	拥有量（台）	普及率（%）	样本需求量（台）	需求率（%）	全县需求量（台）
高收入户	71000	86	73	84.9	6	7.0	4970
中低收入户	109600	132	100	75.8	10	7.6	8330
低收入户	68000	82	56	68.3	5	6.1	4148
合计	248600	300	229	76.3	21	7.0	17448

(3) 综合应用式。这是将划类选典式与解剖麻雀式结合起来进行应用，一方面通过划类选典对总体的数量特征作出估计，另一方面通过解剖几个典型单位，收集更为具体的详细的资料，二者的结合，有利于对调查项目进行定量研究和定性研究，因而具有较强的应用性和优越性。

4. 典型市场调查的应用

典型市场调查的应用主要表现为以下两大方面。

（1）市场定性问题研究：

①研究市场的新情况、新事物、新问题。

②总结经验教训。

③定义市场调查的问题，即利用典型调查进行市场探索性研究。

④研究消费者的消费心理、动机、行为、偏好等。

⑤其他问题的定性研究，如经营管理中各种需要作出定性结论问题的调查研究。

（2）市场定量问题的研究：

①利用典型调查数据来验证全面调查数据的真实性。

②测算农产品的产量和商品量，以研究农产品供求的变化。

③研究消费者的货币收支，需求潜力、需求结构、需求变化。

④对生产经营者的产、供、销进行调查研究，利用典型样本推断总体的数量特征。

⑤其他问题的定量研究。如产品市场研究，产品销售研究、广告效果测试等均可运用划类选典的办法进行定量研究。

（三）重点市场调查

1. 重点市场调查的特点

重点市场调查是指调查者为了特定的调研目的从调查对象（总体）中选择一部分重点单位组成样本而进行的一种非全面调查。

所谓重点单位，是指其标志总量占总体标志总量绝大比重的那些单位。这些重点单位构成的样本，称为“重点样本”。重点样本中的单位数目虽然不多，但它们的标志总量（变量值）在总体标志总量中占有绝大的比重。因此，对重点样本进行调查研究，就可以了解和掌握总体的基本情况。例如，要了解全国奶制品生产的基本情况，只要调查占全国奶制品产量比重很大的蒙牛、伊利、光明等几个奶制品生产企业就行了。

重点市场调查的实质也是一种非随机抽样调查。当总体分布呈偏斜状态时，少数重点单位在总体中具有举足轻重的作用。因此，把这些重点单位抽选出来进行重点调查，就可以认识总体的基本情况。

（1）重点市场调查特点：

①专门性。为特定目的而专门组织的调查。

②非全面性。只要求对调查总体中的部分重点单位进行调查。

③选择性。重点样本是根据已往的全面调查资料，通过分析、比较而抽取的。

④重点性。重点样本的标志总量在总体标志总量中占有绝大的比重。

⑤数量性。主要应用于市场定量问题的研究，即利用重点样本数据认识总体的基本情况。

（2）重点市场调查主要优点：

①调查单位数目不多，可节省人力、物力、财力和时间。

②可及时获取信息，了解和掌握总体的基本情况。

③调查工作量小，易于组织。

（3）重点市场调查主要缺点：

①若总体各单位发展比较平衡，呈现均匀分布时，则不能采用重点市场调查。

②当总体中的少数重点单位与众多的非重点单位的标志值结构不具有稳定性时，重点市场调查的结果只能说明总体的基本情况，而不能用来推断总体的数量特征。

2. 重点单位的选择

重点单位的选择应注意以下原则：

（1）目的性原则。调查研究的目的不同，其重点单位也不相同。

（2）依据性原则。重点单位的选择必须要以代表总体的抽样框为依据。

（3）可控性原则。选择的重点单位的数目（样本量）应注意控制在合理的数量界限上。一般来说，这个比重能达到70%～80%。

（4）时空性原则。从调查总体中选择重点单位时，要因时因地作出选择。

3. 重点市场调查的应用

重点市场调查适用于调查总体呈偏斜分布的状态，而部分重点单位又能比较集中地反映所要研究的项目或指标的场合。应用条件是重点单位可根据抽样框进行科学的选择，样本量能达到单位数目少，其标志值比重大的要求，各重点单位具有接受调查的基础条件，那么，就能够取得较为理想的调查结果。

一般来说，如果重点样本（样本容量 n）的标志总量在总体标志总量中所占的比重（P）相对稳定时，则可采用比率法估计总体标志总量，计算公式为：

$$\text{总体标志总量}=\text{重点样本标志总量}\div P=\text{重点样本平均值}\times n\div P$$

【案例 1-6】

某市某年共有38家食品制造企业，其中5家为大型企业，根据已往统计资料分析，其食品制造总产值和增加值均占全市的75%。统计部门采用重点调查对这5家大型企业一年各月的总产值和增加值等进行调查，规定重点单位每月填报统计报表。其中某月5家大型企业的总产值为4880万元、增加值为1885万元，则估计全市食品制造业的总产值和增加值如下：

总产值＝4880÷75%＝6506.67（万元）

增加值＝1885÷75%＝2513.33（万元）

（四）抽样市场调查

1. 抽样市场调查的特点

抽样市场调查是指调查者为了特定的调研目的，按照随机原则从调查总体中抽取一部分单位作为样本而进行的一种非全面调查，主要特点如下：

（1）样本是按随机原则抽取的。

（2）用样本数据推断总体的数量特征。

（3）抽样误差不可避免，但可以计算和控制。

2. 抽样市场调查的优缺点

（1）主要优点：

①调查方式的科学性。误差可控、主观影响小。

②调查费用的经济性。调查工作量小、节省费用。

③信息获取的时效性。调查工作量小、节省时间。

④调查结果的准确性。科学的随机抽样能够保证推断的客观性。

（2）主要缺点：抽样技术方案设计要求高，一般人员难以胜任。如果抽样技术方案设计存在严重的缺陷，往往会导致抽样调查的失败。

3. 抽样市场调查的应用

（1）不可能进行全面调查的现象，只能采用抽样调查，如产品质量检验。

（2）不必要进行全面调查的现象，采用抽样调查，如消费者需求潜力测定等。

（3）可作全面调查的现象，为节省调查费用，亦可采用抽样调查，如企业员工满意度测评。

（4）对全面调查资料的质量进行检查和修正。

（5）对某些总体的假设进行抽样检验。

4. 抽样市场调查的基本范畴

（1）总体与样本。总体是所要调查研究的现象的全体，它是由具有同质性和差异性的许多个别事物的集合体。总体单位数通常用 N 表示。

样本是按随机原则从总体中抽出来的一部分单位的综合体，样本中包含的单位个数称为样本量，用 n 表示，n/N 称为抽样比。

（2）参数与统计量。参数是总体的数量特征，即总体指标。参数在抽样时往往是未知的，是需要进行推断的。参数通常有总体均值（$\overline{X}$），总体标准差（σ），总体比率（P）等。

统计量是样本的数量特征，即样本指标。统计量随样本不同而不同，因而是一个随机变量。统计量通常有样本均值（$\overline{x}$），样本标准差（S），样本比率（p）等。

（3）抽样框与抽样单位。抽样框是一个包括全部总体单位的框架，用来代表总体，以便从中抽取样本的一个框架。抽样框可以是一览表（名单或名录），一本名册，一幅地图，一段时间等。

抽样单位是指样本抽取过程中的单位形式，亦即从抽样框中直接抽取的单位称为抽样单位，它可能是总体中的基本单位，也可能是总体中的基本单位的集合。

例如，欲调查某市大学的教学用品需求，则全市大学的集合为总体，抽样框是全市的大学名单。总体单位是每一个大学，抽样单位可以是总体中的每一个大学，也可以是大学分类中的每一个大学。

（4）样本量与样本单位。样本量是指样本的大小，即一个样本中包含的样本单位的多少。样本量的大小，取决于抽样调查的精度要求，总体各单位的标志变异程度、抽样估计的可信程度，抽样方式方法等因素。

样本单位是构成样本的基本单位、与总体单位的形式是一致的，样本单位可以直接从总体中抽取总体单位，亦可从抽样单位中产生。

（5）总体分布、样本分布与抽样分布。

总体分布：总体各单位标志值的分布状况，又称总体结构。

样本分布：样本中各样本单位标志值的分布状况，又称样本结构。当样本量足够大时，样本分布趋于总体分布。

抽样分布：从总体中抽取的所有可能的样本的统计量构成的分布。根据中心极限定量，当样本量足够大时，样本均值等统计量的分布趋近于正态分布，因而可用正态分布来作区间估计。

（6）重复抽样与不重复抽样。从 N 个总体单位中抽取 n 个组成样本，有两种抽取方法。

①重复抽样，即每抽出一个单位进行登记后，放回去，混合均匀后，再抽下一个，直到抽满 n 个为止。重复抽样有可能出现极大值或极小值组成的极端样本。

②不重复抽样，即每次抽出一个单位进行登记后，不再放回参加下一次抽取，依次下去，直到抽满 n 个为止。不重复抽样可以避免极端样本出现，抽样误差比重复抽样小。

（7）抽样误差与抽样标准误差。抽样误差是指在遵守随机原则条件下，样本指标与总体指标之间的差异，它是一种偶然性的代表性误差，不包括系统性误差和非抽样误差。抽样误差的大小通常受样本量大小、总体标准差、抽样方法、抽样方式四个因素的影响。

抽样误差的大小常用抽样标准误差来反映，而抽样标准误差是指所有可能的样本均值（或样本比率）与总体均值（或总体比率）的标准差，抽样标准误差的平方称为抽样方差。依定义有：

$$\sigma_{\bar{x}} = \sqrt{\frac{\sum(\bar{x}-\bar{X})^2}{M}}$$

$$\sigma_p = \sqrt{\frac{\sum(p-P)^2}{M}}$$

式中：$\sigma_{\bar{x}}$ 代表样本平均数的抽样标准误差，σ_p 代表样本比率的抽样标准误差；M 代表样本个数。上述公式可用来解释抽样误差的实质，但不能实际应用，因为所有可能的样本个数太多，总体均值或总体比率是未知的，是需要推断的，同时，实际抽样时，往往只能抽取一个样本进行调查。因此，抽样标准误差的计算需要寻求别的测定方法，将在以下各种抽样方式中介绍。

（8）点估计与区间估计。点估计也叫定值估计，当样本容量足够大时，可直接用样本均值代替总体均值，用样本比率代替总体比率，可据此计算有关总量指标，就是点估计。

区间估计是用一个取值区间及其出现的概率来估计总体参数，具体说，区间估计是用样本统计量和抽样标准误差来构造总体参数的取值范围，并用一定的概率来保证总体参数

落在估计的区间内。其概率称为置信概率，概率的保证程度称为可靠性或置信度（Z），估计区间称为置信区间。如：

$$总体均值：\overline{X}=\overline{x}\pm Z\sigma_{\overline{x}}$$

$$总体比率：P=p\pm Z\sigma_{\overline{p}}$$

式中：$Z\sigma_{\overline{x}}$和$Z\sigma_{\overline{p}}$又称为允许误差或极限误差，记作Δ，$\Delta/\overline{X}$和Δ/P，称为估计的相对精度。

二、抽样方案设计

（一）抽样方案的设计要点

抽样方案设计是调查方案设计的一个组成部分，它的基本任务有两项：选取样本和统计推断，统计推断即计算样本值与抽样误差来估计总体值。抽样方案的设计涉及以下几个方面：

（1）对要从中抽取样本的总体和抽样单位进行定义。

（2）确定以何种资料作为抽样框的编制基础。

（3）提出对抽样的精度要求。这里注意的一点是，一次抽样调查一般包括多个调查指标或变量，它们在总体中的编译程度可能很不一样，因此不可能对所有变量提出统一的精度要求，在这种情况下，通常的做法是主要考虑少数最重要的变量的精度，以保证只要变量的质量，同时适当兼顾其他次要变量。

（4）确定抽取样本的方式，如是否使用分层、整群抽样方式，是否采用多阶段方式，阶段如何划分等。

（5）确定样本的规模。样本的规模的确定是与精度要求相关联系的，精度要求越高，所需的样本规模也就相应的越大，而样本的规模又与经费直接有关，因此，规定精度与确定样本规模都受经费的制约；此外，样本规模也与所采用的抽样方式有关，对于达到同样的精度要求来说，不同的抽样方式所需的样本规模也不相同。所以，上述几个方面是相互牵连的，这里为了叙述方便将它们分别列出，在实际设计抽样方案时，通常要综合考虑这几方面，经过反复权衡后才能作出决定。

（6）确定抽样误差的计算与总体的估计方法。

（二）抽样方案设计的基本原则

1. 高效率

在抽样方案设计中，费用与精度是一对基本矛盾，这类似经济学中“投入”与“产出”的关系，我们希望抽样所耗费的费用尽可能地少，而取得的数据精度尽可能地高，即设计出高效率的样本。在抽样方案设计中，高效率有两种情况：在规定的费用之内到达尽可能高的精确度；以尽可能少的费用达到规定的精确度。这两种表述的本质是一样的，都是要获得尽可能高的精度费用比。

2. 目的性

抽样方案设计，作为整个调查设计的一个组成部分，是服务于调查项目的目标的，是为了达到调查目标的手段。如果从纯粹抽样设计本身来说，精度费用比很高的样本就是一个好样本，但假如这个样本不能满足此调查目标的要求，那么就算不上是完美的样本。因此抽样设计中必须认准调查目标，服从调查项目要求，例如总体定义范围是否符合调研设计中对调研对象的规定，抽样单位的确定是否适当，某种抽样程序所产生的样本能否满足所有主要变量上对总体的推断。

3. 可度量性

所谓可度量性是指能够从样本自身计算出随机抽样误差，只有具有可度量性的样本才能对总体进行统计推断。不恰当的抽样设计也可能无法计算抽样误差，比如在分层抽样中，每个层至少应抽选两个抽样单位，如果只选一个就无法计算抽样误差。

4. 可行性

在抽样方案的设计中不需考虑该方案在实地实施抽样时是否易于贯彻，为此，方案设计者应尽可能多地了解所欲实施抽样调查的地区当时当地的具体条件，另外，为防止抽样方案在贯彻中走样，还应该用简明易懂的语言编制一套实地工作文件，使不懂抽样理论的调查人员也能明确知道在实地抽样过程中干什么和怎么干，以尽量减少实地抽样作业中的错误。

三、抽样方法

（一）随机抽样

随机抽样法就是调查对象总体中每个部分都有等同被抽中的可能，是一种完全依照机会均等的原则进行的抽样调查，被称为是一种“等概率”。随机抽样有简单随机抽样、分层抽样、等距抽样、整群抽样等形式。

随机抽样法的主要优点有：由于每个样本单元都是随机抽取的，且能计算各个单元的入样概率，所以能够得到总体的可靠估计值，并能计算每个估计值的抽样误差，因而能对总体进行推断。实际上，采用随机抽样方法，用一个相对小的样本，就能对一个大的总体进行推断。

随机抽样的主要缺点有：与非随机抽样相比，随机抽样比较复杂，更费时，通常也费钱。一般而言，创建和维护一个高质量的抽样框的费用是很高的，另外，由于概率样本在总体中的分布通常比非概率样本广，故数据收集的费用比非概率样本高，且更难实施。尽管有这些缺点，但能从概率样本进行推断这一点而言，其利远大于弊。

1. 简单随机抽样

（1）简单随机抽样是指从总体的全部单位中按随机原则直接抽取 n 个单位组成样本进行调查。

通常采用信手抽取法、抽签法、随机数表法、计算机随机函数法抽取样本。简单随机抽样只适用于总体单位数不多，总体单位标志变异度较小的情形。

（2）简单随机抽样标准误差。

①样本平均数的抽样标准误差：

$$\sigma_{\bar{x}}=\sqrt{\frac{\sigma^2}{n}}\text{（重复抽样）}$$

或
$$=\sqrt{\frac{\sigma^2}{n}\left(1-\frac{n}{N}\right)}\text{（不重复抽样）}$$

②样本比率的抽样标准误差：

$$\sigma_p=\sqrt{\frac{p\ (1-p)}{n}}\text{（重复抽样）}$$

或
$$=\sqrt{\frac{p\ (1-p)}{n}\left(1-\frac{n}{N}\right)}\text{（不重复抽样）}$$

【案例 1－7】

某商场从某天的顾客中，不重复随机抽取 100 个顾客调查购买商品情况，其中有 5 个顾客未购买商品（未购率 5%）；顾客购买商品的样本平均数为 498 元，样本标准差为 144 元，要求用 95%的置信概率（$Z=1.96$）估计顾客平均购买额和未购率的置信区间。

解：此题不知总体方差，因样本为大样本，可用样本方差代替。

$$\sigma_{\bar{x}}=\sqrt{\frac{144^2}{100}}=14.4$$

$$\sigma_p=\sqrt{\frac{0.05\times\ (1-0.05)}{100}}=0.022$$

顾客平均购买额的置信区间为 498±1.96×14.4，即［469.78，526.22］（元）。

顾客未购率的置信区间为 5%±1.96×2.2%，即［0.69%，9.31%］。

（3）简单随机抽样样本容量的确定

一般来说，样本容量确定应考虑总体方差 σ^2、抽样估计精度要求（允许误差 Δ 的约束）和把握程度（置信概率）的大小、抽样方式方法、抽样调查费用约束等因素。

在不考虑抽样调查费用约束的条件下，样本容量的计算公式为：

①总体均值估计所需的样本容量

$$n=\frac{Z^2\sigma^2}{\Delta^2}\text{（重复抽样）}$$

或
$$=\frac{Z^2\sigma^2 N}{N\Delta^2+Z^2\sigma^2}\text{（不重复抽样）}$$

②总体比率估计所需的样本容量

$$n=\frac{Z^2P\ (1-P)}{\Delta^2}\text{（重复抽样）}$$

或
$$=\frac{NZ^2P\ (1-P)}{N\Delta^2+Z^2P\ (1-P)}\text{（不重复抽样）}$$

用以上公式计算样本容量时，应注意以下三点：

①抽样比例 n/N 较大时（大于 5%）时，应采用不重复抽样公式计算必要的样本容量，否则无论采用重复抽样还是不重复抽样时，均可用重复抽样公式计算样本容量 n，可简化计算，且误差很小。

②当总体方差 σ^2 或总体比率 P 未知时，可用样本方差（或样本比率），或历史的类似的总体方差（或总体比率）代替。计算总体比率所需的样本容量时，亦可直接用 $P(1-P)$ 的最大值 0.25 代替。

③在同一抽样调查中，总体均值与总体比率推断要兼顾时，用以上公式计算的样本容量一般不相等，为了保证推断结果的精确度，应采用其中的样本容量较大的那个。

【案例 1-8】

某县某年城关镇共有居民家庭 1.86 万户，根据以往的资料，居民家庭人均可支配收入的标准差为 0.8 千元，95%的居民家庭拥有空调。现采用抽样调查了解今年和明年居民家庭空调以旧换新的需求情况，若置信概率为 95%，要求总体居民家庭今年人均可支配收入估计的抽样极限误差不超过 0.1 千元，空调拥有率估计的抽样极限误差不超过 3%，求合适的样本容量。

解：

$$n_1=\frac{Z^2\sigma^2}{\Delta^2}=\frac{1.96^2\times0.8^2}{0.01}=246$$

$$n_2=\frac{Z^2P(1-P)}{\Delta^2}=\frac{1.96^2\times0.95\times(1-0.95)}{0.0009}=203$$

由于 $n_1>n_2$，故合适的样本容量为 246 户。

2. 分层抽样

（1）分层抽样是先将总体按有关的研究标志分组，然后再从每组中按随机原则抽取样本。在每个组中抽取的调查单位的数目，可按相同的比例（n/N）抽取，也可按不同的比例抽取。为了简便起见，通常都是按相同比例抽取，称做等比例分层抽样。

在分层抽样时，抽样误差只和层内方差有关，而与层间方差无关。因此，只要能够扩大层间方差而缩小层内方差，就可以提高抽样效率。

（2）分层抽样的抽样标准误差。

设 n_i、$\bar{x}_i$，σ_i^2 分别为样本各组的单位数、平均数和方差；N_i 为总体各组的单位数，在等比例分层抽样条件下，则有下列计算公式。

总体平均数点估计 $$\bar{X}=\frac{\sum\bar{x}_iN_i}{\sum N_i}=\frac{\sum\bar{x}_in_i}{\sum n_i}$$

层内方差平均数 $$\overline{\sigma^2}=\frac{\sum\sigma_i^2N_i}{\sum N_i}=\frac{\sum\sigma_i^2n_i}{\sum n_i}$$

总体平均数的抽样标准误差　$\sigma_{\bar{x}}=\sqrt{\dfrac{\overline{\sigma^2}}{n}}$（重复抽样）

或　$=\sqrt{\dfrac{\overline{\sigma^2}}{n}\left(1-\dfrac{n}{N}\right)}$（不重复抽样）

总体比率估计的抽样误差的计算只需用 P_i（$1-P_i$）代替上述层内方差平均数公式中的 σ_i^2 即可；而总体比率估计的公式为

$$P=\frac{\sum P_iN_i}{\sum N_i}=\frac{\sum P_in_i}{\sum n_i}$$

【案例 1－9】

某县某年共有乡镇 18 个，农民家庭 88 万户，按各乡镇收入高低可分为高收入乡镇、中收入乡镇、低收入乡镇三类，各类乡镇的农户数如表 1－8 所示，现从这三类中按等比例抽样，共抽取 500 户组成样本，样本各组的户均年收入、标准差等如表 1－8 所示，要求在 90％的置信概率（$Z=1.64$）下对全县户均年收入进行区间估计。

表 1－8　　某市居民收入分层抽样数据

类型	家庭 N_i（万户）	样本容量 n_i（户）	户均年收入（$\bar{x}_i$）（百元）	标准差 σ_i
高收入	38.72	220	700	200
中收入	31.68	180	400	120
低收入	17.60	100	300	180
合计	88.00	500	—	—

解：　$\overline{X}=\dfrac{700\times220+400\times180+300\times100}{500}=512$（百元/户）

$\overline{\sigma^2}=\dfrac{200^2\times220+120^2\times180+180^2\times100}{500}=29264$

$\sigma_{\bar{x}}=\sqrt{\dfrac{29264}{500}}=7.65$（百元）

户均年收入置信区间为 $512\pm1.64\times7.65$，即［499.5，524.55］（百元/户）。

【案例 1－10】

某广告公司从某市 310 万人中采用等比例分层抽样，调查居民收看某电视广告的收视率，有关资料整理如表 1－9 所示。要求在 95%的置信概率下，估计居民收看某电视广告的收视率的置信区间。

表 1－9　某市广告收视率抽样数据

分层	N_i（万人）	n_i（人）	观看广告（人）	观看比率 P_i
市区	155	400	320	0.8
郊区	93	240	120	0.5
农村	62	160	40	0.25
合计	310	800	480	0.60

解：　收视率 P 的点估计　$P=\frac{480}{800}=0.60$

$$\sigma_p=\sqrt{\frac{0.8\times0.2\times400+0.5\times0.5\times240+0.25\times0.75\times160}{800\times800}}=0.016$$

收视率 P 的置信区间为 $0.6\pm1.96\times0.0024$，即 [56.86%，63.14%]。

（3）分层抽样的样本容量。采用等比例分层抽样时，样本容量 n 的确定与简单随机抽样样本容量的确定公式基本相同（只需用层内方差的平均值替换总体方差即可）。样本容量 n 确定之后，各层应抽取的样本单位数 n_i 可采用等比例法进行分配，计算公式为

$$n_i=n\cdot\frac{N_i}{N}=\frac{n}{N}\cdot N_i$$

【案例 1－11】

以【案例 1－8】的某县农民家庭户均年收入估计为例，若要求明年总体户均年收入的抽样标准误差不超过 6 百元/户，概率保证程度 95%，则等比例分层抽样的样本容量为

解：　$N=88$　$N_1=38.72$　$N_2=31.68$　$N_3=17.6$

$\overline{\sigma^2}=29264$　$\sigma_{\bar{x}}=6$　$Z=1.96$

则：

$$n=\frac{1.96^2\times29264}{(1.96\times6)^2}=813\text{（户）}$$

$$n_1=813\times\frac{38.72}{88}=358\text{（户）}$$

$$n_2=813\times\frac{31.68}{88}=293\text{（户）}$$

$$n_3=813\times\frac{17.6}{88}=162\text{（户）}$$

3. 等距抽样

（1）等距抽样也称为系统抽样、机械抽样、SYS抽样，它是首先将总体中各单位按一定顺序排列，根据样本容量要求确定抽选间隔，然后随机确定起点，每隔一定的间隔抽取一个单位的一种抽样方式，是纯随机抽样的变种。

在系统抽样中，先将总体从 $1\sim N$ 相继编号，并计算抽样距离 $K=N/n$。式中 N 为总体单位总数，n 为样本容量。然后在 $1\sim K$ 中抽一随机数 k_1，作为样本的第一个单位，接着取 k_1+K，k_1+2K……直至抽够 n 个单位为止。

等距抽样要防止周期性偏差，因为它会降低样本的代表性。例如，军队人员名单通常按班排列，10 人一班，班长排第 1 名，若抽样距离也取 10 时，则样本或全由士兵组成或全由班长组成。

（2）等距抽样的排序方法。

①按无关标志排队，即总体单位排列的顺序与所要研究的标志是无关的，又称无序系统抽样。抽样误差比简单随机抽样小。例如，在进行居民家庭购买支出调查时，选择住户可以按住户所在的街区的门牌号码排队，然后每隔若干个号码抽选一户调查。

②按有关标志排队，即总体单位排列的顺序与所要研究的标志是有直接关系的，又称有序系统抽样。抽样误差比分层抽样小。例如，在进行居民家庭购买支出调查时，可按住户平均月收入排队，再进行抽选。

（3）运用等距抽样时步骤如下：

①将调查总体按一定的标志排队。

②将总体 N 划分为 n 个相等的部分，各部分都有 k，各单位抽样距离 $K=N/n$。式中 N 为总体单位总数，n 为样本容量。

③在第一部分 $1\sim K$ 中随机抽取一个样本单位 k_1 作为样本的第一个单位，接着取 k_1+K，k_1+2K……直至抽够 n 个单位为止。为了简化工作并防止出现某种系统性的偏差，第一个样本单位看 k_1 也可以从距离的 1/2 处抽取，并按抽取距离继续抽选剩余单位，直到抽完为止。

（4）等距抽样标准误差的测定。

①无序系统抽样：可采用简单不重复随机抽样的公式计算抽样标准差。

【案例 1－12】

已知某街区共有居民家庭 8860 户，按登记名册每隔 10 户抽取 1 户，共抽取了 886 户，调查他们是否收看了某电视广告，调查结果已收看的有 685 户。要求在 95%的置信概率下，求收看率的置信区间。

解：

$$N=8860 \quad n=886$$

$$P=\frac{685}{886}=0.7731$$

$$\sigma_p=\sqrt{\frac{0.7731\times(1-0.7731)}{886}\times\left(1-\frac{886}{8860}\right)}=0.0133$$

置信区间为 0.7731±1.96×0.0133。

②有序系统抽样：采用事后分层，利用等比类型抽样标准误差公式计算抽样标准误差。

【案例 1－13】

某大型超市某年 2 月有 360 个小时的营业时间，现按时间顺序每隔 9 小时抽取 1 个小时，以测定 2 月（春市期间）购物黄金月的顾客流量，其抽出 40 小时，每小时的顾客流量整理如表 1－10 所示，分为 5 组，要求在 95%的置信率下估计每小时顾客流量的置信区间。

表 1－10　　顾客流量抽样数据分段　　单位：千人

组别	观察值分段								$\bar{x}_i$	σ_i^2
1	8	10	11	12	11	13	12	14	11.38	2.98
2	12	13	15	14	16	15	17	18	15.00	3.50
3	16	18	20	18	19	21	22	23	19.63	4.73
4	22	23	24	23	26	26	28	28	25.00	4.75
5	26	28	30	31	32	34	36	38	31.88	14.11

解：　　本例每组单位数（n_i）相等，故

总体平均值点估计　$\overline{X}=\dfrac{\sum\bar{x}_i}{n}=20.58$（千人）

平均组内方差　$\overline{\sigma^2}=\dfrac{\sum\sigma_i^2}{n}=6.01$（千人）

$$\sigma_x=\sqrt{\frac{6.01}{40}\times\left(1-\frac{40}{240}\right)}=0.368\text{（千人）}$$

总体均值置信区间为 20.58±1.96×0.368，即每小时顾客流量介于 19.86～21.30 千人。

（5）等距抽样样本容量的确定。

①无序系统抽样的样本容量。采用简单随机抽样中的样本容量公式确定样本容量 n。

②有序系统抽样的样本容量。采用分层抽样的样本容量公式确定样本容量 n。但计算所需的平均组内方差应根据以往的资料作出估计。

4. 整群抽样

（1）整群抽样是将总体按某一标志分组后形成的每个群视为单位进行随机抽样，然后对抽中的每个群体进行全面调查。整群抽样的特点是先分群，后抽群作为样本单位，在抽中的群内实行全面调查，不再从中抽样。

（2）整群抽样标准误差的测定。由于整群抽样对群内的总体单位实行全面调查，因而群内方差并不引起抽样误差，从而计算整群抽样误差，只需以群间方差代替总体方差，当总体的群间方差未知时，可用样本群间方差代替。

设总体共分为 R 群，每群内有 M 个总体单位（每群 M 相等称为群抽样，不等的则称为不等群抽样），样本容量为 r 群，各群平均数为$\overline{x_i}$，δ^2 为群间方差，则有下列计算公式。

①总体均值点估计　$\overline{X}=\dfrac{\sum \overline{x}_i m_i}{\sum m_i}$

均值的群间方差　$\delta_x^2=\dfrac{\sum(\overline{x}_i-\overline{X})^2 m_i}{\sum m_i}$

样本平均数的抽样标准误差　$\sigma_{\overline{x}}=\sqrt{\dfrac{\delta_x^2}{r}\left(\dfrac{R-r}{R-1}\right)}$

②总体比率点估计　$\overline{p}=\dfrac{\sum p_i m_i}{\sum m_i}$

比率的群间方差　$\delta_p^2=\dfrac{\sum(p_i-p)^2 m_i}{\sum m_i}$

样本比率的标准误差　$\sigma_{\overline{p}}=\sqrt{\dfrac{\delta_p^2}{r}\left(\dfrac{R-r}{R-1}\right)}$

如果为等群抽样，$m_1=m_2=m_3=\cdots$，则以上公式中的 m_i 可略去，有关公式的母项则为 r。

【案例 1－14】

某乡某年从 18 个行政村中，用整群抽样抽取 3 个村，调查农民家庭电风扇拥有量情况，调查资料整理如下，要求在 95.4％的概率下估计户均电风扇拥有量的置信区间（全乡共有 5480 户），如表 1－11 所示。

表 1－11　　某乡民家庭电风扇拥有量

样本群	$\overline{x}_i$（台/户）	m_i（户）
1	2.0	300
2	2.4	320
3	1.8	280

解： $\overline{X}=\frac{2.0\times300+2.4\times320+1.8\times280}{300+320+280}=2.08$（台/户）

$$\sigma_x^2=\frac{(2-2.08)^2\times300+(2.4-2.08)^2\times320+(1.8+2.08)^2\times280}{300+320+280}=0.063$$

$$\sigma_{\bar{x}}=\sqrt{\frac{0.063}{3}\times\left(\frac{18-3}{18-1}\right)}=0.14$$

户均电风扇拥有量置信区间为 2.08±20.14，即［1.8，2.38］（台）。

（3）整群抽样的样本容量确定。由于整群抽样一般是不重复抽样，故应按不重复抽样计算必要的抽样群数 r。由整群抽样的极限误差 Δ 和抽样标准公式可导出

$$r=\frac{Z^2\delta^2R}{\Delta^2R+Z^2\delta^2}$$

其中 δ^2 为群间方差，可根据以往的资料确定。

【案例 1－15】

某乡从 720 个行政村，拟抽取若干个行政村调查农民家庭彩电的普及率，根据以往的资料测算，农民家庭彩电普及率的群间方差为 6%，要求抽样平均误差不超过 3.98%，置信概率为 95.44%，求整群抽样样本容量 r。

解：

$$N=720 \quad \delta_p^2=6\% \quad \sigma_p=3.98\%$$

$$\Delta=3.98\%\times2=7.96\%$$

$$r=\frac{2^2\times0.06\times720}{0.0796^2\times720+2^2\times0.06}=36$$

即每 20 个村抽一个村作整群抽样的单位，样本容量为 36 个村（群）。

5. 目录抽样

目录抽样通常用于企业调查，首先编制一份企业目录（称为抽样框），目录中一般包括企业名称、从业人数、产值、产量、利润等以往的资料。然后，考虑总体分布是否呈偏斜状态分布，如果呈极偏斜状态分布，则将其中的大型企业单列出来作全面调查，对剩余的为数众多的小型企业则实行抽样调查。

目录抽样是全面调查与抽样调查的有机结合。这种方法，可以减少抽样误差，提高抽样估计的精确度。

目录抽样的参数估计通常是对总体的某一总量指标作出推断，设 Y 为总体的总量指标，它可以分解为如下两部分：

$$Y=Y_1+Y_2$$

式中：Y_1 是全面调查部分，可用汇总统计的方法求得其值。Y_2 是抽样部分，是需要利用抽样资料估计的。设 N_2 为抽样部分的单位数，n_2 为样本容量，x_i 为各样本单位的观

察值，则

$$Y_2 = N_2 \frac{\sum x_i}{n_2}$$

在抽样部分中，其抽样标准误差的测定应视抽样方式而定。

【案例 1－16】

某市某年有 100 家工业企业，其中 10 家为大中型企业，90 家为小型企业。某月对 10 家大中型企业的工业增加值进行全面调查，汇总得 10 家企业的工业增加值为 9880 元，另从 90 家小型企业中简单随机抽取 12 家进行抽样调查，这 12 家企业的平均增加值为 32 万元，标准差为 1.8 万元。要求在 95％的置信概率下估计该月全市的工业增加值。

解：全县工业增加值点估计　9880＋32×90＝12760（万元）

小企业增加值的抽样标准差　$\delta_{y_2}=90\sqrt{\frac{1.8^2}{12}\times\left(\frac{90-12}{90-1}\right)}=43.78$（万元）

小企业增加值区间估计为 32×90±1.96×43.78，即［2794.2，2965.8］（万元）

全县工业增加值区间估计为［2794.2＋9880，2965.8＋9880］，即在 95％的置信概率下，全县工业增加值介于 12674.2 万元至 12845.8 万元之间，点估计为 12760 万元。

6. 二阶段抽样

（1）二阶段抽样的概念。二阶段抽样又称二级随机抽样，就是在抽取样本时分两个阶段来进行，第一阶段是从总体中用随机抽样的方法抽取若干个群体，称为初级单位。然后在第二阶段从这些初级单位中又随机抽取若干个样本单位，称为基本单位或最终单位，最后根据所抽的基本单位组成的样本进行调查，用取得的样本资料来推断总体。

如果在二阶段抽样之后，又继续在被抽中的二阶段单位中进行第三次、第四次随机抽样，就形成了三阶段抽样、四阶段抽样。二阶段和二阶段以上的抽样都叫做多阶段抽样。例如，农产品产量调查中，由省抽县，由中选的县抽乡，由中选的乡抽村，由中选的村抽地块，就是采用的多阶段抽样。

多阶段抽样有利于大规模大范围的抽样调查的组织与实施，能在一定程度上满足各级管理部门对调查资料的需求，有利于减少抽样误差，提高抽样估计的精确度。因而，在实际工作中应用较多，如人口、农产品、城镇居民、农村住户等调查都可采用这一方法。

（2）二阶段抽样标准误差的测定。二阶段抽样误差的测定需要考虑两个部分的抽样误差，一部分是初级单位（群）之间的差异 S_1^2（群间方差）和抽取的初级单位的抽样数目 r 所决定的抽样误差；第二部分是第二阶段抽样的基本单位之间的平均群内方差$\overline{S_2^2}$和全部基本单位 n 所决定的抽样误差。由于一般采用不重复抽样，故二阶段抽样标准误差测定的基本公式为

$$\sigma_{\bar{x}}=\sqrt{\frac{S_1^2}{r}\left(\frac{R-r}{R-1}\right)+\frac{\overline{S_2^2}}{n}\left(\frac{M-m}{M-1}\right)}$$

式中：R 为总体的群数，r 为抽选的群数；M 为总体各群相等的单位数。m 为中选群中抽选的单位数（假定亦相等）。n 为全部基本单位，$n=rm$。

【案例 1－17】

某省某年有100个县，每县有200个村，各村的大小基本相同。现用两阶段抽样估计粮食平均亩产，第一阶段抽取了A、B、C、D共4个县，第二阶段从中选县又抽取5个村（1，2，3，4，5），一共为20个样本村。调查资料整理如表1－12所示，要求在95%的置信概率下估计全省粮食平均亩产量及置信区间。

表1－12　　某省粮食产量二阶段抽样数据　　单位：kg

样本村＼样本县	A	B	C	D
1	680	620	860	780
2	800	750	810	830
3	780	840	780	850
4	640	760	840	690
5	820	680	680	760
$\bar{x}$	744.0	730	794	782
S	70.88	74.83	63.12	56.36

解：　　$R=100$　　$r=4$　　$M=200$　　$m=5$

总体均值点估计　$\bar{x}=\frac{1}{4}\times(744+730+794+782)=762.5$（kg）

第一阶段方差（群间方差）

$$S_1^2=\frac{\sum(\bar{x}-\overline{X})^2}{y-1}=923.67$$

第二阶段方差（平均群内方差）

$$\overline{S_2^2}=\frac{70.88^2+74.83^2+63.12^2+56.36^2}{4}=4446.02\text{（kg）}$$

抽样标准误差

$$\sigma_{\bar{x}}=\sqrt{\frac{923.67}{4}\times\left(\frac{100-4}{100-1}\right)+\frac{4446.02}{4\times5}\times\left(\frac{200-5}{200-1}\right)}=21.02\text{（kg）}$$

平均亩产量的置信区间 $\overline{X} \pm Z\sigma_{\bar{x}} = 762.5 \pm 1.96 \times 21.02 = [721.3, 803.7]$ (kg)。

需要指出的是，以上抽样平均误差的测定是假定各群、各单位规模大小相同，但在实际抽样中，各群和各单位的规模大小是不相同的。因此，总体均值的估计、各阶段抽样方差的估计以及抽样标准误差的计算等均应考虑用以加权的方法进行计算。计算公式如下：

总体各群平均单位数 $\overline{M} = \frac{1}{R}\sum M_i$ 总体均值点估计 $\overline{X} = \frac{\sum M_i \overline{x_i}}{r\overline{M}}$

抽样标准误差

$$\sigma_{\bar{x}} = \sqrt{\left(1-\frac{r}{R}\right)\frac{S_1^2}{r} + \frac{1}{rR}\sum\left(\frac{M_i}{\overline{M}}\right)^2\left(1-\frac{m_i}{M_i}\right)\frac{S_{2i}^2}{m_i}}$$

$$\approx \sqrt{\left(1-\frac{r}{R}\right)\frac{S_1^2}{r} + \frac{1}{rR\overline{M}^2}\sum M_i^2\frac{S_{2i}^2}{m_i}}$$

式中：$S_1^2 = \frac{1}{r-1}\sum\left(\frac{M_i}{\overline{M}}\overline{x_i} - \bar{x}\right)^2$ $S_{2i}^2 = \frac{1}{m_i - 1}\sum(x_i - \bar{x})^2$

【案例 1－18】

某县某年有200个村，16.2万个农户，各村农户数目不同，现采用二阶段抽样估计全县农户生猪的存栏量。第一阶段从200个村中抽取了 A、B、C、D、E 共5个村，第二阶段又从中选村按农户（M_i）的多少再抽取10%作为抽样单位（m_i）。有关资料整理如表1－13所示，要求在95%的置信概率下估计全县农户平均生猪存栏量和生猪总存栏量。

表1－13　　某县生猪存栏抽样数据

样本村	农户数（M_i）	抽样户数（m_i）	户均存栏（$\overline{x_i}$）	方差（S_{2i}^2）	$M_i^2\frac{S_{2i}^2}{m_i}$
A	560	56	2.4	0.04	224
B	840	86	3.0	0.09	756
C	680	68	1.8	0.03	204
S	920	98	2.1	0.04	368
E	820	82	2.5	0.08	656
合计	3820	382	—	—	2208

解：　$R=200$　$r=5$　$\overline{M} = \frac{162000}{200} = 810$（户/村）

$$\overline{X} = \frac{\sum M_i \overline{x_i}}{r\overline{M}}$$

$$=\frac{560\times2.4+840\times3.0+680\times1.8+920\times2.1+820\times2.5}{5\times810}$$

$=2.24$（头/户）

$$S_1^2=\frac{1}{r}\sum\left(\frac{M_i}{\overline{M}}x_i-\overline{X}\right)^2$$

$$=\frac{1}{5}\times\left[\left(\frac{560}{810}\times2.4-2.24\right)^2+\left(\frac{840}{810}\times3.0-2.24\right)^2+\left(\frac{680}{810}\times1.8-2.24\right)^2+\left(\frac{920}{810}\times2.1-2.24\right)^2+\left(\frac{820}{810}\times2.5-2.24\right)^2\right]=1.7331$$

$$\sigma_{\bar{x}}=\sqrt{\left(1-\frac{r}{R}\right)\frac{S_1^2}{r}+\frac{1}{rR\overline{M}^2}\sum M_i^2\frac{S_{2i}^2}{m_i}}$$

$$=\sqrt{\left(1-\frac{5}{200}\right)\times\frac{1.7331}{5}+\frac{2208}{5\times200\times810^2}}$$

$=0.58$（头）

户均生猪存栏量的置信区间

$2.24\pm1.96\times0.58=$ [1.1032，3.3768]（头）

全县生猪总存栏

点估计　　$2.24\times16.2=36.288$（万头）

区间估计　　$[1.1032\times16.2,\ 3.3768\times16.2]=[17.872,\ 54.704]$（万头）

（二）非随机抽样

非随机抽样又称主观抽样，是指不按随机原则，而由调查者根据调查目的和要求，主观地从总体中抽选样本的抽样方式。非随机抽样与随机抽样的根本区别在于样本的抽取过程是否遵循随机性原则，这个区别导致了两种抽样技术在认识上的差别。非随机抽样具有以下特点：

（1）抽样过程的主观性。样本的代表性取决于：①抽样者的认识能力和判断能力。②抽样者的责任心和科学态度。

（2）抽样误差的不可测性。非随机抽样的误差之所以不可测，主要是由于抽样过程具有主观性。但是，如果样本具有代表性，亦可进行主观抽样误差的估计。

（3）要求已知总体分布的更多信息。非随机抽样在很大程度上依赖于对调查总体分布的大量假设的有效性上，这样才能使非随机抽样的估计有较充分的可靠性。

（4）抽样实施简便易行。由于非随机抽样没有随机抽样多项技术上的限定，因而运用简便易行，在多数情况下，抽样是在现场完成的，这使非随机抽样在市场调查中具有较广的运用范围。

1. 任意非随机抽样

任意非随机抽样是指调研者在以一定环境所遇到的样本作为调查对象以抽选样本的方式，其调查样本的选择完全取决于调研者的方便。如“街头拦人法”“方位选择法”。

优点：简便易行，能及时获取信息，费用低。

缺点：对调查对象缺乏了解、样本的偏差大、代表性差、调查结果不一定可靠。

一般用于探测性调查，或某些时效性要求较高的调查，对流动性特征明显或边界不清的总体的调查也常用这种方式。若在总体中各单位的同质性很明显的条件下，运用这种方式也能获得较好的调查结果。

【案例 1－19】

某市民调中心的调查员分别深入街道、学校、机关、企事业单位采用随意抽样法用问卷询问市民“最关心的社会问题是什么”（备选答案分为：就业、公共卫生治理、治安、整治腐败、公共设施建设），共询问了 300 名市民，备选答案选择的人数分布为：就业 60 人、公共卫生治理 45 人、治安 75 人、整治腐败 90 人、公共设施建设 30 人；频率分别为：20％、15％、25％、30％、10％。因此，市民最关心的社会问题的前 3 位是：整治腐败、治安和就业。

2. 判断非随机抽样

判断非随机抽样又称立意抽样。它是调查者根据调查的目的和自己的主观判断选择调查样本的一种非随机抽样方式。

判断非随机抽样法的“判断”，主要包括两方面的内容：一是判断总体的规模与结构等；二是判断样本的代表性，即面对认识的总体你认为哪些个体对总体具有代表性，将其选出来作为样本进行调查。判断非随机抽样的一般做法有两种：

（1）由专家判断决定样本单位。

根据所掌握的统计资料，按照一定的标准来选定样本。一般选取“多数型”或“平均型”的单位组成样本。

（2）实际应用中有两种基本情形：

①强调样本对总体的代表性。当调查的目的在于了解总体的一般特征时，判断非随机抽样方式必须严格选择对总体有代表性的单位作为样本。

②注重对总体中某类问题的研究，而并不过多考虑对总体的代表性。在这种情况下，判断非随机抽样必须有目的地选择样本，即选择与研究问题的目的一致的单位作为样本。

3. 配额非随机抽样

配额非随机抽样又称定额抽样。它是指按市场调查对象总体单位的某种特征，将总体分为若干类，按一定比例在各类中分配样本单位数额，并按各类数额任意或主观抽取样本单位。配额非随机抽样能保证样本单位在总体中均匀分布，调查结果比较可靠。

（1）独立控制配额非随机抽样。这种方式是分别独立地按分层特征分配样本单位数，在按多个特征对总体进行分层的情况下，这些交叉特征对样本单位的分配没有限制。

【案例 1-20】

某市进行牛奶消费需求调查，确定样本量为 300 名，选择消费者年龄、性别、收入 3 个标准分类。各分类标准的样本配额数如表 1-14、表 1-15、表 1-16 所示。

表 1-14

年龄	人数
18～35 岁	50
36～45 岁	100
46～60 岁	110
60 岁以上	40
合计	300

表 1-15

性别	人数
男	150
女	150
合计	300

表 1-16

月收入	人数
1000 元以下	40
1001～2000 元	100
2001～3000 元	100
3001 元以上	60
合计	300

（2）相互控制配额非随机抽样。这种方式明确规定了几种分类标准的样本配额的交叉关系，调查员在选取调查单位时，必须要符合规定的样本交叉配额。如上例，三种分类标准交叉分配的样本单位数的配额如表 1-17 所示。

表 1-17　相互控制配额抽样分配表

月收入及性别 / 年龄	1000 元以下		1001～2000 元		2001～3000 元		3001 元以上		合计
	男	女	男	女	男	女	男	女	—
18～35 岁	4	5	7	7	9	3	10	5	50
36～45 岁	7	6	10	16	23	17	10	11	100
46～60 岁	5	5	20	28	19	20	4	9	110
60 岁以上	3	5	8	4	6	3	5	6	40
小计	19	21	45	55	57	43	29	31	—
合计	40		100		100		60		300

4. 滚雪球非随机样

滚雪球非随机样是调查者先通过少数可以由自己确定的样本单位进行调查，再通过这些样本单位各自去发展其他同类单位，如此进行下去，像滚雪球一样越滚越大，直到发展到所需要的样本单位数为止。

5. 自愿非随机抽样

自愿非随机抽样是由一些主动接受调查的“志愿者”组成的样本。最常见的是在报刊上刊登读者意见表，是否填写调查表再寄回给调查组织中心，完全由读者的意愿决定，凡寄回调查表的都是主动接受的调查者。

任务实训

某县共有农户22.5万户，按照去年各乡镇农民年纯收入可分为高、中、低3类，各有农户7.2万户、10.8万户和4.5万户。电信部门要求进行一次农民家庭本年末固定电话普及率、移动电话普及率和下年需求量的调查，你认为可采用何种抽样方法进行调查研究，并设计抽样调查方案。

复习思考

1. 全面市场调查有何特点，有哪两种组织方式？全面市场调查应遵循哪些原则？全面市场调查可应用于哪些方面的市场研究？

2. 典型市场调查的特点有哪些，有哪些优缺点？

3. 重点市场调查有何特点，如何选择重点单位？怎样组织重点市场调查？有哪些应用领域？

4. 抽样市场调查有何特点，有哪些优点和缺点？抽样市场调查有哪些应用领域？

5. 什么是简单随机抽样，在什么场合应用？抽样误差如何测定？

6. 什么是分层抽样，在什么场合应用？抽样误差如何测定？

7. 什么是等距抽样，应用场合是什么？怎样测定抽样误差？

8. 整群抽样有何特点？怎样测定抽样误差？

9. 目录抽样在什么情形下运用？怎样进行参数估计？

10. 什么是多阶段抽样？在什么情况下应用？

11. 非随机抽样有何特点？有哪些主要方式？

某厂空调A品牌的广告效果调查方案

1. 问题的提出

空调生产厂家B生产的A品牌空调在C市的市场占有率很低，为了挖掘C市场的需求潜力，扩大产品销售，提高市场份额，选择了该市的卫视台已进行了为期5个月的电视广告活动。厂家B急需了解广告是否收到了预期的信息传播效果和促销效果，以便改进和完善广告设计和广告策略，故委托某市场调查公司进行此项调查。

2. 调查的目的与任务

本次调查的目的在于通过对B厂的A品牌空调的电视广告实际播放测定和广告效果追踪的调查研究，获取有关数据和资料，评价广告的传播影响、沟通效果、行为效果、促销效果，揭示存在的主要问题，为改进、完善、广告设计和广告策略提供信息支持。调查的任务主要是获取广告主体（产品）、广告诉求（受众对象）、广告主题（内容）、广告效果、广告媒介等方面的信息。

3. 调查项目与内容

（1）广告主体调查，主要包括A品牌空调的认知度、美誉度、偏好度、忠诚度。

（2）广告诉求调查，主要包括被调查者的年龄、性别、职业、受教育程度、年收入；家庭空调的拥有量、品牌、购买时间、购买因素、满意度等。

（3）广告主题调查，主要包括被调查者对广告内容的记忆度、理解度、说服力、接受度、喜好度等。

（4）广告效果调查，主要包括认知度、到达率、购买意向度、销售增长率等。

（5）广告媒体调查，主要了解该市居民对各种广告媒体的接受情况。

（调查问卷见附录）

4. 调查对象与范围

本次广告效果调查的对象是C市全部常住居民家庭（凡居住并生活在一起的家庭成员和其他人，或单身居住生活的均作为一个住户），其中每一个居民家庭为总体单位。从C市的统计年鉴了解到，该市有4个市辖区、50个居委会、42.8万户。其中东区有13个居委会，11.13万户；西区有10个居委会，8.56万户；南区有14个居委会，12.04万户；北区有13个居委会，11.07万户。

5. 调查方法

（1）用调查问卷对调查户进行询问测试，即派调查员上门访问。

（2）派员到C市主要商场观察，了解空调的销售情况，重点是A品牌的销售走势。

（3）直接利用B厂对C市A品牌空调的销售记录，统计广告前后空调的销售量。

（4）利用C市统计年鉴收集有关数据，如空调家庭普及率。

6. 调查的方式

由于C市居民户数有42.8万户，没有必要采用全面调查，为节省时间和调查经费，拟采用抽样调查方式。鉴于总体单位数太多，不可能直接从总体中抽取样本户组成调查样本，决定先分别从4个区抽选居委会，然后再从中选的居委会中抽取调查户。居委会的抽样框就是按区分列的居委会名单，调查户抽取所依据的抽样框是中选居委会居民家庭名册或名录库。

7. 样本量与分配

本次调查，厂家要求总体广告达到率（看过该广告的户数/该市拥有电视机的家庭户数）的抽样极限误差不超过4%，区间估计的置信概率为95%（$Z=1.96$）。由于该市总体广告达到率未知，按照抽样调查理论，计算总体比率样本容量时，可直接用$P(1-P)$的最大值0.25替代，据此，必要的样本容量为：

$$n=\frac{Z^2P(1-P)}{\Delta^2}=\frac{1.96^2\times0.5\times(1-0.5)}{0.04^2}=601\text{（户）}$$

考虑到可能有少数居民家庭因某种原因不回答，样本容量增大到635户，调查的总接

融率规定为95%。同时，为了使样本单位能均匀地分布在C市的各个区，经研究决定在全市中抽取8个居委会。样本量的分配如表1-18所示。

表1-18 **样本量的分配**

区名	样本户数	抽中的居委会及户数分配	
东区	165	东2/80户	东9/85户
西区	127	西6/60户	西10/67户
南区	179	南5/86户	南11/93户
北区	164	北4/74户	北8/90户
合计	635	—	

其中中选的居委会是在各区中用抽签法随机抽取的，中选居委会的调查户数是按中选居委会的户数规模的比例确定的。各中选居委会的最终样本户的抽取，拟根据中委居委会编制的居民家庭名册实行等距抽样（实施过程略）。

8. 调查时间与进度安排

资料收集的时间为本年8月10～15日。全部调查工作起止时间为8月1日～9月30日（进度安排略）。

9. 数据处理与分析（略）

10. 调查经费预算（略）

11. 调查组织计划（略）

问题：

1. 你认为本方案采用了什么样的抽样调查方式，是否科学？
2. 如果只测试广告主题及其效果，能否可采用非随机抽样方式，为什么？
3. 如果这个方案扩展到一个省或全国范围的调查，你认为对抽样方案有哪些方面应进行修订、充实和完善？

附录：

品牌空调广告效果调查问卷

您好：

我是××调查公司的访问员，我们正在进行一项有关空调广告、购买与使用方面的市场调查。本次调查不对外公布，望得到您的支持，可能要耽误您的一些时间，作为补偿，我们向您赠送精美礼品1份。调查结束后，我们将在接受调查的家庭中抽取中奖者，一等奖3名，奖价值1500元的时尚彩屏手机一台，二等奖5名，奖价值600元的DVD一台。望您能中奖。

01. 性别记录

(1) 男　　(2) 女

02. 您的年龄是

(1) 20岁以下（终止访问）　(2) 20～30岁　(3) 30～40岁

(4) 40～50岁　(5) 50～60岁　(6) 60岁以上

03. 您家目前有空调吗?

(1) 有　　(2) 无（请跳至10题）

04. 您家目前使用的空调有________台。

05. 您家现在使用的空调品牌是________。

06. 您家现在使用的空调是哪种类型（可多选)?

(1) 1P挂机　(2) 1.5P挂机　(3) 一拖二挂机

(4) 一拖三挂机　(5) 2P柜机　(6) 2P以上柜机

07. 您购买空调之初，主要考虑了哪些因素?

(1) 价格合适　(2) 品牌知名度　(3) 制冷效果　(4) 制热效果

(5) 省电　(6) 外观设计　(7) 安装服务　(8) 噪声低

08. 您对目前使用的A品牌空调总体感觉满意吗?(无A品牌者不问，跳至10题)

(1) 很满意　(2) 较满意　(3) 满意　(4) 不满意　(5) 很不满意

09. 您对A品牌空调下列哪些因素满意?(可多选)

(1) 制冷效果　(2) 制热效果　(3) 节省电力　(4) 噪声低

(5) 外观设计　(6) 送货安装　(7) 维修服务　(8) 价格

10. 您获取有关空调信息的主要渠道有哪些?(可多选)

(1) 电视广告　(2) 电台广告　(3) 资讯网站　(4) 路牌广告

(5) 车牌广告　(6) 报纸广告　(7) 厂家宣传　(8) 商店观看

11. 最近几个月，您接触过哪些空调品牌的广告?(可多选)

(1)（××品牌）　(2)（××品牌）　(3)（××品牌）　(4)（××品牌）

12. 在这些空调品牌广告中，您印象最深的品牌是________。

13. 您对这个空调品牌广告印象最深刻的原因是哪些?(可多选)

(1) 画面清晰　(2) 广告用语好　(3) 音乐配置好　(4) 人物形象佳

(5) 语言表达好　(6) 时间适度　(7) 真实、亲切　(8) 整体效果好

14. 请您看看这几张电视画面的图片（出示图片)，您是否有印象?

(1) 有印象　(2) 无印象　(3) 想不起来

15. 您看了这些图片后，是否记得这是什么品牌空调的广告?

(1) A品牌　(2) B品牌　(3) C品牌

(4) 其他品牌［回答(2)、(3)、(4)者，跳至22题］

16. 您在电视上看过这个电视广告几次？

(1) 1次　(2) 2次　(3) 3次　(4) 4次

(5) 最近天天看　(6) 未看过（请跳至22题）

17. 您对这个品牌空调的电视广告的总的感觉是：

(1) 很喜欢　(2) 不喜欢　(3) 喜欢　(4) 讨厌

18. 您对"××伴您度过清凉的夏天和温暖的冬天"的广告用语是否可以接受？

(1) 可接受　(2) 不可接受　(3) 需要验证　(4) 难以评价

19. 您认为这一广告用语意味着下列哪些因素？（可多选）

(1) 空调品牌　(2) 空调效果　(3) 购买冲动

(4) 人文关怀　(5) 不理解　(6) 吹牛皮

20. 您对这个电视广告的下列哪些方面感觉较好？

(1) 图像画面　(2) 背景设计　(3) 广告用语　(4) 人物形象

(5) 音乐配置　(6) 语言频率　(7) 时间长度　(8) 播出时段

21. 您认为这个电视广告需要作哪些改进？＿＿＿＿＿＿＿＿。

22. 您家最近几个月购买过空调吗？

(1) 购买过　(2) 未购买（跳至24题）

23. 购买的空调品牌是＿＿＿＿＿＿＿。

24. 今年和明年您家是否准备新买或重购空调吗？

(1) 买　(2) 不买　(3) 暂未决定

25. 准备购买空调的品牌是：

(1) A品牌　(2) B品牌　(3) C品牌　(4) 暂未决定

26. 您经常收看的电视是＿＿＿＿＿＿＿。

27. 您经常收看的电视节目是＿＿＿＿＿＿＿。

28. 您经常阅读的报纸是＿＿＿＿＿＿＿。

29. 您的职业是＿＿＿＿＿，受教育程度是＿＿＿＿＿，年收入是＿＿＿＿＿。

30. 您的姓名＿＿＿＿＿，联系电话＿＿＿＿＿＿＿＿。

（"30"是抽奖领奖的依据，填写后请认真核对）。谢谢您的合作！

任务四　设计调查问卷

1. 市场调查问卷设计的含义以及问卷的格式
2. 设计调查问卷的原则和程序
3. 问卷询问技术的几种方式

情景案例

"我与3·15"——公民消费权益保护意识调查问卷

女士/先生，您好！

我是××大学的学生，正在结合所学课程践行如何作好市场调查访问工作，请协助回答几个关于生活消费品消费倾向的问题。

谢谢您的帮助与支持！

您的个人资料：

1. 性别：A. 男　　　　B. 女

2. 年龄：A. 20个岁以下　B. 21～35岁　C. 36～50岁　D. 51岁以上

调查内容：

1. "3·15"这一天您觉得特殊吗？

A. 是节日　　B. 是纪念日　　C. 不知道　　D. 与往常完全一样

2. 您对《消费者权益保护法》了解多少？

A. 系统学习过　　B. 学习过　　C. 听说过　　D. 一点儿也不知道

调查时间：　　调查地点：　　调查人员班级：　　调查者签名：

从这个简化的调查问卷中，我们了解一个完整的问卷的基本结构和问卷设计的基本思路，但是要设计好一份调查问卷还要掌握很多方面的知识。

知识体系

在现代市场调查中，应有事先准备好的询问提纲或调查表作为调查的依据，这些文件统称为问卷。它系统地记载了所需调查的具体内容，是了解市场信息资料、实现调查目的和任务的一种重要形式。采用问卷进行调查是国际通行的一种调查方式，也是我国近年来推行最快、应用最广的一种调查手段。

所谓问卷设计，它是根据调查目的，将所需调查的问题具体化，使调查者能顺利地获取必要的信息资料，并便于统计分析。由于问卷方式通常是靠被调查者通过问卷间接地向调查者提供资料，所以，作为调查者与被调查者之间中介物的调查问卷，其设计是否科学合理，将直接影响问卷的回收率，影响资料的真实性、实用性。因此，在市场调查中，应对问卷设计给予足够的重视。

一、问卷的类型和结构

（一）问卷的类型

问卷根据调查者对问卷的控制程度分为结构型问卷和非结构型问卷。

1. 结构型问卷

结构型问卷又称标准化问卷或控制式问卷。它的特点是每个问题的提问方式和可能答案都是固定的，提问方式在调查时都不能改动，所有被调查者都回答同一结构的问题。结构型问卷可分为封闭式问卷、开放式问卷和半封闭式问卷三种。

（1）封闭式问卷。提出的问题规定了备选答案，被调查者只是从已给定的答案中作出选择的问卷。

优点：答案标准化，便于归类整理；可事先编码，有利于信息处理；被调查者只需选择其中的答案，可以节省答卷时间。

局限性：由于问句规定的答案有限，往往不能充分体现不同回答者的各种意见；同时，不同的人对同一问题的理解是不相同的，甚至会产生相反的理解，因而对问题的不正确理解难以识别。

（2）开放式问卷。只提出问题，不提供任何备选答案，由被调查者自由回答的问卷。这种问卷所列的每个问题对被调查者来说都是一样的，但可根据自己的理解自由回答。

优点：回答者可以充分发表自己的看法和意见，对某些答案过多的问题尤其适宜。

局限性：问句的问卷答案多种多样，不规范，资料分散；难以量化，编码困难；对某些较复杂的问题，回答者要用较多的时间去思考，容易引起回答者的不快或拒绝回答。

（3）半封闭式问卷。封闭式问卷和开放式问卷相结合的问卷。如在一个问题中，除给出一定的标准答案外，还列出“其他”等开放式答案以备被调查者在“其他”下选答。或在整个问卷中，一部分问题是封闭性的，一部分问题是开放性的。半封闭式问卷可以兼顾封闭式问卷和开放式问卷的优点，克服其局限性。

2. 非结构型问卷

事先不准备标准表格、提问方式和标准化备选答案，只是规定调查方向和询问内容，由调查者和被调查者自由交谈的问卷（调查提纲）。

优点：可发现新情况，可用于探索性调查，也可用于检验结构型问卷的准确性。

局限性：所需人力、物力较多，花费的时间较长，只适用于小样本调查。

（二）问卷的基本结构

一份完整的调查问卷通常包括标题、问卷说明、被调查者基本情况、调查内容、编码号、调查者情况等内容。

1. 问卷的标题

问卷的标题是概括说明调查研究主题，使被调查者对所要回答什么方面的问题有一个大致的了解。确定标题应简明扼要，易于引起回答者的兴趣。例如“大学生消费状况调查”“我与广告——公众广告意识调查”等。而不要简单采用“问卷调查”这样的标题，它容易引起回答者因不必要的怀疑而拒答。

2. 问卷说明

问卷说明旨在向被调查者说明调查的目的、意义。有些问卷还有填表须知、交表时间、地点及其他事项说明等。问卷说明一般放在问卷开头，通过它可以使被调查者了解调查目的，消除顾虑，并按一定的要求填写问卷。问卷说明既可采取比较简洁、开门见山的方式，也可在问卷说明中进行一定的宣传，以引起调查对象对问卷的重视。

【案例 1-21】

范例1：

同学们：

为了了解当前大学生的学习、生活情况，并作出科学的分析，我们特制定此项调查问卷，希望广大同学予以积极配合，谢谢。

范例2：

女士（先生）：

改革开放以来，我国广告业蓬勃发展，已成为社会生活和经济活动中不可缺少的一部分，对社会经济的发展起着积极的推动作用。我们进行这次公众广告意识调查，其目的是加强社会各阶层人士与国家广告管理机关、广告用户和经营者等各方的沟通和交流，进一步加强和改善广告监督管理工作，促进广告业的健康发展。本次问卷调查并非知识性测验，只要求您根据自己的实际态度选答，不必进行讨论。根据统计法的有关规定，对您个人情况实行严格保密。

3. 被调查者基本情况

这是指被调查者的一些主要特征，如在消费者调查中，消费者的性别、年龄、民族、家庭人口、婚姻状况、文化程度、职业、单位、收入、所在地区等。又如，对企业调查中的企业名称、地址、所有制性质、主管部门、职工人数、商品销售额（或产品销售量）等情况。通过这些项目，便于对调查资料进行统计分组、分析。在实际调查中，列入哪些项目，列入多少项目，应根据调查目的、调查要求而定，并非多多益善。

4. 调查主题内容

调查的主题内容是调查者所要了解的基本内容，也是调查问卷中最重要的部分。它主要是以提问的形式提供给被调查者，这部分内容设计的好坏直接影响整个调查的价值。

主题内容主要包括以下几方面：①对人们的行为进行调查，包括对被调查者本人行为进行了解或通过被调查者了解他人的行为。②对人们的行为后果进行调查。③对人们的态度、意见、感觉、偏好等进行调查。

5. 编码

编码是将问卷中的调查项目变成数字的工作过程，大多数市场调查问卷均需加以编

码，以便分类整理，易于进行计算机处理和统计分析。所以，在问卷设计时，应确定每一个调查项目的编号和为相应的编码作准备。通常是在每一个调查项目的最左边按顺序编号。

如①您的姓名。②您的职业……而在调查项目的最右边，根据每一调查项目允许选择的数目，在其下方画上相应的若干短线，以便编码时填上相应的数字代号。

6. 作业证明的记载

在调查表的最后，附上调查员的姓名、访问日期、时间等，以明确调查人员完成任务的性质。如有必要，还可写上被调查者的姓名、单位或家庭住址、电话等，以便于审核和进一步追踪调查。但对于一些涉及被调查者隐私的问卷，上述内容则不宜列入。

二、问卷设计的原则和程序

（一）问卷设计的原则

1. 目的性原则

问卷调查是通过向被调查者询问问题来进行调查的，所以，询问的问题必须是与调查主题有密切关联的问题。这就要求在问卷设计时，重点突出，避免可有可无的问题，并把主题分解为更详细的细目，即把它分别做成具体的询问形式供被调查者回答。

2. 可接受性原则

调查表的设计要比较容易让被调查者接受。由于被调查者对是否参加调查有着绝对的自由，调查对他们来说是一种额外负担，他们既可以采取合作的态度，接受调查；也可以采取对抗行为，拒答。因此，请求合作就成为问卷设计中一个十分重要的问题。应在问卷说明词中，将调查目的明确告诉被调查者，让对方知道该项调查的意义和自身回答对整个调查结果的重要性。问卷说明要亲切、温和，提问部分要自然、有礼貌和有趣味，必要时可采用一些物质鼓励，并为被调查者保密，以消除其某种心理压力，使被调查者自愿参与，认真填好问卷。此外，还应使用适合被调查者身份、水平的用语，尽量避免列入一些容易引起被调查者难堪或反感的问题。

3. 顺序性原则

它是指在设计问卷时，要讲究问卷的排列顺序，使问卷条理清楚，顺理成章，以提高回答问题的效果。问卷中的问题一般可按以下顺序排列。

（1）容易回答的问答（如行为性问题）放在前面；较难回答的问题（如态度性问题）放在中间；敏感性问题（如动机性、涉及隐私等问题）放在后面；关于个人情况的事实性问题放在末尾。

（2）封闭性问题放在前面；开放性问题放在后面。这是由于封闭性问题已由设计者列出备选的全部答案，较易回答，而开放性问题需被调查者花费一些时间考虑，放在前面易使被调查者产生畏难情绪。

（3）要注意问题的逻辑顺序，如可按时间顺序、类别顺序等合理排列。

4. 简明性原则

简明性原则主要体现在 3 个方面：①调查内容要简明。没有价值或无关紧要的问题不要列入，同时要避免出现重复，力求以最少的项目设计必要的、完整的信息资料。②调查时间要简短，问题和整个问卷都不宜过长。设计问卷时，不能单纯从调查者角度出发，而要为回答者着想。调查内容过多，调查时间过长，都会招致被调查者的反感。通常调查的场合一般都在路上、店内或居民家中，应答者行色匆匆，或不愿让调查者在家中久留等，而有些问卷多达几十页，让被调查者望而生畏，一时勉强做答也只有草率应付。根据经验，一般问卷回答时间应控制在 30 分钟左右。③问卷设计的形式要简明易懂，易读。

5. 匹配性原则

匹配性原则是指要使被调查者的回答便于进行检查、数据处理和分析。所提问题都应事先考虑到能对问题结果作适当分类和解释，使所得资料便于做交叉分析。

（二）问卷设计的程序

1. 准备阶段

准备阶段是根据调查问卷需要确定调查主题的范围和调查项目，将所需问卷资料一一列出，分析哪些是主要资料，哪些是次要资料，哪些是调查的必备资料，哪些是可要可不要的资料，并分析哪些资料需要通过问卷来取得，需要向谁调查等，对必要资料加以收集。同时要分析调查对象的各种特征，即分析了解各被调查对象的社会阶层、行为规范、社会环境等社会特征；文化程度、知识水平、理解能力等文化特征；需求动机、行为等心理特征；以此作为拟定问卷的基础。在此阶段，应充分征求有关各类人员的意见，以了解问卷中可能出现的问题，力求使问卷切合实际，能够充分满足各方面分析研究的需要。可以说，问卷设计的准备阶段是整个问卷设计的基础，是问卷调查能否成功的前提条件。

2. 初步设计

在准备工作的基础上，设计者就可以根据收集到的资料，按照设计原则设计问卷初稿。主要是确定问卷结构，拟定并编排问题，在初步设计中，首先要标明每项资料需要采用何种方式提问，并尽量详尽地列出各种问题，然后对问题进行检查，筛选、编排，设计每个项目。对提出的每个问题，都要充分考虑是否有必要，能否得到答案。同时，要考虑问卷是否需要编码，或需要向被调查者说明调查目的、要求、基本注意事项等。这些都是设计调查问卷时十分重要的工作，必须精心研究，反复推敲。

3. 试答和修改

一般来说，所有设计出来的问卷都存在着一些问题，因此，需要将初步设计出来的问卷，在小范围内进行试验性调查，以便弄清问卷在初稿中存在的问题，了解被调查者是否乐意回答和能够回答所有的问题，哪些语句不清、多余或遗漏，问题的顺序是否符合逻辑，回答的时间是否过长等。如果发现问题，应作必要的修改，使问卷更加完善。试调查与正式调查的目的是不一样的，它并非要获得完整的问卷，而是要求回答者对问卷各方面提出意见，以便于修改。

4. 付印

付印就是将最后定稿的问卷，按照调查工作的需要打印复制或者形成电子格式，制成正式问卷。具体作业流程如图 1－3 所示。

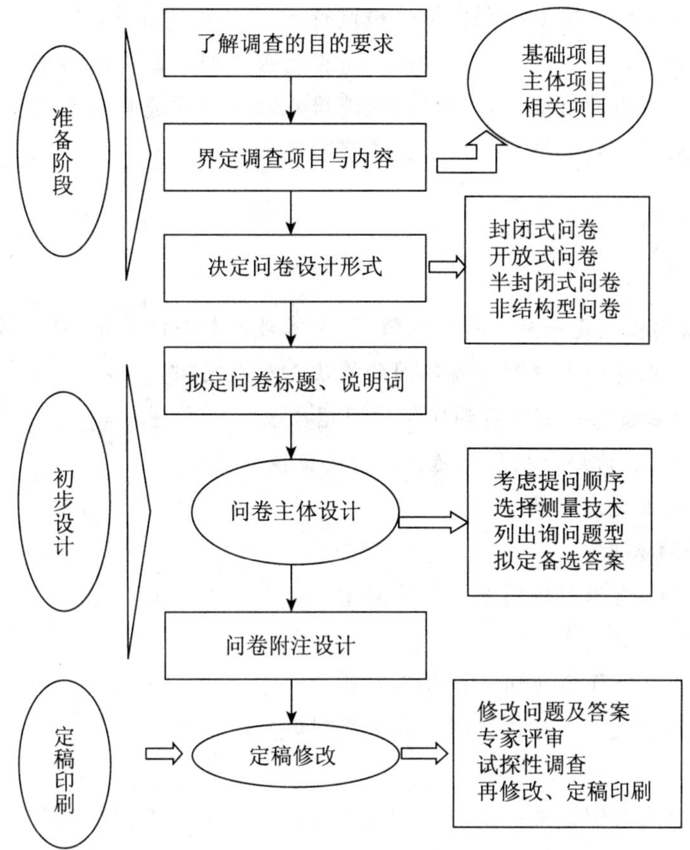

图1－3　问卷设计作业流程

三、问卷的询问设计技术

问卷的语句由若干个问题所构成，问题是问卷的核心，在进行问卷设计时，必须对问题的类别和提问方法仔细考虑，否则会使整个问卷产生很大的偏差，导致市场调查的失败。因此，在设计问卷时；应对问题有较清楚的了解，并善于根据调查目的和具体情况选择适当的询问方式。

（一）问题的主要类型及询问方式

1. 直接性问题、间接性问题和假设性问题

直接性问题是指在问卷中能够通过直接提问方式得到答案的问题。直接性问题通常给回答者一个明确的范围，所问的是个人基本情况或意见，比如，“您的年龄”“您的职业”“您最喜欢的洗发水是什么牌子的”等，这些都可获得明确的答案。这种提问对统计分析比较方便，但遇到一些窘迫性问题时，采用这种提问方式，可能无法得到所需要的答案。

间接性问题是指那些不宜于直接回答，而采用间接地提问方式得到所需答案的问题。通常是指那些被调查者因对所需回答的问题产生顾虑，不敢或不愿真实地表达意见的问

题。调查者不应为得到直接的结果而强迫被调查者，使他们感到不愉快或难堪。这时，如果采用间接回答方式，使被调查者认为很多意见已被其他调查者提出来了，他所要做的只不过是对这些意见加以评价罢了，这样，就能排除调查者和被调查者之间的某些障碍，使被调查者有可能对已得到的结论提出自己不带掩饰的意见。

【案例 1－22】

“您认为妇女的权利是否应该得到保障?”大多数人都会回答，“是”或“不是”。而实际情况则表明许多人对妇女权利有着不同的看法。如果改问：

A：有人认为妇女权利应该得到保障的问题应该得到重视。

B：另一部分人认为妇女权利问题并不一定需要特别提出。

您认为哪些看法更为正确?

对A种看法的意见：

①完全同意；②有保留地同意；③不同意。

对B种看法的意见：

①完全同意；②有保留地同意；③不同意。

采用这种提问方式会比直接提问方式收集到更多的信息。

假设性问题是通过假设某一情景或现象存在而向被调查者提出的问题；例如，“有人认为目前的电视广告过多，您的看法如何”“如果在购买汽车和住宅中您只能选择一种，您可能会选择哪种”等，这些语句都属于假设性提问。

2. 开放性问题和封闭性问题

所谓开放性问题是指所提出问题并不列出所有可能的答案，而是由被调查者自由作答的问题。开放性问题一般提问比较简单，回答比较真实，但结果难以作定量分析，在对其作定量分析时，通常是将回答进行分类。

所谓封闭性问题是指已事先设计了各种可能的答案的问题，被调查者只要或只能从中选定一个或几个现成答案的提问方式。封闭性问题由于答案标准化，不仅回答方便，而且易于进行各种统计处理和分析。但缺点是回答者只能在规定的范围内被迫回答，无法反映其他各种有目的的、真实的想法。

3. 事实性问题、行为性问题、动机性问题、态度性问题

（1）事实性问题是要求被调查者回答一些有关事实性的问题。例如，“您通常什么时候看电视”等。

这类问题的主要目的是为了获得有关事实性资料。因此，问题的意见必须清楚，使被调查者容易理解并回答。

通常在一份问卷的开头和结尾都要求回答者填写其个人资料，如职业、年龄、收入、家庭状况、教育程度、居住条件等，这些问题均为事实性问题，对此类问题进行调查，可

为分类统计和分析提供资料。

(2) 行为性问题是对回答者的行为特征进行调查。例如，“您是否拥有××物?”“您是否做过某事?”

(3) 动机性问题是为了解被调查者行为的原因或动机问题。例如，“为什么购某物?为什么做某事?”等。在提动机性问题时，应注意人们的行为可以是有意识动机，也可以是半意识动机或无意识动机产生的。对于前者，有时会因种种原因不愿真实回答；对于后两者，因回答者对自己的动机不十分清楚，也会造成回答的困难。

(4) 态度性问题是关于对回答者的态度、评价、意见等问题。例如，“您是否喜欢××牌子的自行车?”

以上是从不同的角度对各种问题所作的分类。应该注意的是，在实际调查中，几种类型的问题往往是结合使用的。在同一个问卷中，既有开放性问题，也有封闭性问题。甚至同一个问题中，也可将开放性问题与封闭性问题结合起来，组成结构式问题。例如，“您家里目前有空调吗? 有________，无________；若有，是什么牌子的?”同样，事实性问题既可采取直接提问方式，对于回答者不愿直接回答的问题，也可以采取间接提问方式，问卷设计者可以根据具体情况选择不同的提问方式。

(二) 问句的答案设计

在市场调查中，无论是何种类型的问题，都需要事先对问句答案进行设计。在设计答案时，可以根据具体情况采用不同的设计形式。

1. 二项选择法

二项选择法也称真伪法或二分法，是指提出的问题仅有两种答案可以选择。“是”或“否”，“有”或“无”等。这两种答案是对立的、排斥的，被调查者的回答非此即彼，不能有更多的选择。

例如，“您家里现在有吸尘器吗?”等，答案只能是“有”或“无”。又如，“您是否打算在近5年内购买住房?”等，回答只有“是”或“否”。

这种方法的优点是：易于理解和可迅速得到明确的答案，便于统计处理，分析也比较容易。但回答者没有进一步阐明理由的机会，难以反映被调查者意见与程度的差别，了解的情况也不够深入。这种方法，适用于互相排斥的两项择一式问题及询问较为简单的事实性问题。

2. 多项选择法

多项选择法是指所提出的问题事先预备好两个以上的答案，回答者可任选其中的一项或几项。

例如，“您喜欢下列哪一种牌子的牙膏?”(在您认为合适的□内画√)

中华□　芳草□　洁银□　康齿灵□　美加净□　黑妹□

由于所设答案不一定能表达出填表人所有的看法，所以在问题的最后通常可设“其他”项目，以便使被调查者表达自己的看法。

这个方法的优点是比二项选择法的强制选择有所缓和，答案有一定的范围，也比较便于统计处理。但采用这种方法时，设计者要考虑以下两种情况：

（1）要考虑到全部可能出现的结果，及答案可能出现的重复和遗漏。

（2）是要注意根据选择答案的排列顺序。有些回答者常常喜欢选择第一个答案，从而使调查结果发生偏差。此外，答案较多，使回答者无从选择，或产生厌烦。一般这种多项选择答案应控制在8个以内，当样本量有限时，多项选择易使结果分散，缺乏说服力。

3. 顺位法

顺位法是列出若干项目，由回答者按重要性决定先后顺序，顺位方法主要有两种：一种是对全部答案排序；另一种是只对其中的某些答案排序，究竟采用何种方法，应由调查者来决定。具体排列顺序，则由回答者根据自己所喜欢的事物和认识事物的程度等进行排序。

例如，"您选购空调的主要条件是（请将所给答案按重要顺序1，2，3…填写在□中）：

价格便宜□　　外型美观□　　维修方便□　　牌子有名□

经久耐用□　　噪声低□　　制冷效果□　　其他□

顺位法便于被调查者对其意见、动机、感觉等作衡量和比较性的表达，也便于对调查结果加以统计。但调查项目不宜过多，过多则容易分散，很难顺位，同时所询问的排列顺序也可能对被调查者产生某种暗示影响。

这种方法适用于对要求答案有先后顺序的问题。

4. 填充法

填充法是将所要调查的有关项目设计成填充的形式，以便按规定的项目和格式填写的一种方法。填充法一般用于调查基本情况和有关基础性数据资料。

例如：

您家的基本情况是：

家庭人口________　就业人口________　住房间数________　住房面积________

5. 回忆法

回忆法是指通过回忆，了解被调查者对不同商品质量、牌子等方面印象的强弱。例如，"请您举出最近在电视广告中出现的电冰箱有哪些牌子？"调查时可根据被调查者所回忆牌子的先后和快慢以及各种牌子被回忆出的频率进行分析研究。

6. 比较法

比较这是采用对比提问方式，要求被调查者作出肯定回答的方法。

例如，"请比较下列不同牌子的可乐饮料，哪种更好喝？"（在各项您认为好喝的牌子后的□中画√）

黄山□　　天府□

天府□　　百龄□

百龄□　　奥林□

奥林□　　可口□

可口□　　百事□

百事□　　黄山□

比较法适用于对质量和效用等问题作出评价。应用比较法要考虑被调查者对所要回答问题中的商品品牌等项目是否相当熟悉，否则将会导致空项发生。

7. 自由回答法

自由回答法是指提问时可自由提出问题，回答者可以自由发表意见，并无已经拟定好的答案。例如，“您觉得软包装饮料有哪些优缺点?”“您认为应该如何改进电视广告?”等。

这种方法的优点是涉及面广，灵活性大，回答者可充分发表意见，可为调查者收集到某种意料之外的资料，缩短问者和答者之间的距离，迅速营造一个调查气氛，缺点是由于回答者提供答案的想法和角度不同，因此在答案分类时往往会出现困难，资料较难整理，还可能因回答者表达能力的差异形成调查偏差。同时，由于时间关系或缺乏心理准备，被调查者往往放弃回答或答非所问，因此，此种问题不宜过多。这种方法适用于那些不能预期答案或不能限定答案范围的问题。

8. 过滤法

过滤法又称“漏斗法”，是指最初提出的是离调查主题较远的广泛性问题，再根据被调查者回答的情况，逐渐缩小提问范围，最后有目的地引向要调查的某个专题性问题。这种方法询问及回答比较自然、灵活，使被调查者能够在活跃的气氛中回答问题，从而增强双方的合作，获得回答者较为真实的想法。但要求调查人员善于把握对方心理，善于引导并有较高的询问技巧。此方法的不足是不易控制调查时间。这种方法适合于被调查者在回答问题时有所顾虑，或者一时不便于直接表达对某个问题的具体意见时所采用。例如，对那些涉及被调查者自尊或隐私等问题，如收入、文化程度、妇女年龄等，可采取这种提问方式。

（三）问卷设计应注意的几个问题

对问卷设计总的要求是：问卷中的问句表达要简明、生动，注意概念的准确性，避免提似是而非的问题，具体应注意以下几点：

1. 避免提一般性的问题

一般性问题对实际调查工作并无指导意义。

例如，“您对某百货商场的印象如何?”这样的问题过于笼统，很难达到预期效果，可具体提问：“您认为某百货商场商品品种是否齐全、营业时间是否恰当、服务态度怎样?”等。

2. 避免用不确切的词

例如，“普通”“经常”“一些”等，以及一些形容词，如“美丽”等。这些词语，各人理解往往不同，在问卷设计中应避免或减少使用。例如，“你是否经常购买洗发液?”回答者不知经常是指一周、一个月还是一年，可以改问：“你上月共购买了几瓶洗发液?”

3. 避免使用含糊不清的句子

例如，“你最近是出门旅游，还是休息?”出门旅游也是休息的一种形式，它和休息并不存在选择关系，正确的问法是：“你最近是出门旅游，还是在家休息?”

4. 避免引导性提问

如果提出的问题不是“折中”的，而是暗示出调查者的观点和见解，力求使回答者跟着这种倾向回答，这种提问就是“引导性提问”。例如，“消费者普遍认为××牌子的冰箱好，你的印象如何?”引导性提问会导致两个不良后果：一是被调查者不加思考就同意所引导问题中暗示的结论；二是由于引导性提问大多是引用权威或大多数人的态度，被调查者考虑到这个结论既然已经是普遍的结论，就会产生心理上的顺向反应。此外，对于一些敏感性问题，在引导性提问下，不敢表达其他想法等。因此，这种提问是调查的大忌，常常会引出和事实相反的结论。

5. 避免提断定性的问题

例如，“你一天抽多少支烟?”这种问题即为断定性问题，被调查者如果根本不抽烟，就会造成无法回答。正确的处理办法是此问题可加一条“过滤”性问题，即“你抽烟吗?”如果回答者回答“是”，可继续提问，否则就可终止提问。

6. 避免提令被调查者难堪的问题

如果有些问题非问不可，也不能只顾自己的需要、穷追不舍，应考虑回答者的自尊心。

例如，“您是否离过婚？离过几次？谁的责任?”等。又如，直接询问女士年龄也是不太礼貌的，可列出年龄段：20 岁以下，20～30 岁，30～40 岁，40 岁以上，由被调查者挑选。

7. 问句要考虑到时间性

时间过久的问题易使人遗忘，如“您去年家庭的生活费支出是多少？用于食品、衣服分别为多少?”除非被调查者连续记账，否则很难回答出来。一般可问“您家上月生活费支出是多少?”显然，这样缩小时间范围可使问题回忆起来较容易，答案也比较准确。

8. 拟定问句要有明确的界限

对于年龄、家庭人口、经济收入等调查项目，通常会产生歧义的理解，如年龄有虚岁、实岁，家庭人口有常住人口和生活费开支在一起的人口，收入是仅指工资，还是包括奖金、补贴、其他收入、实物发放折款收入在内，如果调查者对此没有很明确的界定，调查结果也很难达到预期要求。

9. 问句要具体

一个问句最好只问一个要点，一个问句中如果包含过多询问内容，会使回答者无从答起，给统计处理也带来困难。例如，“您为何不看电影而看电视?”这个问题包含了“您为何不看电影?”“您为何要看电视?”和“什么原因使您改看电视?”等。防止出现此类问题的办法是分离语句中的提问部分，使得一个语句只问一个要点。

10. 要避免问题与答案不一致

所提问题与所设答案应做到一致。

例如，“您经常看哪个栏目的电视?”

①经济生活；②电视红娘；③电视商场；④经常看；⑤偶尔看；⑥根本不看。

四、问卷设计中的常用量表

（一）量表的概念与分类

1. 量表的概念

量表是指测量调查单位某一特征的测量工具。即在计量水准既定的条件下，进一步规定询问的语句形式、列出所有的分类项目，并用数字或其他符号来表示这些分类项目，就是量表。

量表一般具有计量水准、询问语句、备选答案、项目编号等基本要素。一般来说，同一计量水准往往可以设计出不同的量表。

例如，计量水准为酒店的“服务态度”，而量表则有下列几种形式可供选择。

A. 您认为本酒店的服务态度属于下列哪种状态？

①非常好□　②好□　③一般□　④较差□　⑤很差□

B. 您对本酒店的服务态度的满意程度是：

①非常满意□　②满意□　③一般满意□　④不太满意□　⑤很不满意□

C. 您认为本酒店的服务态度可评为下列哪种分值？

①60 分以下□　②60～70 分□　③70～80 分□　④80～90 分□　⑤90～100 分□

D. 您认为本酒店的服务态度______________。

2. 量表的分类

量表按照计量水准不同可分为列名量表、顺序量表、差距量表和等比量表 4 种基本量表，在此基础上，再按照量表使用的计量水准和设计形式不同可作多种分类。

（1）一维量表和多维量表。量表按照使用的计量水准的多少可分为一维量表和多维量表。

一维量表又称单变量量表，是指使用一种计量水准以测量受访者或调查单位的单一特性的量表，例如，上例测量酒店“服务态度”的测量表就是一维量表。

多维量表又称多变量量表，是指使用多种计量水准以测量受访者或调查单位的多方面特性的量表，例如，若测量酒店服务态度、环境卫生、设备设施、饭菜口味、饭菜分量、饭菜价格等多种要素的满意程度的测量表就是多维量表。

（2）直接量表和间接量表。量表按照语句及答案设计形式不同可分为直接量表和间接量表。

直接量表是调研者事先设计好与计量水准有关的各种语句及答案，可用于直接询问受访者的量表，受访者可直接选择量表中的答案。直接量表是语句答案的事前分组，直接量表主要有评比量表、等级顺序量表、Q 分类量表、配对比较量表、固定总数量表、语意差别量表、中心量表等。

间接量表是调研者事先只拟定与态度测量有关的若干语句，而不给定答案，由选定的一批受访者对提供的若干语句作出自己的判断和选择，调研者进行事后分组处理，以得出调研结论。间接量表是语句答案的事后分组，主要有瑟斯顿量表和利克特量表。

（3）强迫性量表和非强迫性量表。量表按照语句答案设计是否具有强迫性可分为强迫性量表和非强迫性量表。

强迫性量表的语句答案具有强迫性，受访者只能在给定的答案中作出选择，而不能选择题外的判断作答。

非强迫性量表的语句答案不具有强迫性，即语句答除了包括必要的答案选项外，还加上“其他”“无答案”“难以回答”等备用选项，从而使无法作出正确选择的某些受访者也能有所选择。非强迫性量表对提高受访者答案的准确性具有一定的优势。

（4）平衡量表和非平衡量表。量表按照语句答案相反的数量是否相等可分为平衡量表和非平衡量表。

平衡量表是指语句答案相反的数量相等的量表。采用平衡量表时，受访者回答的选项分布往往具有客观性。

非平衡量表是指语句答案相反的数量不相等的量表。采用非平衡量表时，受访者回答的选项分布往往偏向有利答案或不利答案。因此。量表设计应尽可能采用平衡量表（对称量表）。

（5）接近量表和遥远量表。量表按照量表尺度与语句设置的距离的远近可分为接近量表和遥远量表。

接近量表是指量表尺度设置在同一语句下，若有 n 条语句就有对应的 n 个量表尺度，并且各语句量表尺度的性质设计是相同的。

例如，请指出A品牌下列售后服务方面的满意度（圈出答案，1＝完全不满意、10＝完全满意）：

员工态度　　1 3 4 5 6 7 8 9 10

处理询问　　1 3 4 5 6 7 8 9 10

送货及时性　　1 3 4 5 6 7 8 9 10

安装满意度　　1 3 4 5 6 7 8 9 10

遥远量表是指 n 条语句只共用同一个量表尺度，量表尺度设置在各语句的最前面。

例如，请指出A品牌下列售后服务方面的满意度（答案请写在语句后面的□里）：

完全不满意　　1 3 4 5 6 7 8 9 10　　完全满意

①员工态度　　□

②处理询问　　□

③送货及时性　　□

④安装满意度　　□

一般地说，接近量表和遥远量表并无显著的差别，但遥远量表可节省问卷篇幅。

（二）量表的具体形式

1. 二项选择量表

二项选择量表又称是否量表或真伪量表，是列名水准的简单应用。

在询问语句下只提出是或否，对或错、有或没有，喜欢或不喜欢，需要或不需要两个

答案，受访者必须二者择其一，因而是一种强迫性量表。

优点是可求得明确的判断，并在短暂的时间内求得受访者的回答，并使持中立意见者偏向一方；条目简单，易于统计。缺点是不能表示意见程度的差别，结果欠精确。

例如：您家有彩色电视机吗？　　①有　　②没有

您家的彩色电视机是康佳牌吗？　　①是　　②不是

你是否喜欢康佳牌彩色电视机？　　①喜欢　②不喜欢

2. 多项选择量表

在询问语句下，事先列出两个以上的答案，受访者可任选其中一项或几项作答。语句答案的设计可以是强迫性的，也可以是非强迫性，一般采用非强迫性设计。

优点是可以避免二项选择量表必须二者择一的缺点，也较便于统计。缺点是答案较多，归类工作量较大。

例如：现有下列几种品牌的彩色电视机，您准备买哪种品牌彩电？（可多选）

①TCL　②熊猫　③海信　④厦华　⑤海尔　⑥康佳　⑦其他品牌

您准备购买彩色电视机的原因是：（可多选）

①更新需要　②增置需要　③结婚需要　④代亲友买　⑤送礼需要　⑥其他原因

3. 列举评比量表

以属性水准为依据，列出评价性的询问语句和备选答案的量表，其答案按不同程度给出，备选答案相反的数量一般采用相等设计（对称量表），被调查者可能选择其中一种答案。其答案没有对或错的选择，只有不同程度的选择。

例如，常见的产品测试的量表尺度的形式主要有：

质量：	非常好	比较好	一般	比较差	非常差
式样：	非常时尚	比较时尚	一般	不时尚	很不时尚
价格：	非常贵	比较贵	一般	不太贵	很便宜
满意度：	非常满意	比较满意	一般满意	不太满意	很不满意
耐用性：	非常好	比较好	一般	比较差	非常差
可靠性：	完全可靠	比较可靠	一般	不太可靠	非常不可靠

4. 图示评比量表

以计量水准为依据，在评价性的询问语句下，用一个有两个固定端点的图示连续谱来刻划备选答案或差距的量表。这种量表可分辨出受访者微小的差别。属性水准和数量水准都可采用这种量表的设计形式。

例如：您认为B品牌沙发的舒服度怎样？请在下列尺度中标出您的评价结果。

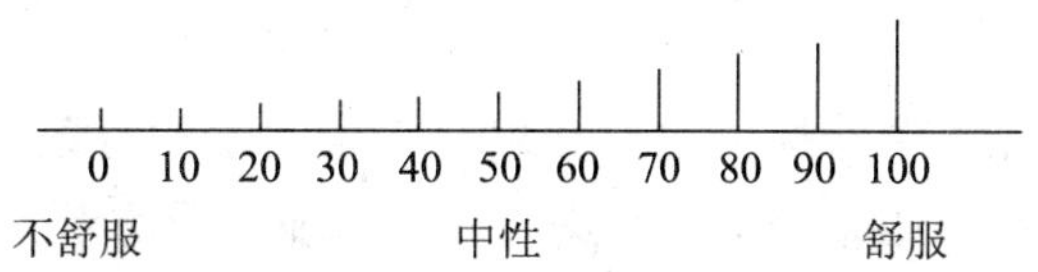

5. 语义差距量表

以计量水准为依据，运用若干语义相反的极端形容词或短语作为计量尺度的两个固定端点，中间标出差距相等的位置刻度，并设定最不好的位置记 1 分，其次不好的位置记 2 分，依此类推，直到标出最好位置的记分值。

这种量表可使受访者在计量尺度中标出每个测量项目的评价定位，也有利于调研者事后统计出全部受访者的平均值，以便对测量项目进行定位和排序。

例如：请您对 A、B、C 三种品牌的汽车的不同项目的特性作出评价定位（A 品牌用实线连接您的定位，B 品牌用虚线连接您的定位，C 品牌用点画线连接您的定位）。

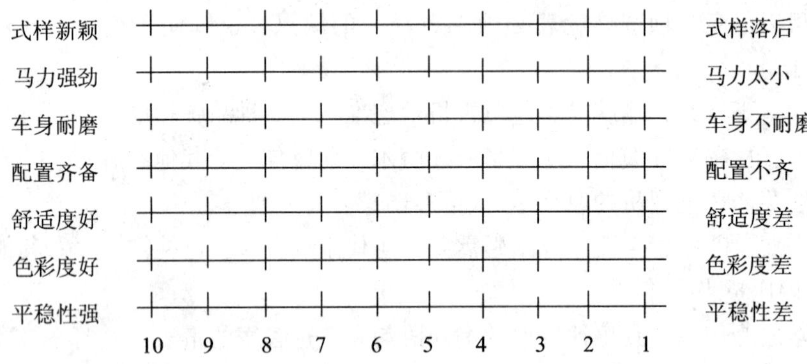

6. 配对比较量表

运用配对比较法依次列出两个对比项目，由受访者根据自己的看法作出对比结果的一种量表，一般用于了解受访者对不同产品质量、使用功能等方面的评价意见。事后可统计出全部受访者对比结果的频数或频率，从而可对不同产品的质量或不同评价项目作出定位和排序。

例如：请您逐一比较下列各组不同牌子的洗衣机质量，在您认为质量好的牌子后面打“√”：

①三星牌□　三洋牌□　②三星牌□　美菱牌□　③三星牌□　小天鹅牌□

④三洋牌□　美菱牌□　⑤三洋牌□　小天鹅牌□　⑥美菱牌□　小天鹅牌□

请您逐一比较下列洗衣粉的特性，您认为每一组中哪一个特性更重要：（在后面打“√”）

①去污性好□　不伤衣物□　②去污性好□　使用量少□

③去污性好□　环保性好□　④不伤衣物□　使用量少□

⑤不伤衣物□　环保性好□　⑥环保性好□　使用量少□

7. 固定总数量表

固定总数量表是根据各个特性的重要程度将一个给定的分数（通常为 100 分），由受访者根据自己的看法在两个或多个特性间进行分数分配。受访者分给每个选项的分数能表明受访者认可的相对等级。也有利于调研者事后统计出全部受访者对每个选项的平均分

值，以便对测量项目进行定位和排序。

例如：请您对男性运动鞋的 7 个特性的相对重要程度进行分数分配，最重要的特性项目的分数应高一些，不太重要的特性项目的分数应低一些，全部特性项目的分数加总起来应为 100 分。

运动鞋的 7 个特性	分数
穿着舒适	____
耐用	____
知名品牌	____
透气性好	____
款式新颖	____
适于运动	____
产品价格	____
分数合计	100

8. 瑟斯顿量表

瑟斯顿量表是一种间接量表，调研者事先只拟定与态度测量有关的若干语句，而不给定答案，由选定的一批受访者对提供的若干语句作出自己的判断和选择，调研者进行事后分组处理，以得出调研结论。这种量表也可用于探测性市场调研，可为正式调研提供依据。瑟斯顿量表的实施步骤如下。

首先，调研者根据态度测量的主题拟定若干条语句，有的语句是正面的或完全肯定的，有的语句是反面的或完全否定的，有的语句则是中立的观点。

例如：请您对下列电视广告的提法作出自己的判断和选择，在您认可的语句后面打“√”：

①多数电视广告都有趣味性□　②多数电视广告枯燥乏味□

③多数电视广告具有真实性□　④多数电视广告具有欺骗性□

⑤电视广告能帮助厂商促销□　⑥电视广告有助消费者选择产品□

⑦电视广告可有可无□　⑧我对电视广告没有特别的看法□

⑨看电视广告是一种享受□　⑩看电视广告完全是浪费时间□

其次，将以上量表提供给一组受访者或评判人员，请他们阅览全部语句，并对自己认可的语句作出判断和选择。

最后，调研者可对全部受访者或评判人员的选择进行语句频数和频率统计，并可用众数语句来反映受访者或评判人员态度的集中程度。亦可将全部评判结果区分为正面态度组、中立态度组和负面态度组。借以识别哪种态度组居主导地位，从而可为进一步的调研提供依据或指明方向。

9. 利克特量表

利克特量表是一种间接量表，也称为加总量表，调研者事先拟定与态度测量有关的若干正负态度的语句，并对每条语句规定不同状态的回答选项和记分标准。根据受访者对各道题回答分数的总加可得出一个总分，这个总分能说明他的态度强弱或他在这一量表上的不同状态。通过对全部受访者回答的分类汇总就可以描述样本总体或子总体的态度测量的分布状态，从而得出调研结论。

这种量表也可用于探测性市场调研，可为正式调研提供依据或指明方向。利克特量表与瑟斯顿量表的区别在于每条语句要规定回答选项和记分，故优于瑟斯顿量表。

例如：请您对下列电视广告的提法的等级作出自己的判断和选择，用“√”表示您认可的语句等级，如表 1－19 所示。

表 1－19　　电视广告态度测量

项　　目	非常同意	同意	不一定	不同意	非常不同意
①多数电视广告都有趣味性	1	2	3	4	5
②多数电视广告枯燥乏味	1	2	3	4	5
③多数电视广告具有真实性	1	2	3	4	5
④多数电视广告具有欺骗性	1	2	3	4	5
⑤电视广告能帮助厂商促销	1	2	3	4	5
⑥电视广告有助消费者选择产品	1	2	3	4	5
⑦电视广告可有可无	1	2	3	4	5
⑧我对电视广告没有特别的看法	1	2	3	4	5
⑨看电视广告是一种享受	1	2	3	4	5
⑩看电视广告完全是浪费时间	1	2	3	4	5

利克特量表实施步骤如下。

首先，根据态度测量的内容，拟定一组正负态度语句、规定语句回答选项和计分标准。

初步量表的语句：一般为 10～30 个语句；

每条语句回答的选项可分为 2、3、5、7 个等级；

计分标准：两极回答可用 0 和 1 或 1 和 2 计分，五级回答可用 0～4 或 1～5 计分。

计分顺序视规定的方向而定。

其次，进行试调查，检查每条语句的分辨力来识别语句有无问题。

分辨力是指一条语句是否能区分出人们的不同态度或不同程度。

分辨力系数＝得分最高的 25％的平均得分－得分最低的 25％的平均得分

分辨力系数越小就越说明这条语句的分辨力越低，应删除这条语句。

最后，设计正式量表。可删除分辨力不高，保留分辨力较高的语句（一般为 5～20 个）组成正式量表。

附录：

液态奶（鲜奶、酸奶）消费者调查问卷

女士/先生，您好！

我是北京精准联合企划公司的访问员，想耽误您一点时间，了解一下您对液态奶（鲜奶、酸奶）产品的消费需求和品牌的看法，您是我们通过科学抽样方法抽中的受访对象，您的意见对我们的研究非常重要，希望您能配合我们的访问，谢谢！

访问员注意：本页以下资料在访问结束后填写，被访对象资料必须真实、有效。

项目代号：□□□□□□□□　　问卷编号：□□□□□□□□

被访者的基本情况

姓名：____________

联系地址：____市____区____路____（区）____楼

联系电话：____________

访问员编号：□□□□

访问时间：____年____月____日____时____分至____时____分

审核员姓名：____________

审核时间：____月____日____时____分至____时分

复核员姓名：____________

复核时间：____月____日____时____分至____时____分

调查必备：问卷□　访问夹□　卡片□　礼品□　胸卡□　访问员须知□

第一部分　甄别问卷

访问说明：以下甄别问卷部分的6个方面，被访者全部合格才能继续访问正式问卷部分，只要被访者有一项不符合要求即终止访问。

A1. 请问您是否是本市居民或在本市居住1年以上？（单选）

□是……1（继续访问）　　□否……2（终止访问）

A2. 请问您本人或家人是否在乳品、调查、广告行业工作？（单选）

□否……1（继续访问）　　□是……2（终止访问）

A3. 请问您在过去的4个月是否接受过市场调查人员的访问？（单选）

□否……1（继续访问）　　□是……2（终止访问）

A4. 请问您喝液态奶的频次？（单选）

□每周1次以上……1（继续访问）　　□每周1次以下……2（终止访问）

A5. 请问您的年龄？（单选）

□15～65岁……1（继续访问）　　□其他年龄段……2（终止访问）

A6. 您的家庭月总收入？(单选)

□1000 元以上……1 (继续访问)　　□1000 元以下……2 (终止访问)

注意事项：访员应根据年龄、学历等问卷的配额要求访问，对于已完成的配额，必须终止访问该类消费者。

第二部分　品牌调查

1. 品牌形象调查

B1. 在您的印象中，您觉得最好的乳品品牌是哪个？(单选)

□帕玛拉特……1　□光明……2　□三元……3

□伊利……4　□蒙牛……5　□其他 (请注明　　) ……6

主要原因：(1) ______________________________

(2) ______________________________

填答说明：①让被访者直接回答品牌，不要先行提示。只有当被访者回答不出时，方可出示卡片。②当被访者回答“其他”选项时，要说出“品牌名称”，以下该类问题的访问方式相同。

B2. 您认为××品牌所代表的品牌形象依次是？(限选两项)

××品代表的品牌形象：第一提及：__________第二提及：__________

□健康的……1　□专业的……2　□绿色的……3　□清洁的……4

□天然的……5　□质量好的……6　□营养的……7　□亲切的……8

□高科技的……9　□值得信赖的……10

□积极向上的……11　□其他 (请注明____) ……12

填答说明：不要先作提示，当被访者说出第一提及时，接着追问还有呢？如回答不出，再选择。本题回答限选两项。

B3. 请您为××公司的整体品牌形象评分。(单选)

0　10　20　30　40　50　60　70　80　90　100

填答说明：请在所选的答案上画圈。

B4. 请您为组成××公司品牌形象的以下方面评分。(单选)

(5 分＝很好；4 分＝好；3 分＝一般；2 分＝不好；1 分＝很不好)

	5 分	4 分	3 分	2 分	1 分
企业文化	□	□	□	□	□
营销理念	□	□	□	□	□
管理水平	□	□	□	□	□
技术水准	□	□	□	□	□
产品质量	□	□	□	□	□
售后服务	□	□	□	□	□
发展前景	□	□	□	□	□

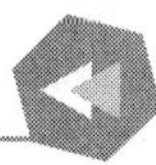

填答说明：①在每一组所选的答案（“□”）上画圈。如果被访者对个别问题理解不清晰，访问员应耐心为其解释。②在访员培训时首先由研究人员就以上各项逐一进行讲解。

2. 品牌态势调查

B5. 请问您觉得目前××品牌在北京乳品（液态奶）行业中的排名是多少？（单选）

□排名第一……1　□排名第二……2　□排名第三……3

□排名第四……4　□排名第五……5　□其他名次（请注明____）……6

B6. 您对××品牌排名发展趋势的看法。（单选）

□牌排名会上升……1　□牌排名不变……2　□牌排名会下降……3

3. 品牌定位调查

B7. 在您的印象当中，××是食品公司还是专业乳品公司？（单选）

□食品公司……1　□专业乳品公司……2

B8. 您觉得××哪种品牌定位更好？（单选）

□食品公司……1　□专业乳品公司……2

B9. 您认为现在的××是国际品牌、全国品牌还是国内区域品牌？（单选）

□国际品牌……1　□全国品牌……2　□国内区域品牌……3

填答说明：B5～B9 题主要是了解××公司目前的品牌位置，为××公司今后的品牌定位提供依据。

第三部分　消费者行为调查

1. 消费需求调查

C1. 请问您喝得最多的液态奶品牌是哪个？（单选）

A. 鲜奶

□帕玛拉特……1　□伊利……4　□光明……2

□蒙牛……5　□三元……3　□其他（请注明____）……6

选择喝该品牌的原因：______________________________。

B. 酸奶

□帕玛拉特……1　□伊利……4　□光明……2

□蒙牛……5　□三元……3　□其他（请注明____）……6

选择喝该品牌的原因：______________________________。

填答说明：直接让消费者答出喝得最多的鲜奶、酸奶品牌，不要事先作品牌提示，在消费者回答不出时，再选择。

C2. 请问您喝鲜奶和酸奶的比率大概是多少？

鲜奶：________%；酸奶：________%。

填答说明：鲜奶和酸奶的比率合计应为100%。

C3. 喝液态奶最主要能满足您或您的家人的什么需求？其次呢？再次呢？（多选题）

A. 鲜奶

满足需求：最主要________；其次________；再次________。

□补充营养……1　□解渴……2　□早餐喝……3　□休闲……4

□促进孩子生长发育……5　□促进睡眠……6　□经济实惠……7　□解馋……8

□方便……9　□皮肤好……10　□习惯……11　□助消化……12

□保持充沛精力……13　□其他（请注明____）……14

B. 酸奶

满足需求：最主要________；其次________；再次________。

□补充营养……1　□解渴……2　□早餐喝……3　□休闲……4

□促进孩子生长发育……5　□促进睡眠……6　□经济实惠……7　□解馋……8

□方便……9　□皮肤好……10　□习惯……11　□助消化……12

□保持充沛精力……13　□其他（请注明____）……14

填答说明：直接让消费者答出喝鲜奶、酸奶能满足自己三个层次的需求（填写序号），不要事先作需求提示。当被访者回答不出时，再提示。

C4. 购买液态奶您最关注的因素是什么？其次呢？再次呢？（多选题）

A. 鲜奶

关注因素：最主要________；其次________；再次________。

□品牌信任度……1　□营养成分……2　□新鲜度……3

□保质期……4　□牛奶纯度……5　□饮用方便性……6

□价格……7　□包装的档次感……8　□加不加防腐剂……9

□口感……10　□色泽……11　□包装……12

□容量……13　□余味……14　□包装的清洁感觉……15

□产品卫生……16　□生产日期较近……17　□其他（请注明____）……18

B. 酸奶

关注因素：最主要________；其次________；再次________。

□品牌信任度……1　□营养成分……2　□新鲜度……3

□保质期……4　□牛奶纯度……5　□饮用方便性……6

□价格……7　□包装的档次感……8　□加不加防腐剂……9

□口感……10　□色泽……11　□包装……12

□容量……13　□余味……14　□包装的清洁感觉……15

□产品卫生……16　□生产日期较近……17　□其他（请注明____）……18

填答说明：直接让消费者答出喝鲜奶、酸奶最关注的三个层次的因素（填写序号），不要事先作提示。当被访者回答不出时，再提示。

C5. 请问您是否喝过××液态奶？（单选）

A. 鲜奶

□喝过……1　□没喝过……2（跳问 C6B）

主要原因：

B. 酸奶

□喝过……1　□没喝过……2（跳问 C8）

主要原因：

C6. 您选择喝××液态奶的主要原因？

A. 鲜奶

主要原因：

B. 酸奶

主要原因：

填答说明：给被访者一定的思考时间，当被访者回答出一个原因后，接着追问还有呢？

C7. 如果您在购买××液态奶时，发现该品牌已售完，您会再选择买哪个品牌的液态奶？（单选）

□帕玛拉特……1　□光明……2　□其他（请注明____）……3

□伊利……4　□蒙牛……5

填答说明：在不作提示的情况下，让被访者直接说出品牌。

C8. 在您看来，现有的液态奶产品有哪些不足？

A. 鲜奶

不足：

B. 酸奶

不足：

填答说明：给被访者一定的思考时间，当被访者回答出一个不足后，接着追问还有呢？

2. 消费习惯调查

C9. 您喝液态奶已有多长时间了？（单选）

□1 年以内……1　□1 年……2　□2 年……3

□3 年……4　□3 年以上……5

C10. 您喝××液态奶有多长时间了？（单选）

□1 年以内……1　□1 年……2　□2 年……3

□3 年……4　□3 年以上……5

填答说明：未喝过××液态奶的跳问 C11。

C11. 请问您每天通常是什么时间喝液态奶？（可多选）

A. 鲜奶

□早餐……1　□上午……2　□午餐……3　□时间不固定……4

□下午……5　□晚餐……6　□夜宵……7

B. 酸奶

□早餐……1　□上午……2　□午餐……3　□时间不固定……4

□下午……5　□晚餐……6　□夜宵……7

填答说明：如被访者回答“4”则为单选；如回答的是其他 6 项，则可多选。

C12. 您喝液态奶最多的场合？（单选）

□家里……1　□单位/学校……2　□路上（交通工具）……3

□郊游……4　□娱乐场所……5　□在超市或零售点买完就喝……6

□其他（请注明____）……7

C13. 您通常饮用液态奶的方式是？（单选）

A. 鲜奶

□加热饮用……1　□冰镇饮用……2　□直接饮用……3

□其他（请注明____）……4

B. 酸奶

□加热饮用……1　□冰镇饮用……2　□直接饮用……3

□其他（请注明____）……4

填答说明：让被访者回答出最多的一种饮用鲜奶、酸奶的方式。

C14. 请问您平均每月喝液态奶的花费？（单选）

A. 鲜奶

□10 元以下……1　□10～30 元……2　□30～50 元……3

□50～80 元……4　□80～100 元……5　□100 元以上……6

B. 酸奶

□10 元以下……1　□10～30 元……2　□30～50 元……3

□50～80 元……4　□80～100 元……5　□100 元以上……6

C15. 您通常是在什么地点购买液态奶？（单选）

□大型超市……1　□小型超市……2　□便民店/小卖部……3

□液态奶批发点……4　□其他（请注明____）……5

C16. 您一般是通过什么方式购买液态奶？（单选）

□订购……1　□零买……2　□少量批发……3　□其他（请注明____）……4

C17. 您一般多长时间购买一次液态奶？（单选）

A. 鲜奶

□每天一次……1　□3 天一次……2　□每周一次……3

□10 天一次……4　□半月一次……5　□每月一次……6

B. 酸奶

□每天一次……1　□3 天一次……2　□每周一次……3

□10 天一次……4　□半月一次……5　□每月一次……6

C18. 您每次购买液态奶的花费大约是多少？（单选）

A. 鲜奶

□10 元以下……1　□10～20 元……2　□21～30 元……3

□31～40 元……4　□41～50 元……5　□50 元以上……6

B. 酸奶

□10 元以下……1　□10～20 元……2　□21～30 元……3

□31～40 元……4　□41～50 元……5　□50 元以上……6

C19. 您在哪个季节液态奶喝得最多？(单选)

□春季……1　□夏季……2　□秋季……3　□冬季……4

C20. 您家里主要是谁负责购买液态奶？(单选)

□男孩……1　□女孩……2　□中青年男士……3

□中青年女士……4　□老年男士……5　□老年女士……6

C21. 请问您家买的液态奶主要是谁在喝？(可多选)

□男孩……1　□女孩……2　□中青年男士……3　□全家都喝……4

□中青年女士……5　□老年男士……6　□老年女士……7

填答说明：如被访者回答“4”则为单选；如回答的是其他 6 项，则可多选。

3. 产品调查

(1) 口味调查

C22. 从口味偏好上说，您最喜欢喝以下哪两种口味的液态奶？(限选两项)

□甜的……1　□酸的……2　□奶味浓的……3　□新鲜的……4

□水果味的……5　□巧克力味的……6　□细腻、柔滑感觉的……7

□其他（请注明　　）……8　□什么味都不加，纯味最好……9

原因：______________________________

C23. 您认为哪个品牌（类别）液态奶的口味最好？其次呢？(限选两项)

A. 鲜奶

第一提及：__________；第二提及：__________。

□帕玛拉特……1 类别：______________________________。

□光明……2 类别：______________________________。

□三元……3 类别：______________________________。

□伊利……4 类别：______________________________。

□蒙牛……5 类别：______________________________。

□其他（请注明____）……6 类别：______________________________。

原因：______________________________。

B. 酸奶

第一提及：__________；第二提及：__________。

□帕玛拉特……1 类别：______________________________。

□光明……2 类别：______________________________。

□三元……3 类别：______________________________。

□伊利……4 类别：______________________________。

□蒙牛……5 类别：____。

□其他（请注明____）……6 类别：______________________________。

原因：____。

填答说明：不先提示品牌，当被访者说出第一个品牌（类别）时，接着追问还有呢？如回答不出，再提示。

C24. 您对××液态奶口味的整体评价？（单选）

A. 鲜奶

□很好……1　□好……2　□一般……3　□不好……4　□很不好……5

原因：____。

B. 酸奶

□很好……1　□好……2　□一般……3　□不好……4　□很不好……5

原因：____。

填答说明：没有喝过××牛奶的跳问 C27 题。

C25. 您认为××液态奶哪种类别的产品口味最好，原因：________________。

口味最好的产品类别：____。

原因：____。

C26. ××液态奶在口味方面与其他品牌相比有哪些优点与不足？

A. 鲜奶

优点：____。

不足：____。

B. 酸奶

优点：____。

不足：____。

C27. 口味对您购买液态奶产品的影响程度？（单选）

0　10　20　30　40　50　60　70　80　90　100

填答说明：请在所选的答案上画圈。

（2）包装调查

C28. 您最喜欢喝哪种包装的液态奶产品？（单选）

□盒装……1　□袋装……2　□瓶装……3　□其他（请注明____）……4

C29. 您最喜欢喝哪种容量的液态奶产品？（单选）

□250 毫升……1　□500 毫升……2　□1000 毫升……3

□其他（请注明____）……4

原因：____。

C30. 您觉得哪个品牌液态奶的包装最好？（单选）

□帕玛拉特……1　□光明……2　□三元……3

□伊利……4　□蒙牛……5　□其他（请注明____）……6

填答说明：不要先作品牌提示。

C31. 包装对您购买液态奶产品的影响程度？（单选）

0　10　20　30　40　50　60　70　80　90　100

填答说明：请在所选的答案上画圈。

(3) 新产品需求调查

C32. 您希望厂家推出什么样口味的液态奶产品？

A. 鲜奶

口味：____。

B. 酸奶

口味：____。

C33. 您希望厂家推出具备哪些功能的液态奶产品？

A. 鲜奶

功能：____。

B. 酸奶

功能：____。

C34. 请问您对液态奶产品其他方面的需求还有哪些？

A. 鲜奶

其他需求：____________________________________。

B. 酸奶

其他需求：____________________________________。

4. 价格调查

C35. 您一般是购买哪个价位的液态奶？（单选）

A. 鲜奶

□1 元以下……1　□1 元……2　□2～3 元……3　□4～5 元……4

□6～7 元……5　□8～10 元……6　□10 元以上……7

B. 酸奶

□1 元以下……1　□1 元……2　□2～3 元……3　□4～5 元……4

□6～7 元……5　□8～10 元……6　□10 元以上……7

C36. 从总体上说，您认为目前市场上液态奶的价格是否合适？（单选）

A. 鲜奶

□高……1　□偏高……2　□合适……3　□偏低……4　□低……5

B. 酸奶

□高……1　□偏高……2　□合适……3　□偏低……4　□低……5

填答说明：C32～C36 给被访者一定的思考时间，当被访者回答出第一个问题后，接着追问还有呢？

C37. 对于 250 毫升的袋、盒装奶您的心理价位分别是多少？

A. 鲜奶

(1) 250 毫升的袋装奶心理价位：________元

(2) 250 毫升的盒装奶心理价位：________元

(填写具体数字，小数点后保留一位)

B. 酸奶

(1) 250 毫升的袋装奶心理价位：________元

(2) 250 毫升的盒装奶心理价位：________元

(填写具体数字，小数点后保留一位)

填答说明：出示以上 4 种产品的包装。

C38. 对于 500 毫升的袋、盒装奶您的心理价位分别是多少？

A. 鲜奶

(1) 500 毫升的袋装奶心理价位：________元

(2) 500 毫升的盒装奶心理价位：________元

(填写具体数字，小数点后保留一位)

B. 酸奶

(1) 500 毫升的袋装奶心理价位：________元

(2) 500 毫升的盒装奶心理价位：________元

(填写具体数字，小数点后保留一位)

填答说明：出示以上 4 种产品的包装。

C39. 价格对您购买液态奶产品的影响程度？(单选)

0　10　20　30　40　50　60　70　80　90　100

填答说明：请在所选的答案上画圈。

5. 销售渠道调查

C40. 产品摆放位置对您购买液态奶的影响程度？(单选)

0　10　20　30　40　50　60　70　80　90　100

填答说明：请在所选的答案上画圈。

C41. 卖场促销对您购买液态奶的影响程度？(单选)

0　10　20　30　40　50　60　70　80　90　100

填答说明：请在所选的答案上画圈。

C42. 您认为怎样的卖场布置和促销活动的效果会最好？

卖场布置：________________促销活动：________________

C43. 您认为××牛奶应怎样作卖场布置和促销？

卖场布置：________________促销活动：________________

填答说明：C42～C43 给被访者一定的思考时间，让被访者从容回答。

6. 广告调查

C44. 您认为哪个液态奶品牌的广告做得最好？（单选）

□帕玛拉特……1　□光明……2　□三元……3

□伊利……4　□蒙牛……5　□其他（请注明　　）……6

主要原因：____。

C45. 您能记住哪个品牌液态奶的广告？

品牌：____________________。

广告语：____。

广告画：____。

人物：____。

音乐：____。

C46. 广告对您购买液态奶产品的影响程度？（单选）

0　10　20　30　40　50　60　70　80　90　100

填答说明：请在所选的答案上画圈。

C47. 您看电视最多的时段（栏目）、频道？

时段（栏目）：________________频道：________________

C48. 您最喜欢看的报纸、版面？

报纸：______________________ 版面：________________

7. 促销、公关调研

C49. 您是否能记住哪个液态奶品牌的促销活动（内容）？您的评价？

□能……1　□不能……2

促销活动（内容）：____。

评价：____。

C50. 您是否能记住哪个液态奶品牌的公关活动（内容）？您的评价？

□能……1　□不能……2

公关活动（内容）：____。

评价：____。

第四部分　被访对象基本情况

D1. 被访对象性别？（单选）

□男性……1　□女性……2

D2. 请问您的年龄？（单选）

□15～20岁……1　□21～30岁……2　□31～40岁……3

□41～50岁……4　□51～60岁……5　□61～70岁……6

D3. 请问您的学历？（单选）

□高中及以下……1　□中专……2　□大专……3

□本科……4　　□研究生及以上……5

D4. 请问您的职业？（单选）

□国家公务员……1　　□公司高级职员……2　　□公司普通职员……3

□教师……4　　□医生……5　　□警察……6

□军人……7　　□其他（请注明：　　）……8

D5. 请问您的家庭月总收入？（单选）

□1000～2000 元……1　　□2001～3000 元……2　　□3001～4000 元……3

□4001～5000 元……4　　□5000 元以上……5　　□不知道……6　　□拒答……7

D6. 请问您的家庭人口？（单选）

□一口人……1　　□二口人……2　　□三口人……3

□四口人……4　　□五口人……5　　□六口人及以上……6

D7. 请问您的兴趣爱好：______________________________。

注意事项：访问完该题后，回到首页填写被访者的其他基本情况。

任务实训

某高校学生心理咨询中心为了了解学生的学习、生活和就业压力，拟组织一次抽样调查，讨论列举可采用的计量水准和各计量水准的分类项目。

复习思考

1. 调查问卷有哪些基本类型，基本结构包括哪些部分？
2. 调查问卷设计应遵循哪些原则和步骤？
3. 调查询问技术有哪些方法？
4. 问卷设计应注意哪些问题？
5. 测量技术有哪些量表？

案例分析

小瓶装啤酒如何打入市场

清凉啤酒公司的经理正在考虑改进啤酒包装，采用 250 毫升的小瓶并采用 4～6 瓶组合包装出售的策略。

这样做目的：第一是方便顾客，因为小瓶容量小适合单人饮用，不需另用杯子也不会造成浪费；第二是希望对更多的人具有吸引力，使小瓶装啤酒进入一些大瓶装啤酒不能进入的社交场合；第三是方便顾客购买并促进销售。这种啤酒在国外早已流行，但目前是不

是在我国推出的时机呢？在正式作出采用新包装的决策之前，必须获得下面问题的答案：新包装是否有足够的市场？目标市场是什么？一般在什么时候饮用？顾客希望在哪类商店买到？

问题：

拟订一个调研设计方案，其中应包括：

1. 要采用的调查方法。
2. 调查问卷。

任务五　制订调查计划

1. 熟悉市场调查方案设计类型
2. 掌握如何制订一个市场调查方案
3. 掌握如何撰写市场调查方案（计划书）

情景案例

某品牌香烟市场调查项目计划书

1. 研究背景

目前香烟市场已经进入成熟期，具体表现为：市场规模轻微波动，相对稳定。一方面人口增长，农村吸烟率上升；另一方面，政府限制政策力度增加，城市吸烟率下降，综合来看，起伏不大，市场结构相对稳定。

2. 研究目标

（1）估计四个城市的香烟市场规模（Market Size），特别是客户消费同类产品的规模。

（2）估计各竞争品牌的市场份额（Market Share）。

（3）同类产品的市场硬细分：消费者的年龄、职业、文化程度、收入构成；同类产品的市场软细分（Soft Market Segmentation）：消费者的心理动机、偏好（烟型、口味）等。

（4）名称研究。

（5）包装测试。

（6）口味测试。

(7) 了解吸烟习惯。

(8) 了解购物习惯。

(9) 了解媒体接触习惯。

(10) 广告词测试。

3. 目标城市

北京、上海、广州、杭州。

4. 研究方法

商店调查(每个目标城市访问30条左右为宜:高级宾馆/饭店3家,中小商场5家,街边(烟酒)小店5家,路边烟摊13家,批发市场2家)。

消费者调查(每个目标城市):2家座谈会(每场8人,20~40岁,男性。12个国产高中档烟烟民,4个外烟烟民),300个烟民问卷调查(访问对相同座谈会参加者,具体的数额待与客户协商后确定,我们认为吸烟支数应限定为每天不少于5支,烟龄不限)。

5. 研究内容

(1) 商店调查:

- 过去半年的经营业绩
- 未来1年的市场趋势预测
- 商家对主要竞争品牌的评价
- 商家对消费者的评价
- 进货渠道
- 供货方式
- 对香烟供货的要求

(2) 消费者调查:

- 烟龄
- 吸烟种类
- 最常吸烟种类
- 平均吸烟量
- 香烟价格
- 通常购买者
- 通常购买地点
- 通常一次购买数量
- 购买行为影响因素
- 选择品牌的原因(烟型、口味)
- 开始使用该品牌的时间
- 家人对吸烟的态度
- 考虑戒烟的理由
- 无提示所知香烟品牌
- 由提示所知香烟品牌
- 接触广告种类
- 接触媒体渠道
- 印象最深的烟草广告及其内容
- 印象最深的烟草包装
- 对大红鹰的联想判断
- 背景资料(年龄、职业、文化程度、收入构成)

6. 时间安排

- 10月10日之前完成方案设计
- 10月30日之前完成现场工作
- 11月7日之前数据处理
- 11月15日之前正是报告

7. 质量控制

按欧洲市场研究协会标准执行。

8. 成果说明

- 以软盘方式和书面方式各提供一份报告；
- 提供4个城市区域建制及访问问卷；
- 提供北京、杭州两场座谈会录像带。

9. 项目预算

10. 版权

(1) 此研究报告版权归××广告有限公司所有，××营销咨询有限公司在任何场合均不得向第三方转让或公开引用；

(2) 本合同一式二份（双方各一份），具有同等效力。

从这个实际的市场调查项目计划书中，我们了解市场调查计划的基本格式、内容、如何制订和撰写市场调查方案。

知识体系

市场调查是一个科学性很强、工作流程系统化很高的工作。它是由调研人员收集目标材料，并对所收集的材料加以整理统计，然后对统计结果进行分析以便为决策提供正确的方法。在实际中，面对一个调研项目，需要工作人员做的第一项工作是明确市场调研的任务，科学设计调研方案，即制订调查计划。

一、市场调查设计方案的类型

（一）根据市场调查的目的和深度不同分类

根据市场调研的目的和深度不同分为：探索性调研设计；描述性调研设计；因果关系调研设计；预测性调研设计。

1. 探索性调研设计

探索性调研设计指在定义问题和确定研究目标之后，组织精通市场调研的专家和具有调研经验的调研员对前期所收集的资料，包括企业内部的有关生产、销售的记录与预测数据，咨询部门的相关信息，尤其是关于产品的目标消费者的信息以及来自竞争者的消息要尽可能地阅读，并从中摘录有关事项进行深入研究分析。

所采取的途径一般有借助二手数据的分析、个案研究、专家咨询或调研、试验性研究、其他定性研究方法等。

探索性调查的资料来源主要有三方面：

(1) 现成资料，这是主要来源；

(2) 向专家、产品设计者、技术人员和有识之士请教，向用户、顾客作调查；

(3) 参考以往类似案例，从中找出一些启发。

2. 描述性调研设计

描述性调研设计都非常细致，要求清楚地规定调研的 6 个要素，即“5 W 1 H”：

(1) 谁（Who）——谁是品牌的消费者和潜在的消费者?

(2) 什么（What）——从被调研者那里，我们应该得到什么信息?

(3) 何时（When）——什么时间从被调研者那里获取信息?

(4) 何地（Where）——应该在什么地方与被调研者接触以获得信息?

(5) 为什么（Why）——为什么要进行这次调研?

(6) 什么方式（How）——以什么方式获取信息，采取什么样的调研方法?

3. 因果关系调研设计

因果关系调研通常要利用各种统计技术去了解与说明各种市场问题与环境因素之间的关系。

因果关系调研的方法和其他方法有一定差异。考虑因果关系时要将有可能影响结果的变量控制起来，这样自变量的影响才能测试出来。因果关系的主要调研方法是实验法。

因果关系中理论研究和日常生活的区别：

(1) 日常生活把原因说成是唯一的；理论研究只能说明原因之一。

(2) 日常生活认为因果是确定的；理论研究只能说是很可能。

(3) 日常生活认为因果可以推导；理论研究只能根据历史资料推断。

科学研究中因果关系通过 3 种迹象推断：①共变，即一起变化；②顺序变化；③排除其他可能的因素。

4. 预测性调研设计

预测性调研设计是为了预测未来市场的变化趋势而进行的调查，它着眼于对未来市场状况的调查研究。

(二) 根据市场调查的组织方式与对象不同分类

根据市场调研的组织方式与对象不同分为：全面调查、非全面调查。

市场调研的组织方式是指市场调研如何处理被调查对象总体，而不是指具体的收集市场资料的方法。全面调查又称市场普查或市场整体调查，它是对市场现象总体的全部单位逐个进行调查。非全面调查是对市场调研对象总体中的一部分单位进行调查。它一般按照代表性原则以抽样的方式挑选出被调查单位。其常用方式有市场抽样调查、市场典型调查、市场重点调查等。这方面的知识在前面市场调查方式中讲过了，在此不再赘述。

(三) 根据购买商品的目的不同分类

根据购买商品的目的不同分为：消费者市场调研、产业市场调研。

1. 消费者市场调研

目的：主要是了解消费者需求数量和结构及其变化；其次还要对诸如人口、经济、社会文化、购买心理和购买行为等影响因素进行调查，如人口、经济、社会文化、购买心理和购买行为等的影响。

对消费者进行调查，除直接了解需求数量及其结构外，还必须对诸多的影响因素进行调查。

消费者使用习惯和态度的调研可以提供有关消费者的使用和购买习惯，以及对产品和品牌的态度方面的信息，也可以提供各品牌在市场上的竞争态势力面的信息。有了这些信息，企业就可以科学地解决下述营销管理问题：

第一，为现有产品或新产品营销寻找市场机会。

第二，有效地细分市场，选择目标市场并确定产品定位。

第三，有效地制定新的营销战略和策略。

第四，有效地评价企业的市场营销活动。

消费者调查的内容通过数据分析与研究，我们可以获得下列营销信息：

(1) 产品渗透水平和渗透深度。

(2) 产品使用者和购买者的人口统计特征：包括全部使用者和购买者的人口统计特征；重度使用者的人口统计特征；目标市场的人口统计特征；不同品牌最常使用者的人口统计特征等。

(3) 使用习惯和购买习惯：包括使用和购买的产品类型；使用和购买的包装规格；使用和购买的频率；使用和购买的时间；使用和购买的地点；使用和购买的场合；使用和购买的数量；购买金额；使用方法等。

(4) 主要竞争品牌的市场表现：包括品牌认知；广告认知；品牌渗透率；品牌最常使用率；品牌忠诚度；品牌引力和产品引力；品牌形象；品牌的优势和弱点。

2. 产业市场调研

目的：对市场商品供应量、产品的经济寿命周期、商品流通的渠道等方面内容进行调查。这方面的知识在前面市场调查内容中讲过了，在此不再赘述。

(四) 根据产品层次、空间层次、时间层次分类

1. 按产品层次不同

按产品层次不同可区分为很多不同商品类别或商品品种的市场调研（如食品类、衣着类、文娱类），并可进一步区分为不同的小类或具体商品的市场调研（如食品类商品又可分为粮食类、副食类、蔬菜类、干鲜果类等小类；副食类还可细分为肉、禽、蛋、鱼等商品的市场调研）。

2. 按空间层次不同

按空间层次不同市场调研可分为国际市场调研和国内市场调研，国内市场调研又可分为全国性、地区性市场调研。

3. 按时间层次不同

按时间层次不同市场调研可分为经常性、一次性、定期性市场调研。

市场调研按产品、空间、时间层次不同所作的划分，不是孤立的，而是相互联系的。某一次具体的市场调研，必然归属于产品、空间、时间层次，而且同时归属于三种分类中的某一类。

此外，还有很多分类类型，比如，根据商品流通环节不同分为批发市场调研和零售市场调研，这里就不一一陈述了。

二、市场调查方案的制订

（一）市场调查方案设计

1. 市场调查方案设计的含义

市场调查方案设计，就是根据调查研究的目的和调查对象的性质，在进行实际调查之前，对调查工作总任务的各个方面和全部过程进行的通盘考虑和安排，提出相应的调查实施方案，制定出合理的工作程序。

市场调查的范围可大可小，但无论是大范围的调查，还是小规模的调查工作，都会涉及相互联系的各个方面和各个阶段。这里所讲的调查工作的各个方面是对调查工作的横向设计，就是要考虑到调查所要涉及的各个组成项目。例如，对某市商业企业竞争能力进行调查，就应将该市所有商业企业的经营品种、质量、价格、服务、信誉等方面作为一个整体，对各种相互区别又有密切联系的调查项目进行整体考虑，避免调查内容上出现重复和遗漏。

这里所说的全部过程，则是对调查工作纵向方面的设计，它是指调查工作所需经历的各个阶段和环节，即调查资料的收集、调查资料的整理和分析等。只有对此事先作出统一考虑和安排，才能保证调查工作有秩序、有步骤地顺利进行，减少调查误差，提高调查质量。

2. 市场调查方案设计的意义

市场调查方案设计的意义有以下三点：

第一，从认识上讲，市场调查方案设计是从定性认识过渡到定量认识的开始阶段。虽然市场调查所收集的许多资料都是定量资料，但应该看到，任何调查工作都是先从对调查对象的定性认识开始的，没有定性认识就不知道应该调查什么和怎样调查，也不知道要解决什么问题和如何解决问题。例如，要研究某一工业企业生产经营状况，就必须先对该企业生产经营活动过程的性质、特点等有详细的了解，设计出相应的调查指标以及收集、整理调查资料的方法，然后再去实施市场调查。可见，调查设计正是定性认识和定量认识的连接点。

第二，从工作上讲，调查方案设计起着统筹兼顾、统一协调的作用。现代市场调查可以说是一项复杂的系统工程，对于大规模的市场调查来讲，更是如此。在调查中会遇到很多复杂的矛盾和问题，其中许多问题是属于调查本身的问题，也有不少问题则并非是调查的技术性问题，而是与调查相关的问题。例如，抽样调查中样本量的确定，按照抽样调查理论，可以根据允许误差和把握程度大小，计算出相应的必要抽样数目，但这个抽样数目是否可行，要受到调查经费、调查时间等多方面条件的限制。

第三，从实践要求上讲，调查方案设计能够适应现代市场调查发展的需要。现代市场调查已由单纯的收集资料活动发展到把调查对象作为整体来反映的调查活动，与此相适

应，市场调查过程也应被视为是市场调查设计、资料收集、资料整理和资料分析的一个完整工作过程，调查设计正是这个全过程的第一步。

（二）市场调查方案制订

市场调查方案又称市场调查计划，是指在正式调查之前，根据市场调查的目的和要求，对调查的各个方面和各个阶段所作的通盘考虑和安排。以下市场调查方案制订常用到的内容，在实际的市场调查方案制订中，可以根据市场调查项目的目标和要求进行适当增减修改。有的前面已经讲过，这里就不再赘述。

1. 确定调查的目的和任务

课题背景：问题由来，背景交代。

调查目的：是指调查课题所要解决的问题，即为何要调查，调查结果有什么用处。

调查任务：是指调查目的既定的条件下，市场调查应获取哪些方面的信息才能满足调查的要求。

2. 确定调查对象和调查单位

确定调查对象和调查单位，这主要是为了解决向谁调查和由谁来具体提供资料的问题。调查对象就是根据调查目的、任务确定调查的范围以及所要调查的总体，它是由某些性质上相同的许多调查单位所组成的。调查单位就是所要调查的社会经济现象总体中的个体，即调查对象中一个一个的具体单位，它是调查中要调查登记的各个调查项目的承担者。

3. 确定调查项目

调查项目是将要向调查单位调查的内容，应注意以下几点。

（1）调查项目的确定既要满足调查目的和任务的要求，又要能够取得数据，包括在哪里取得数据和如何取得数据，凡是不能取得数据的调查项目应舍去。

（2）调查项目应包括调查对象的基本特征项目，调查课题的主体项目（回答是什么）、调查课题的相关项目（回答为什么）。

例如，消费者需求调查。

基本项目：年龄、性别、职业、行业、文化程度、家庭人口、居住地等。

主体项目：为何买、买什么、买多少、在哪里买、由谁买、何时买等要素。

相关项目：消费者收入、消费结构、储蓄、就业、产品价格等。

（3）调查项目的表达必须明确，调查项目的答案选项必须有确定的形式，如数值式、文字式等，以便被统一调查者填写的形式，便于调查数据的处理和汇总。

（4）调查项目之间应尽可能相互关联，使取得的资料能够互相对应，具有一定的逻辑关系，便于了解调查现象发展变化的结果、原因，检查答案的准确性。

（5）调查项目的含义必须明确、肯定，必要时可附加调查项目或指标解释及填写要求。

4. 确定调查时间和调查期限

调查时间：这是指调查资料的所属时间。调查时期现象（收入、支出、产量、产值、销售额、利润额等流量指标）时，应确定数据或指标的起止时间；调查时点现象（期末人口、存货、设备、资产、负债等存量指标）时，应明确规定统一的标准时点（期初、期末或其他时点）。

调查期限是指整个调查工作所占用的时间，即一项调查工作从调查策划到调查结束的时间长度，包括从调查方案设计到提交调查报告的整个工作时间，也包括各个阶段的起始时间，其目的是使调查工作能及时开展、按时完成。为了提高信息资料的时效性，在可能的情况下，调查期限应适当缩短。

5. 确定调查地点

在调查方案中，还要明确规定调查地点。调查地点与调查单位通常是一致的，但也有不一致的情况，当不一致时，更有必要规定调查地点。例如，人口普查，规定调查登记常住人口，即人口的常住地点。若登记时不在常住地点，或不在本地常住的流动人口，均须明确规定处理办法，以免调查资料出现遗漏和重复。

6. 确定调查方式和方法

市场调查方式是指市场调查的组织形式，通常有市场普查、重点市场调查、典型市场调查、抽样市场调查等。调查方式的选择应根据调查的目的和任务、调查对象的特点、调查费用的多少、调查的精度要求作出选择。

市场调查方法是指在调查方式既定的情况下收集资料的具体方法，通常有观察调查法、访问调查法、实验调查法、网络调查法、文案调查法等。市场调查方法的确定应考虑调查资料收集的难易程度、调查对象的特点、数据取得的源头、数据的质量要求等作出选择。

例如，商场顾客流量和购物调查，通常采用系统抽样调查的组织方式，即按日历顺序等距抽取若干营业日调查顾客流量和购物情况，而收集资料的方法主要有顾客流量的人工计数或仪器记数、问卷测试、现场观察、顾客访问、焦点座谈等。

7. 设计调查问卷

8. 确定资料整理与分析的方案

应对资料的审核、订正、编码、分类、汇总、陈示等作出具体的安排。大型的市场调查还应对计算机自动汇总软件开发或购买作出安排。

应对分析的原则、内容、方法、要求、调查报告的编写、成果的发布等作出安排。

采用实地调查方法收集的原始资料大多是零散的、不系统的，只能反映事物的表象，无法深入研究事物的本质和规律性，这就要求对大量原始资料进行加工汇总，使之系统化、条理化。目前这种资料处理工作一般已由计算机进行，这在设计中也应予以考虑，包括采用何种操作程序以保证必要的运算速度、计算精度及特殊目的。

随着经济理论的发展和计算机的运用，越来越多的现代统计分析手段可供我们在分析时选择，如回归分析、相关分析、聚类分析等。每种分析技术都有其自身的特点和适用性，因此，应根据调查的要求，选择最佳的分析方法并在方案中加以规定。

9. 确定市场调查的进度安排

市场调查进度一般可分为以下几个小阶段。

（1）总体方案的论证、设计。

（2）抽样方案的设计、调查实施的各种具体细节的规定。

（3）问卷的设计、测试、修改、定稿。

（4）问卷的印刷、调查者的挑选和培训。

（5）调查组织实施。

（6）调查数据的整理（计算机录入、汇总与制表）。

（7）统计分析研究。

（8）调查报告的撰写、修订与定稿。

（9）调研成果的鉴定、论证、发布。

（10）调研工作的总结。

10. 市场调查经费预算

调查经费预算一般需要考虑如下几个方面。

（1）总体方案策划费或设计费。

（2）抽样方案设计费（或实验方案设计费）。

（3）调查问卷设计费（包括测试费）。

（4）调查问卷印刷费。

（5）调查实施费（包括选拔、培训调查员，试调查，交通费，调查员劳务费，管理督导人员劳务费，礼品或谢金费，复查费等）。

（6）数据录入费（包括编码、录入、查错等）。

（7）数据统计分析费（包括上机、统计、制表、做图、购买必需品等）。

（8）调研报告撰写费。

（9）资料费、复印费、通信联络等办公费。

（10）专家咨询费。

（11）劳务费（公关、协作人员劳务费等）。

（12）上交管理费或税金。

（13）鉴定费、新闻发布会及出版印刷费用等。

（14）未可预知费用。

11. 制订调查的组织计划

调查的组织计划，是指为确保实施调查的具体工作计划。调查的组织计划主要包括调查的组织领导、调查机构的设置、调查员的选择与培训，课题负责人及成员，各项调研工作的分工等。

企业委托外部市场调查机构进行市场调查时，还应对双方的责任人、联系人、联系方式作出规定。

12. 确定提交报告的方式

提交报告的形式主要包括报告书的形式和份数，报告书的基本内容、报告书中图表量的大小等。

13. 编写市场调查计划书

市场调查计划书的构成要素包括标题、导语（或摘要）、主体和附录等。主体部分包括以上 12 个方面的内容。

附录主要包括调查项目负责人及主要参加者，抽样方案及技术说明，问卷及有关技术说明，数据处理所用软件等。

（三）市场调查方案（计划书）撰写技术

1. 市场调查项目规划书撰写技巧

（1）调查目标的陈述。实际就是研究项目与主题确定后的简洁表述，在此部分，可以适当交代研究的来龙去脉，说明方案的局限性以及需要与委托方协商的内容。有时这部分内容也放在前言部分。

（2）研究范围。为了确保调查范围与对象的准确、易于查找，在撰写规划书的时候，研究范围一定要陈述具体明确，界定准确，能够运用定量的指标来表述的一定要定量化，要说明调查的地域、调查的对象，解决“在何处”“是何人”的问题。

（3）研究方法。为了顺利地完成市场调研任务，要对策划的调研方法进行精炼准确的陈述，解决“以何种方法”进行调查，由此取得什么资料的问题。具体撰写中，对被调查者的数量、调查频率（即是一次性调查还是在一段时间内跟踪调查）、调查的具体方法、样本选取的方法等要进行详细的规定。

（4）研究时间安排。实践中，各阶段所占研究时间比重可以参照如表 1－20 所示的分配办法酌情分配与安排。

表 1－20　研究各阶段所占时间比重

研究阶段	所占时间比重（%）
研究目标的确定	5
研究方案的设计	10
研究方法确定	5
调查问卷的制作	10
试调查	5
数据收集整理	40
数据分析	10
市场调查报告的写作	10
市场调查反馈	5
合　　计	100

（5）经费预算。一般地，市场调研经费大致包括资料费、专家访谈顾问费、专家访谈场地费、交通费、调研费、报告制作费、统计费、杂费、税费和管理费等。比重较大的几

项费用为交通费、调研费、报告制作费、统计费，依调研的性质不同而有一定的差异。目前，为保证问卷的回收量及其他调研类型被调查者的配合度，往往还要支付一定的礼品费，不过礼品的发放不能造成被调查者改变自己的态度，不能影响调研结果的可信度。

(6) 研究人员预算。研究人员预算要陈述清楚不同类型研究人员的配比问题，主要需要市场分析、财务分析、访谈人员等专业人士，可以根据具体的项目适当调配各类人员的配合关系。

2. 重视规划书的制作

市场调查是一项复杂的、严肃的、技术性较强的工作，一项全国性的市场调查往往要组织成千上万人参加，为了在调查过程中统一认识、统一内容、统一方法、统一步调，圆满完成调查任务，就必须事先制订出一个科学、严密、可行的工作计划和组织措施，以使所有参加调查工作的人员都依此执行。

3. 进行方案的可行性研究

在对复杂社会经济现象所进行的调查中，所设计的调查方案通常不是唯一的，需要从多个调查方案中选取最优方案。同时，调查方案的设计也不是一次完成的，而要经过必要的可行性研究，对方案进行试点和修改。可行性研究是科学决策的必经阶段，也是科学设计调查方案的重要步骤。

(1) 逻辑分析法。逻辑分析法是检查所设计的调查方案的部分内容是否符合逻辑和情理。例如，要调查某城市居民的消费结构，而设计的调查指标却是居民消费结构或职工消费结构，按此设计所调查出的结果就无法满足调查的要求，因为居民包括城市居民和农民，城市职工也只是城市居民中的一部分。显然，居民、城市居民和职工三者在内涵和外延上都存在着一定的差别。又如，对于学龄前儿童，要调查其文化程度，对于没有通电的山区要进行电视广告调查等，都是有悖于情理的，也是缺乏实际意义的。逻辑分析法可对调查方案中的调查项目设计进行可行性研究，而无法对其他方面的设计进行判断。

(2) 经验判断法。即组织一些具有丰富调查经验的人士，对设计出的调查方案加以初步研究和判断，以说明方案的可行性。例如，对劳务市场中的保姆问题进行调查，就不宜用普查方式，而适合采用抽样调查；对于棉花、茶叶等集中产区的农作物的生长情况进行调查，就适宜采用重点调查等。经验判断法能够节省人力和时间，在比较短的时间内作出结论。但这种方法也有一定的局限性，这主要是因为人的认识是有限的，有差异的，事物在不断发生变化，各种主客观因素都会对人们判断的准确性产生影响。

(3) 试点调查法。试点是整个调查方案可行性研究中的一个十分重要的步骤，对于大规模市场调查来讲尤为重要。试点的目的是使调查方案更加科学和完善，而不仅是收集资料。

试点也是一种典型调查，是解剖麻雀。从认识的全过程来说，试点是从认识到实践，再从实践到再认识，兼备了认识过程的两个阶段。因此，试点具有两个明显的特点，一个是它的实践性，另一个是它的创新性，两者互相联系、相辅相成。试点正是通过实践把客观现象反馈到认识主体，以便起到修改、补充、丰富、完善主体认识的作用。同时，通过试点，还可以为正式调查取得实践经验，并把人们对客观事物的了解推进到一个更高的阶段。

具体来说，试点的任务主要有以下两个：

第一，对调查方案进行实地检验。调查方案的设计是否切合实际，还要通过试点进行实地检验，检查目标制定得是否恰当，调查指标设计是否正确，哪些需要增加，哪些需要减少，哪些说明和规定要修改和补充。试点后，要分门别类地提出具体意见和建议，使调查方案的制订既科学合理，又解决实际问题。

第二，作为实战前的演习，可以了解调查工作安排是否合理，哪些是薄弱环节。例如，第二次全国工业普查，包括调查 300 多个指标，进行 500 多个行业分类，涉及 40 多万个企业填报。因此，必须通过试点取得这方面的实践经验，把分散的经验集中起来，形成做好普查工作的各项细则，成为各个阶段、各项工作应当遵循的规则。

试点调查应该注意以下几个问题：

其一，应建立一个精干有力的调查队伍，队伍成员应该包括有关领导、调查方案设计者和调查骨干，这是搞好试点工作的组织保证。

其二，应选择适当的调查对象。要选择规模较小，代表性较强的试点单位。必要时可采取少数单位先试点，再扩大试点范围、然后全面铺开的做法。

其三，应采取灵活的调查方式和方法。调查方式和方法可以多用几种，经过对比后，从中选择适合的方式和方法。

其四，应做好试点的总结工作。即要认真分析试点的结果，找出影响调查成败的主客观原因。不仅要善于发现问题，还要善于结合实际探求解决问题的方法，充实和完善原调查方案，使之更加科学和易于操作。

4. 对调查方案进行总体评价

对于一个调查方案的优劣，可以从不同角度加以评价，现结合第二次全国工业普查的情况，简要说明如下：

(1) 方案设计是否体现调查目的和要求。方案设计是否基本上体现了调查的目的和要求，这一条是最基本的，例如，第二次工业普查从摸清我国工业家底的目的出发，根据方案确定的调查范围、调查单位、调查内容，据此设置的一系列完整的指标体系，反映了我国工业的现状和全貌。方案指标设置的重点基本上能够体现国家调整工业内部结构、发展科学技术；提高职工素质、提高经济效益等方面的要求。

(2) 方案设计是否科学、完整和适用。例如，此次普查对生产、流通、分配和消费各个环节，设置了许多相互联系、相互制约的指标，形成了一套比较完整的指标体系，其特点是全面、系统和配套，适用性较强。

(3) 方案设计能否使调查质量有所提高。影响调查数据质量高低的因素是多方面的，但调查方案是否科学、可行，对最后的调查数据质量有直接的影响，这次工业普查由于方案设计合理，使调查的实际差错率远远低于 20‰的规定。

(4) 调查实效检验。评价一项调查方案的设计是否科学、准确，最终还要通过调查实

施的成效来体现。即必须通过调查工作的实践检验，来观察方案中哪些符合实际，哪些不符合实际，产生的原因是什么，肯定正确的做法，找出不足之处并寻求改进方法，这样就可以使今后的调查方案设计更加接近客观实际。

任务实训

从下面给出的指导性题目中选择1～2个，或自选题目完成市场调研项目规划书的制作。并在同学中选择3～5名组成评议小组，对同学的规划书进行评议，最后提交导师评定。

1. 汽车市场的个体消费需求调研分析
2. 青岛市来城务工人员情况调研分析
3. 大学生求职意愿及需求市场调研分析
4. 日用消费品价格上涨对城市居民生活影响程度调查
5. 大学生消费状况调查
6. 大学生上网情况的调查

复习思考

1. 你是怎样理解市场调查方案设计含义的?
2. 市场调查方案制订主要包括哪些内容?
3. 撰写市场调查方案应该注意哪些问题?
4. 以某一个产品为调查对象，对几种调查方案进行评价分析。
5. 市场调查方案评价中应注意哪些问题。

酒店满意度调查

某酒店为了了解顾客满意度和员工满意度，以便改进酒店的管理，拟组织一次顾客和员工满意度调查，调查的内容包括：

（1）顾客对酒店的知晓度、来本店的次数、大堂满意度、客房满意度、餐厅满意度、服务满意度、卫生满意度、酒店设施满意度等。

（2）员工对酒店的用人机制、物质激励、精神激励、人际关系、劳资关系、企业文化、技术培训、发展期望、企业管理、愉快感、信任感、员工安心度等。

问题：

要求设计调查方案。

模块二 实施调查

任务一 组建调查队伍

学习任务

1. 掌握市场调查人员应具备的基本素质
2. 熟悉确定调查队伍的招聘人数、标准及流程
3. 学会选择合适的途径及方法进行人员招聘

情景案例

美国调查公司在挑选调查员时，一般有以下要求：

(1) 健康。

(2) 开朗。调查员最好具备外向的性格。

(3) 会交流。要求调查员具备较好的谈话技巧和倾听技巧。

(4) 令人愉快的外表。调查员要求五官端正，仪容整洁。

(5) 有文化。调查员必须具备较强的阅读能力、文字表达能力，大部分的调查公司都要求调查员具备高中或高中以上文化程度。许多公司愿意招聘受过高等教育的调查员。

(6) 有经验。有经验的调查员能够遵循调查规则，更容易取得被调查者的合作，从而更顺利地完成调查任务。而没有经验的调查员，在编码或记录等方面更容易犯错误，在面谈中不会引导被调查者，其调查的拒答率较高，也更容易接受或认可“不知道”的回答或在个别问题上拒答。

案例点评

从此案例可以看出市场调查工作看似简单，但对调查人员有一定的要求，因为这关系到调查的质量。合格的调查人员需要通过挑选及培训来达到应有素质。

知识体系

一、市场调查人员应具备的基本素质

调查人员主要负责各种类型研究项目的资料收集工作，以收集原始资料为职责对调查对象进行访问，调查人员的素质是调查成败的关键。作为一名优秀的调查人员应具备以下素质。

（一）品德素质

品德问题是任何企业在挑选员工时都必须重视的一个关键问题。对调查人员来说更应强调品德第一。

1. 诚实守信

在市场调研中我们需要的是真实的市场信息，任何对于事实的曲解或者信息的误解都会导致市场预测的失灵，从而使企业作出不正确的决策。小则带来经济损失，大则导致企业破产。因此，在市场调研中，调查人员要坚持实事求是的态度，如实地反映调查内容，绝不可以采集带有虚假成分的资料，更不可以凭借主观臆断提供资料。也就是说作为一名市场调查人员，首先必须要做到诚实守信。

2. 充满自信

在市场调研工作中，会存在着各种各样棘手、不容易解决或不能够达到很好的效果的问题，这时如果调查人员没有足够的自信，遇到问题就会打退堂鼓。因而充满自信也是调查人员应具备的素质之一。自信是成功的第一要诀。只有充分相信自己有能力做好这项工作，才能够在工作中发挥主观能动性，发挥自己的潜力，将困难的问题一一化解，圆满地完成工作任务。

【小贴士 2－1】

如何增强自信

要知道，自信不是别人给予的，而是自己建立的。其实增强自信心并不是想象的那么困难，自信是通过点滴培养的，如果我们能够从一些小事情上着手，坚持不懈，那么自信很快就会回到你的身边。

（1）定立一个具有挑战性的目标。定立一个较高的目标，当我们达到一个目标之后，应该紧接着向下一个更具体、更有挑战性的目标前进。这样不断地设定目标、达到目标，就会使我们不断地获得成就感和自信。

（2）自我赞许。要培养自信心，就不要依赖别人的赞许，当你认识到自身的价值，当你决定选择一种行为，别人反对，也不要感到沮丧。因为那是一种自然现象，别人也不是什么都看得远、懂得多。

（3）打扮自己。每天出门前，在镜子前好好打扮一下自己，给自己一个微笑，穿戴得

不必多么地引人注目，只求干净整齐，这样不但别人容易接受你，自己也会觉得很有信心。

(4) 设立行事标准。如果有一个自己的行事标准，那么遇到任何事情就会有足够的能力去应付，这样就不会在遇到困难时束手无策，从而很好地解决问题，增强信心。

(5) 多开金口。要学会多发言，不要沉默不语，不要认为自己的意见没有什么价值。应该学会表达自己的看法，即使是不正确的，也要说出来，这样不仅会让自己增加自信，还会让同事、领导觉得你在认真地参与工作。

(6) 用心去做。当你接到一件任务时，就该用心去做，尽自己的本分，不要计较成败得失，只要问自己用心了没有。所以用心去做将会是增加自信心的原动力之一。

(7) 自己动手做。如果每件事情都经由自己的手去做，那么不论成败都会有参与感，自己也可以多积累一些做事的经验，以后做起事来也会多一份信心。

(8) 多接触人和事。多看一看不同的世界，多接触不同的人，多参与一些不同的场合，了解彼此的差异，这样就会增长见识，在遇到不同的事物时就不会感到害怕，做事就容易成功。

(9) 学会自我暗示。暗示是用含蓄、间接的方式对人的心理和行为产生影响，从而使人按一定的方式去行动或接受一定的意见，使他的思想、行为与自己的意愿相符合。自我暗示对人的心理作用很大，有时甚至会创造奇迹。苏联一位天才的演员 N. H. 毕甫佐夫，平时老是口吃，但是当他演出时克服了这个缺陷。所用的办法就是利用积极的自我暗示，暗示自己在舞台上讲话和做动作的不是他，而完全是另一个人——剧中的角色，这个人是不口吃的。所以，适当用积极的自我暗示方法使自己产生勇气，产生自信，将会取得意想不到的效果。

通过以上的9点，持续不断地训练自己，你将会发现自己越来越自信，这样成功也就离你不远了。

3. 责任心强

责任心强就是对工作认真负责，一丝不苟。作为市场调查人员，强烈的责任心和踏实的工作态度是完成工作的重要保证。市场调研是一项十分艰苦的工作，由于具有很强的时效性，因此工作会十分紧张。另外，有时市场调研的样本是特定的，有时为了取得一个合适的样本，往往要走街串巷付出艰辛的劳动，有时在实际收集资料时，要排除各种干扰才能取得有用的信息。因此为了保质保量地完成任务，调查人员应该具有艰苦踏实的工作态度和高度的责任心。

4. 善于交流

作为市场调查人员，经常是采用面对面的方式向调查对象征询意见和提出问题，那么很重要的一个问题就是要学会与人交流与沟通，以便有效地传递信息。良好的交流沟通能够获得更好的合作，能够减少误解，能够使人觉得你的问题值得聆听，能够使调查工作更加井井有条，能够增强你清晰思考的能力，能够使你准确地把握所做的工作。反之，如果

一个不善于与人交流沟通的调查人员，他在面对调查对象时，连基本的问题都理解不透或解释不清，那么谁愿意来回答他的问题呢？所以，市场调查人员要注意培养自己的交流沟通的能力，注意访问时的语气和态度，善于表达自己的意图，循循善诱，这样才能达到调查的目的。

【小贴士2-2】

更好沟通的18种方法：

(1) 亲自准备好演示所需的第一手和第二手数据。

(2) 了解听众的背景和兴趣。

(3) 目的。问自己：为什么需要演示？发展沟通策略使听众对你的目标发生兴趣，并事先检验之。

(4) 运用笔记。记住你的开场白。

(5) 演示报告。同时也是展示自我，而不是对别人的模仿。

(6) 演讲的开头，可以用自己最擅长或最风趣的话题开始，以吸引观众的注意。

(7) 演讲开始时，首先概述整个报告的大纲，屏幕中同时每屏显示4～5个标题，使观众了解整个演讲的架构。

(8) 把演讲视为服务。以观众的角度去看待报告，不断问自己：演示如何能对观众有帮助？组织如何？树立双方互利的思想。

(9) 让演讲简明、易懂。利用短句。

(10) 不要在演示时讨论过多的问题，否则容易偏离主旨。

(11) 提取反对意见。如果你无法反驳反对意见，你可以了解它们，不带主观色彩地接受、注意它们。

(12) 以建议性的小节结束：如总结客户可能会失去什么，又能获得什么。

(13) 记住，演示不是宣言。它是你与观众分享观点——这些观点可能会改变他们的工作和未来。

(14) 不要用居高临下的语气。用“我们”而不是“我”。

(15) 直接与观众交流，不要东张西望，应该直视观众的眼睛。

(16) 运用图表和数据，但不能过分。

(17) 当运用图表和数据时，面向观众讲解，而不是面对图表。

(18) 掌握时间，按时结束。

（二）业务素质

1. 专业知识

一个人无论做什么工作，都需要具备一定的专业知识，这就好比是工具，有了它，做起工作来才会得心应手。市场调查人员要掌握市场工作的基本知识，这些内容涉及各个学科领域，主要包括市场学、经济学、社会学、统计学、管理学、心理学、计算机等。为了适应某些技术性较强的市场调研项目的需要，调查人员还要掌握某些专门技巧，如工程技术知识，调查商品专业知识等。

2. 业务能力

（1）阅读能力。市场调研员要具备良好的阅读理解能力，能够理解问卷的意思，能够没有停顿地传达问卷中的提问项目和回答项目。这就要求市场调研员能够具备一定的文化知识和素养，具有一定的学历，具备很强的自我学习能力，广泛的兴趣爱好，广泛涉猎各种学科知识，大量地阅读，通过不断的积累，提高自己的阅读能力。

（2）语言表达能力。一个人的说话能力，也就是语言表达的能力，是获得社会认同、上司赏识、下属拥戴、同事喜欢、朋友帮助的必要条件。

语言表达能力是一个人的一项重要能力，也是一种基本功。语言表达能力反映人的思维能力、社交能力，以及性格、风度。一个人的语言表达能力主要表现在语言的分量、语言的逻辑性和语言的幽默感三个方面。

①语言的分量。贬义的语言如果分量过重，容易令人伤心，背上思想包袱；如果过轻，则达不到启发人、震动人、教育人的目的。反过来，褒义的语言分量过重，容易使人骄傲自满；过轻则对人起不到鼓舞作用，也许会令人失望。

②语言的逻辑性，就是要使语言严谨、有条有理、无懈可击、令人信服，要做到前后呼应，因果联系紧密，这样就能紧扣听众的心弦；否则，就会显得啰唆、冗长、言之无物、东拉西扯，令人乏味。

③语言的幽默感，能使一个人更好地吸引听众，造成轻松、愉快的气氛。促进与听众的思想感情的交流，使听众更容易接受自己的观点、主张和思想意图。同时也有助于改善一个人的形象。

（3）观察能力。观察是人们运用各种感觉器官（眼、耳、鼻、舌、身）或借助仪器，有目的、有计划地对事物进行考察和了解的一种方法。苏联著名生物学家巴甫洛夫非常重视观察的作用，在自己的实验室门前刻着“观察，观察，再观察”几个大字，并把它作为自己的座右铭。

作为市场调查人员，具备良好的观察能力，对工作来说是非常重要的，那么怎样进行观察呢？首先，观察要仔细。在观察事物时如果粗心大意，走马观花，往往会错过或漏掉一些细节部分，导致“视而不见，听而不闻”，然而有的恰好是细节部分起关键作用，错误往往也就出在这里。在市场调研过程中，很多信息是通过观察进行采集的，一些看似微不足道的现象，或许会对调研结果产生重要的影响。市场调研员要培养自己仔细观察的能力。其次，观察时要抓住事物的特征。在我们现实生活中，事物之间总有着一定的联系或相近特征，所以在观察这样的事物时就必须抓住其特征，找出雷同事物之间的共性和个性，才能获得清晰的、正确的认识，才能区别事物。再次，观察要全方位多角度地进行。“横看成岭侧成峰，远近高低各不同”，事物的不同性质，往往是从不同的方面体现出来的，养成全方位、多角度的观察习惯是获悉信息的一个重要方法。同样一件事物从不同角

度或从整体或从局部进行观察，往往会得到不同的信息和结论。另外，市场调研员在观察时要学会运用多种感觉器官同步进行，边观察思考，边作好观察记录。最后，还要注意，观察之后要对零散的信息进行综合，将信息系统化、逻辑化，这样才是调研的真正意义所在，否则只是一堆支离破碎的信息，对市场调研也是没有价值的。

（4）分析能力。市场调研工作尤其是市场分析报告的撰写，离不开众多第一手和第二手资料，资料的数量、有效性以及水平与市场调研报告的最终质量具有直接关系。因此，研究策划人员必须能在日常生活工作中注意从不同场合和途径收集相关的市场资料，捕捉各类信息，并能对积累的资料信息和即时调研获得的资料信息加以有效的分析，去伪存真，使它们有机地融入有关调研报告之中，最大限度地发挥其应有作用。

3. 个人素质

（1）外在仪表。调查人员在调查过程中，衣着应整洁大方，充满自信、脸上挂着亲和力的微笑。这点非常重要，因为它不仅会影响到被调查者的合作态度，甚至会影响到调查人员能否成功入户。因此，良好的外在仪表也是挑选调查人员予以重视的。

（2）交际能力。调研员需要与各种不同类型的人打交道，因此必须掌握一定的人际交往的技巧，从而提高自己的处事能力。人与人之间的交往不是随心所欲的，而是有一定的目的，并运用一定的方法进行交往的。交往方法越好，人际关系越容易维持紧密。因此具备较强的交往能力就显得很重要，也要懂得各种社交礼仪。

（3）身体素质。市场调查是一项非常艰苦的工作，特别是入户访谈和拦截调查，对调查人员的体力要求较高。

（4）严守时间。一个市场调查项目涉及许多环节，时间要求相当严格，因此，调查人员必须养成严守时间的习惯。

（5）保守秘密。由于市场调查的特殊性，调查人员会接触到客户很多机密性的资料，调查人员必须像爱护自己的眼睛一样，保证所有的资料不会丢失或通过自己的谈话等途径泄露。

【小贴士 2－3】

一位良好的市场调查人员应有的态度和注意事项如下：

①要有耐性。②要有坚忍的毅力。③事先接受练习。④随时注意本身的仪容。⑤随时注意安全。⑥随时与指定人员进行联系。⑦市场调查工作不得委托他人代办。⑧市场调查人员应有道德。⑨随时记载调查过程的费用并索取证明。

二、招聘调查人员

（一）确定调查队伍的招聘人数及标准

1. 确定调查队伍的招聘人数

根据调研方案的要求，访问部门应在方案规定的实施访问时间之前确认需要动用调查人员的数量及调查人员应具备的条件。招聘调查人员的数量因调研项目的实际需求而定。

2. 确定调查人员的招聘标准

招聘调查人员主要看调查人员是否善于与人沟通，性格是否开朗。主要标准包括以下几点：

（1）敬业，有责任心。

（2）稳重，有耐心且能循循善诱使访问者合作。

（3）善于与陌生人沟通，使用被访问者熟悉的语言，且应变能力强。

（4）心态积极，能认真完成预定的访问工作。

（5）能仔细记录访问答案，减少粗心造成的调研误差。

（6）心理承受能力强。

【小贴士 2-4】

通常来说，调查人员应该符合的条件是：①有较高的文化水平和市场调查知识。②有高度的责任心和敬业精神。③工作实事求是，做人诚实可靠，吃苦耐劳。④有较强的判断能力、分析能力、语言表达能力，善于把握调查局面。⑤仪表大方，态度亲切，性格外向。⑥有较强的体魄。⑦调查人员的背景、观念、态度等要符合要求。

（二）熟悉招聘调查人员的流程

调查人员一般是兼职的，其招聘流程不同于其他人员的招聘，可以实行两次招聘制度，即每半年进行一次调查人员的招聘活动，招聘的调查人员经面试、筛选与签署兼职调查人员协议，接受调研中心安排的 12 个课时的基础培训后为其建档，成为调研中心的备选调查员，这被称为第一次招聘。在调研中心操作项目时，根据项目的要求选取适当调查员并与选中的调查员签署有关项目操作的协议，这就是第二次招聘。经过两次招聘后才可以成为市场调查人员。

（三）选择招聘渠道

选择招聘渠道的主要步骤为：①分析单位的招聘要求；②分析招聘人员特点；③确定适合的招聘来源；④选择适合的招聘方法。

参加招聘会的主要程序为：

（1）准备展位。

（2）准备资料和设备。招聘申请表设计是其中一项重要工作。招聘申请表是由单位设计，包含了职位所需基本的信息并用标准化的格式表示出来的一种初级筛选表，其目的是筛选出那些背景和潜质者与职务规范所需的条件相当的候选人。并从合格的应聘者中选出参加后续选拔的人员。其优点是：①节省时间；②准确了解；③提供后续选择的参考。

招聘申请表一般包括以下内容：①个人基本情况；②求职岗位情况；③工作经历和经验；④教育与培训情况；⑤生活和家庭情况；⑥其他：获奖情况、能力证明等。

（3）招聘人员的准备。最好有人力资源部的人员，也要有用人部门的人员，并且所有人在回答问题时要口径一致。

（4）与有关的协作方沟通联系。

（5）招聘会的宣传工作。

（6）招聘会后的工作。要用最快的速度将收集到的简历整理一下。

（四）选择招聘方法

可供选择的招聘方法有以下几种。

1. 内部招募的主要方法

（1）推荐法。可用于内部招聘，也可以用于外部招聘。它是由本企业员工根据企业的需要推荐其熟悉的合适人员，供用人部门和人力资源部门进行选择和考核。

（2）布告法。布告法的目的在于企业中的全体员工都了解到哪些职务空缺，需要补充人员，使员工感觉到企业在招募人员这方面的透明度与公平性，并有利于提高员工士气。但常常用于非管理层人员的招聘。

（3）档案法。人力资源部门都有员工档案，从中可以了解到员工在教育、培训、经验、技能、绩效等方面的信息，帮助用人部门与人力资源部门寻找合适的人员补充职位空缺。

2. 外部招募的主要方法

（1）发布广告。

（2）借助中介。一般可借助的中介为：①人才交流中心。②招聘洽谈会。③猎头公司。

（3）上门招聘法。

（4）熟人推荐法。

3. 初步筛选方法

初步筛选方法是对应聘者是否符合职位基本要求的一种资格审核。

（1）筛选简历的方法。①分析简历结构。可以采取从现在到过去的时间排列方式。②重点看客观内容。分析顾客是否有虚假信息。③判断是否符合职位技术和经验要求。④审查简历中的逻辑性。反映一个人的水平，是否有矛盾的地方，找出问题。⑤对简历的整体印象。

（2）筛选申请表的方法。申请表的筛选方法与简历的筛选有很多的相同之处，其特殊的地方如下：①判断应聘者的态度。②关注与职业相关的问题。③注明可疑之处。

4. 面试方法

（1）人员招聘面试的基本步骤。

①面试前的准备阶段，包括确定面试的目的、科学地设计面试的问题、选择合适的面试类型、确定面试的时间和地点等。

②面试开始阶段。

③正式面试阶段。采用灵活的提问和多样化的形式，交流信息，进一步观察和了解应

聘者。

④结束面试阶段。在结束之前，在面试考官确定问完了所有预计的问题之后，应该给应聘者一个机会，询问他是否有问题要问。

⑤面试评价阶段。根据面试记录对应聘人员进行评估，可用评语式评估，即可对应聘者的不同侧面进行深入的评价，能反映出每个应聘者的特征，但不能进行横向比较；也可以用评分式评估，即对每个应聘者相同的方面进行比较。

（2）面试问题设计与准备。

①面试问题设计技巧。这些问题基本来源于招聘岗位的工作说明书以及应聘者的个人资料。

②面试问题技巧。面试问题技巧是面试实践中解决某些主要问题与难点问题，是面试操作经验的积累。在面试中，“问”“听”“观”“评”是几项重要而关键的基本功。

主要提问技巧有：开放式提问、封闭式提问、清单式提问、假设式提问、重复式提问、确认式提问、举例式提问等。

任务实训

一项关于对潍坊市空巢老人服务需求现状的调查项目正在筹划中，作为该项目中负责收集资料的实施主管，负责招聘调查人员，请列出你的招聘条件，并说明你设置该条件的理由。

复习思考

1. 市场调查人员应具备哪些素质？
2. 招聘申请表一般包含哪些内容？
3. 初步筛选的方法有哪些？
4. 面试的基本步骤是怎样设计的？

案例分析

Maurice Bernard 想了一个他认为很伟大的主意。他在花卉修整行业干过好些年头，又投资建立了新企业，绿雕塑作坊（HT）。他的起步很踏实并且对于前两年的经营结果很是满意。

Maurice Bernard 需要超越一些很大的挑战以继续以前的成就。在一个有 6 万人的社区里，很多人只是把他的企业当做一家花店；正因如此，产品差异化仍处于艰难摸索阶段。幸运的是他作为花卉栽培者和装饰者的名声给他提供了机会，使他借机推销和销售树木造型设计。要使客户和公众相信将一棵枝叶短小的植物修剪和设计成动物或其他形象是一种很高雅的事，这本身就是一件极富挑战的事。他相信辛勤的劳动和过去两年的无数不

眠之夜是有回报的；在过去的6个月里对他的“绿雕塑”的需求一直在稳步上升。

如今他在考虑将业务扩展到范围更大的地区。这需要他扩大作坊规模，以及雇用更多的员工。此时缺少的是支持他这一决定的调研。Maurice Bernard 的一个好朋友建议他联系当地大学的卓越调研中心（CME）。通过收取极少的费用或免费提供学生工来完成营销调研服务，CME 与很多不同的小企业合作过。学生也从这些活动中受益，获取了进行营销调研和为社会提供珍贵服务的机会。

5个学生与他们的营销教授过来会见 Maurice Bernard 并熟悉了他的业务。Maurice Bernard 向这些调研者讲了公司的历史，分享了他对预期扩张的看法。首先，调研团队感觉确定总体消费者对 HT 的认知和对它扩张的可能反应是很重要的。其次，团队感到定义 HT 的目标市场（比如，批发商和零售顾客）将是一个关键性的要素。最后，作出一项可靠的商业决策需要对消费者和花商人口统计特征的透彻了解。双方同意让 CME 代表 Maurice Bernard 和绿雕塑作坊进行这项调研。

CME 团队拟定了一份针对中高收入家庭的问卷。这份问卷的目的是要确定消费者人口统计特征，比如，处所、教育水平、婚姻状况、职业、收入水平、年龄以及潜在顾客的处所。还对本地花商进行了调查以确定 HT 开发批发业务潜力的可行性。调查样本大小为100，包括80位消费者和20位花商。所有的数据都是通过设计好的要满足本项目特定调研目标的结构问卷收集的。所有的信息都由电话得来。

大约2个月后，营销教授和他的学生向 Maurice Bernard 提交了一份书面报告，其中包括了多条建议和图表说明，如调查对象是如何知道绿雕塑作坊的，对绿雕塑作坊的了解，对绿雕塑作坊的经营建议等。

问题：

CME 是个什么团队？在这个案例中它从事了什么调研活动？

任务二　培训调查人员

1. 了解调查人员培训的内容及方法
2. 熟悉基础培训、技巧培训、项目培训的流程及方法

情景案例

日本调查员手册的主要内容：

(1) 调查概要。含调查名称、调查部门及负责人、联络处、每位调查员调查数、调查日期、期间检查日、回收日等。

(2) 基本注意事项。含必须遵守指标及熟悉问卷内容等。

(3) 访问携带物品。含受访者名册、问卷、调查手册、身份证明书、赠品、地图、铅笔等。

(4) 访问时应注意事项。含注意服装及措辞、明白表明身份及注明调查目的、确认是否受访者本人等。

(5) 无法调查时。遇到受访者搬家、不在、死亡、疾病、拒绝受访、去向不明时，终止调查。

(6) 对受访者的释疑。说明抽样方法及不公开姓名等原则

(7) 问卷的结构。含结构概要、特别注意事项、询问方式、登录方法等。

(8) 访谈间须注意事项。含不让受访者看调查项目以外的资料，制造良好气氛，记录问题之解答，避免漏列及使受访者乐于接受调查等。

(9) 访问完毕须注意有无遗漏事项。

(10) 回收期限。含按期限完成并交回问卷及应缴物品等。

从此案例可以看出调查人员在调查中是按一定的规范来进行的，这些事先都需要掌握。因此对调查人员进行培训是保证调查工作顺利进行的必要条件。

知识体系

一、调查人员培训的内容及方法

(一) 调查人员培训的内容

1. 基础培训

基础培训主要对调查人员进行例行常规的培训。这方面知识点是：本次调查工作的意义、对调查的基本认识、确定访问对象即抽样技术、调查方法、调查流程。

2. 调查的重要性培训

调查的重要性培训主要对调查员进行道德品质的培训。这方面的知识点是：调查数据的质量、调查员的态度、调查员的行为准则（保密、认真、负责等）。

3. 访问技巧培训

调查人员在每次升级前，都要接受他在下一个级别所承担的访问工作中所需要的访问技巧。这方面的知识点是：入户访问技巧、建立和谐气氛技巧、把握受访者心态技巧、提问技巧、现场当中的难点解析技巧、调查员自身安全保护技巧。注意应加强以下技巧的培训：

（1）如何避免访谈开始就拒访。自我介绍要按规范的形式进行，这是调查人员和被调查者的首次沟通，对是否能顺利入户是一个关键的环节。通常在问卷设计中已精心编写了开场白（自我介绍词）。

调查人员自我介绍时，应该快乐、自信，如实表明访问目的，出示身份证明。有效的开场白可增强潜在的被调查者的信任感和参与意愿。

另外，调查人员的仪表、调查时间和调查地点的选择也非常重要。

（2）如何避免访谈中途拒访。如选择适当的入户访问时间，可以减少或避免拒访的尴尬现象；被调查者如果要拒绝访问，通常会找出许多借口，调查人员要想出不同的对策。

（3）如何合理控制环境。理想的访问应该在没有第三者的环境下进行，但调查人员总会受到各种干扰，所以要培训其控制环境的技巧。

（4）保持中立。调查人员的惊奇表情、对某个回答的赞同态度，这些都会影响到被调查者。

（5）如何提问与追问。访员在访问过程中应按问卷设计的问题排列顺序及提问措辞进行提问。对于开放题，一般要求充分追问。追问时，不能引导，也不要用新的词汇追问，要使被访者的回答尽可能具体。熟练的访员能帮助被调查者充分表达他们自己的意见。追问技巧不仅给调研提供充分的信息，而且使访问更加有趣。

（6）如何结束访问。当所有希望得到的信息都得到之后就要结束访问了。此时，可能被访者还有进一步的自发陈述，他们也可能有新的问题，调查人员工作的原则是认真记录有关的内容，并认真回答被访者提出的有关问题。总之，应该给被访者留下一个良好的印象。最后，一定要对被访者表示诚挚的感谢。

4. 项目培训

项目培训主要是针对某个特定的调查项目对调查员进行培训。这方面的知识点是：项目调查内容、项目调查目的、项目问卷结构、项目问卷内容、项目调查时间、项目调查步骤、项目调查注意事项。

（二）调查人员培训的方法

1. 集中讲授

采用授课的形式，对新参加的调查员进行系统培训，讲授的主要内容包括：市场调查的基本理论和知识、市场调查的经验和方法、相关背景资料的介绍。

2. 单独指导

对于新招聘的调查人员，一般由丰富经验的调查人员在实际工作中进行单独指导。担任指导任务的工作人员要结合实际的调查任务，从市场调查、收集整理资料等方面进行指导，同时还要对调查人员的调查技巧与艺术给予指导。

3. 模拟培训

模拟培训是一种由受训人员参加并具有一定真实感受的培训方法。常用的如角色扮演、案例分析等。其中，“角色扮演”是由受训人员和有经验的调查人员分别担任不同的角色，模拟各种难以处理的市场问题，从而训练调查人员。“案例分析”也是一种模拟训练方法，可以就某个企业的实例论证，也可以就某个假设案例进行分析，用以培养受训者处理各种情况的能力。

4. 实际操作培训

既可以让新聘的调查人员担任有经验的老资格调查员的助手，也可以让新聘的调查人员担任访问主角，由有经验的调查员在旁指导。采用这种培训方式，目的是使调查人员从实践中提高技能，掌握技巧。这种训练方法能够激发受训者的学习兴趣。

二、基础培训

调查人员基础培训一般是针对新招聘的调查人员开展的，主要目的是向新调查人员传递公司文化、介绍市场调查的背景知识、传授项目的基本技能和知识等，同时也是了解新调查人员个人素质的一个机会。

（一）调查人员基础培训的基本流程

调研公司对调查人员进行基础培训时是按如图 2－1 所示的流程进行的。

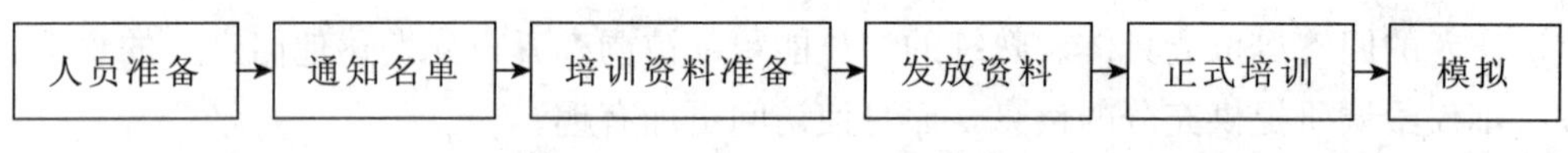

图 2－1　调查人员基础培训流程

调研公司的调查人员多数是兼职调查人员，他们的招聘多通过中介公司、校园招聘广告、学校的勤工俭学部门、熟人等途径。基础培训的时间一般安排在晚上或周末，要提前作好通知。通知时语气要专业，让他们感觉到是公司给机会，并让他们明确地回复是否能来，以便作好人员的储备安排。通知时要告诉需要带的东西：保证金、笔、笔记本、相关证件等。

（二）培训资料的准备

（1）培训需准备资料：签到表、基本问卷、收据、督导培训教材、公司简介、有入户情况登记和抽样地图单张、白纸、白板、水性笔。

（2）在培训前将资料一套一套地分装好以准备发放。

（3）培训前先签到、再收保证金并发放资料。签到表要让调查人员填写完整，最好多留几个联系方式。签完到收保证金时，先收钱，后给收据，确保万无一失。收完后，要核对保证金是否正确，是否对得上号。要确保签到表上有名字的人一定是收了保证金的。收了保证金后再发资料，强调项目结束后，必须凭收据来退保证金。

（三）基础培训的步骤

（1）自我介绍。首先由培训师作自我介绍，简明扼要地说明自己的：姓名、职务、主要工作及联系方式。

（2）公司介绍。培训师对公司的情况作一介绍。主要介绍：公司成立的时间、业务范围、发展规模、人员构成等。

(3) 简介市场调查的基本知识。主要讲解：市场调查的概念、目的、历史和发展、方法、原则等。

(4) 调查人员自我介绍。新招聘来的调查人员一一作自我介绍，主要考查语言表达能力。

(5) 纪律。培训师要讲明培训期间、日常调查中应遵守的纪律。

(6) 访问类型及流程，注意事项和访问技巧。

(7) 各种题目类型的含义，操作方法和技巧，问卷的记录方式。

(8) 模拟。多设圈套，让学生对各种情况有所了解。

(9) 基础培训总结。

(四) 其他注意事项

(1) 要强调注意事项和访问技巧。

(2) 各种题目的含义。

(3) 多提问，多模拟。

(4) 对题型的讲解要先告知方法，开放题要反复模拟。

(5) 循环题的注意事项。

(6) 培训完后让调查人员相互讨论一下，自己再总结一下，哪些地方还没有讲到，及时发现问题并纠正，同时，要随时鼓励调查人员。

三、技巧培训

基础培训结束后，是实地访问技巧培训，实地访问是：熟悉问卷并带齐所有的访问工具；根据地址表中的地址找到受访户；向受访者作自我介绍，请受访户同意接受访问；根据甄别条件找到合适的被访者；对被访者进行访问；访问结束后感谢被访者并赠送被访者礼品。具体来说，培训以下内容。

(一) 携带好相关的物品

调查人员在调查中需要用到的物品有：受访者名册、问卷、调查手册、身份证明书、赠品、地图、铅笔、纸夹等。这些必须事先准备好，在前往调查时再检查一下是否携带齐全。

(二) 确定访问时间和地点

选择一周中的哪一天和一天中的哪一时段进行访问，是一个很重要的问题，它不但会影响到拒绝率或应答率的高低，还会影响到对问题回答的质量。如果是入户访问，应安排在 9：00～18：00 进行，同时应注意避免吃饭时间。为了能得到有代表性的样本，访问应尽可能安排在周末和晚上进行。应当严格要求和管理调查人员，确保他们按照规定的时间去访问。

调查人员不一定理解访问的地点会对答案有影响，因此实施主管要具体规定访问的地点，并监督调查人员，以确保他们认真执行了关于访问地点的要求。如果是入户访问，调查人员要争取得到允许，进入被访者的家中，最好是和被访者面对面地坐在一起，以便准确地提问和记录。

如果在购物中心、商城、体育馆等公共场所进行访问，事先最好要征得有关负责人的书面批准，并让调查人员随身携带有关批文的复印件，以免发生误会，延误工作。

（三）开场白

1. 需要筛选

在调查过程中，当调查内容不带有普遍性的话，需要通过筛选来确定调查对象，然后再对其进行深入调查。可用以下方法来开场。

您好！我叫×××，是××公司的访问调查员。我有一些问题要询问那些拥有国产轿车的用户。请问您的轿车是国产的还是进口的（如果是国产的，继续访问；如果是进口的，结束访问）？

2. 不用筛选

在调查过程中，当调查内容带有普遍性的话，不需要通过筛选来确定调查对象，可用以下方法来开场。

您好！我叫×××，是××公司的访问调查员。我有一些关于商场的问题，想了解您的看法（马上问第一个问题）。

如果是邮寄问卷或自填式问卷，封面要包含足够的信息，如调查的性质、参与的重要性、填答的注意事项等，因此，比面访式的开场白要长得多。在面对面的实地访问时，访问员一般对调查项目不作解释，开场白要尽量简短，目的是使被访者立即开始回答问题。一旦被访者的注意力集中在调查问题上，就不会再去考虑是否应该参与的问题。

开场白的另一个原则是：绝不要请求被访者获得允许。例如，用“我可以占用您几分钟时间吗？”“您能花几分钟时间来参加这项调查吗？”之类的问话开始都是不合适的，因为很容易得到被访者的拒绝，且拒绝率也会高得多。总之，能使被访者越早开始回答问题越好。被访者一旦参与，一般不会中途停止。

（四）提问和追问

1. 提问遵循的原则

①要对问卷十分熟悉。

②按问答题在问卷中出现的顺序来提问。

③丝毫不差地按照问卷中的措辞来提问。

④提问时说话要慢而清楚。

⑤对方不理解的问答题要重新提问。

⑥每个有关的问答题都要提问。

⑦遵照指导语进行提问和跳答。

⑧如果需要出示卡片，一般在问答题陈述完以后再出示。

⑨在访问过程中，因为不可预料的原因使提问中断，如果中断的时间过长（超过几分钟），那么，一般情况下就应放弃该访问。

2. 追问

问卷中会有一些开放式的问答题，需要被访者深入地回答。调查员要采取有效的追问技巧，使被访者能够进一步扩展、阐明或解释他们的回答。追问技巧的关键是既深入、客观，又不至于诱导产生偏差。常用以下的方法。

（1）重复问题。当应答者保持完全沉默时，他（她）也许没有理解问题，或还没有决定怎样来回答，重复问题有助于被访者理解问题，并会鼓励其应答。

（2）观望性停顿。访问人员认为被访者有更多的内容要说，沉默性追问，伴随着观望性注视，也许会鼓励应答者收集他（她）的思想并给出完整的回答。当然访问人员对应答者必须是敏感的，以避免沉默性追问造成冷场。

（3）重复应答者的回答。随着访问人员记录回答，他（她）也许会逐字重复应答者的回答，这也许会刺激应答者扩展他（她）的回答。

（4）中性的问题。问一个中性的问题也许会具体向应答者指明要寻找的信息类型。例如，如果访问人员认为应答者的动机应当澄清，他（她）也许会问："为什么您这样认为呢？"如果访问人员感到需要澄清一个词或短语，他（她）也许会说："您的意思是？"

常用的追问问题还有：其他理由呢？还有其他人呢？对此您还能再多谈谈您的想法吗？您是怎样想的？您指的是什么？哪一个与您所感受到的形式更接近？您可以告诉我您心中所想的吗？

【案例 2－1】

（1）问：您喜欢这种电动工具的什么呢？

第一次回答：外观漂亮。

追问：您还喜欢什么呢？

第二次回答：手感好。

追问：您还有没有喜欢的呢？

第三次回答：没有了。

（2）问：您喜欢这种电动工具的什么呢？

第一次回答：很好，不错。

追问：你所谓的"很好，不错"是指什么呢？

第二次回答：舒适。

追问：怎么个舒适法呢？

第三次回答：手握着操作时手感很舒适。

分析：第 1 个是勘探性追问的例子，通过追问，扩展了被访者的回答，完整地记录下了被访者所喜欢的。第 2 个是明确性追问的例子，从"很好，不错"一般化的回答中，访问人员抽取出了更确切、具体的答案。

（五）记录

（1）在访问期间随时记录被访者的回答，不要过后补记。

（2）使用被访者自己的语言来记录，即记录原话。

（3）不要对被访者的回答进行归纳总结或解释。

（4）记录与问答题有关的全部内容。

（5）记录所有的追问语和对应的回答。

（6）边记录边重复所记录的答案。

（六）结束

在所有的信息都收集到了之后才能结束访问。在正式访问之后，被访者自发发表的评论或议论也要记录下来。调查员也应当回答被访者关于调查项目的提问，给被访者留下一个好印象。最后，向被访者赠送一个小礼品，并对被访者的合作表示诚挚的谢意。离开访问场所之前一定要再次检查，以确认所有材料（包括问卷、卡片、展示物品等）都没有遗漏。

要注意，不要让受访者看调查项目以外的资料，营造良好的气氛，记录问题的解答，避免漏题及使受访者乐于接受访问等。

（七）各种具体题型的提问、追问及记录方法

1. 单选题

（1）全封闭单选题。

①主要特点：被访者一定要从答案列表中选择一个答案。

②提问要求。

a. 向被访者提问，同时列出所有的备选答案，请被访者从中选出一个答案。

b. 如果被访者的答案与所列举的答案不一致，提醒被访者从备选的答案中选择一个，不可以根据自己的看法来随便选择一个答案。

c. 如被访者选择了两个或两个以上的答案，需与被访者确认一个最准确的答案。

d. 在与被访者确认答案的时候，不可以诱导被访者。

e. 提问过程：重复备选答案，提醒被访者在其中选择一个答案。

【案例 2-2】

请问在过去的 4 个星期内，您平均每天用香皂洗多少次手呢？（单选）

A. 1 次以下　　　　B. 1～2 次　　　　C. 3 次或 3 次以上

问：请问在过去的 4 个星期内，您平均每天用香皂洗多少次手呢？您平均每天洗 1 次以下，1～2 次，还是 3 次以上？请您只选择一个答案。

答：每天大概两三次吧。

问：请您仔细想一想，每天是 2 次还是 3 次？

答：3 次。

（2）半封闭单选题。

①主要特点：被访者可以从备选答案中选择一个，也可以自行给出答案，但是答案依然只能有一个。

②提问要求：半封闭单选题与全封闭单选题发问方法的主要区别在于读完全部答案后，追问被访者是否还有其他答案，答案只能有一个，包括“其他（请注明）”那一项。

③提问过程：读出题目及答案，在读出答案时要提醒被访者可以给出备选答案中没有的答案，最后提醒被访者只选择其中的一个答案。

④记录方法：当被访者可以给出备选答案以外的答案时，调查人员须将答案记录在题目答案下面的空白处。

【案例 2-3】

请问在过去的 3 个月内，您本人最常用哪种个人清洁用品来洗手呢？（单选）

A. 香皂　　B. 沐浴液　　C. 肥皂

D. 洗面奶　　E. 其他（请注明____）

问：请问在过去的 3 个月内，您本人最常用哪种个人清洁用品来洗手呢？是香皂、沐浴液、洗面奶、肥皂，还是其他的呢？请您只选择一个答案。

答：我一般用香皂和洗手液。

问：相比较而言，您是用香皂多一点，还是用洗手液多一点？

答：还是香皂用得多。

2. 复选题

（1）全封闭复选题。

①提问要求：向被访者提出问题及每个答案的内容，向被访者逐个确认，不需要再进行追问。

②提问过程：读出题目，然后逐一读出答案请被访者确认，“请您给出一个或多个答案”。

【案例 2-4】

请问您家里有没有以下物品？（复选）

A. 摄像机　　B. 摩托车　　C. 热水器

D. 洗衣机　　E. 以上都无

问：请问您家里有没有下列物品？电冰箱有吗？

此处注意：对被访者主动给出的答案，调查人员不需再确认。

（2）半封闭复选题。

①半封闭与全封闭题的区别仅在于提问时，逐条确认每个答案后，追问被访者是否还有其他答案。

②对于“其他”的追问，最多只追问两次。

【案例 2-5】

请问在过去的 3 个月内，您本人都用过哪些个人清洁用品来洗手、洗脸、洗澡呢？您有没有用过××？（复选）

A. 香皂　　B. 沐浴液　　C. 肥皂

D. 洗面奶　　E. 其他（请注明____）

问：请问在过去的 3 个月内，您本人都用过哪些个人清洁用品来洗手、洗脸、洗澡呢？您有没有用过香皂？

答：用过。

问：沐浴液/露呢？

答：用过。

问：肥皂呢？

答：没有。

问：洗面奶呢？

答：没用过。

问：还有其他的吗？

答：我还用过洗手液。

问：还有吗？

答：没有了。

3. 矩阵题

【案例 2-6】

现在我想请您评价一下这个香皂，这里有一些描述这个产品的句子，请您告诉我它在以下几个方面的表现是：1. 不好；2. 一般；3. 好；4. 很好；5. 非常好。您觉得在____（逐一读出功能句）方面，它是____（单选），如表 2-1 所示。

表 2-1　　香皂产品各项感觉表现情况矩阵

分数	表现情况 / 产品描述	不好	一般	好	很好	非常好
	使您的皮肤感觉	1	2	3	4	5
	容易从皮肤上冲洗掉	1	2	3	4	5
	使您的皮肤感觉柔软和光滑	1	2	3	4	5
	产品有一种好闻的味道	1	2	3	4	5
	滋润皮肤	1	2	3	4	5

（1）特点分析：矩阵题中的每个功能句相当于一个单选题，每个功能句都是一些关于产品特点和消费者态度的句子。

（2）提问要求：每个功能句都要问一遍，再读出答案，请被访者选择。

（3）提问过程：在进行最初的几个矩阵题时，应按照标准的单选题提问方法进行，速度应慢一点，以确认被访者理解题目的意义。待确定被访者已完全理解题意后，可以不用读出答案，而请被访者直接选择一个答案。

（4）记录要求：每个功能句所对应的答案只能有一个。

4. 开放题

（1）提问方式：3 次提问，第 1 次原话读出题目，第 2 次、第 3 次按问卷提示继续提问 2 次。

（2）提问原则：在通常情况下，应首先将所有的喜欢或不喜欢的方面全部问完，即每个方面都完成 3 次提问，即使是被访者愿意继续回答的同一问题，也要终止提问，然后再对不清楚的答案进行追问。

【案例 2-7】

我想请教您对于××这个牌子的香皂有什么喜欢或不喜欢的地方，请详细告诉我们您的意见，即使是微小的方面，对我们都是非常重要的。希望您尽量详细地解释为什么这个产品好或是不好，以及您是如何注意到这些情况的。

1. 请问您觉得××香皂有哪些方面是您不喜欢的呢?

（1）如被访者给出答案，则用法甲追问：您觉得还有哪些方面是您不喜欢的呢？即使是很小的方面，也请您告诉我们，您的意见越详细，对我们的帮助就越大。

（2）如被访者未给出答案，则用法乙追问：您觉得这个××香皂有没有哪些方面是您不喜欢的呢？即使是很小的方面，也请您告诉我们，您的意见越详细，对我们的帮助就越大。

2. 另一方面，您觉得××香皂有哪些方面是您喜欢的呢?

（1）如被访者给出答案，则用法甲追问：您觉得还有哪些方面是您喜欢的呢？即使是很小的方面，也请您告诉我们，您的意见越详细，对我们的帮助就越大。

（2）如被访者未给出答案，则用法乙追问：您觉得这个××香皂有没有哪些方面是您喜欢的呢？即使是很小的方面，也请您告诉我们，您的意见越详细，对我们的帮助就越大。

（3）提问的基本方式。

①对不喜欢方面的标准问法。

【案例 2-8】

现在我想了解一下您对××（牌子名）不喜欢的地方。

a. 首先，您觉得××（牌子名）都有哪些方面是您不喜欢的呢？

b. 您觉得还有哪些方面是您不喜欢的呢？即使是很小的方面，也请您告诉我们，您的意见越详细，对我们的帮助就越大。

c. 还有呢？

②对喜欢方面的标准问法。

【案例 2-9】

现在我想了解一下您对××（牌子名）喜欢的地方。

a. 首先，您觉得××（牌子名）都有哪些方面是您喜欢的呢？

b. 您觉得还有哪些方面是您喜欢的呢？即使是很小的方面，也请您告诉我们。您的意见越详细，对我们的帮助就越大。

c. 还有呢？

③标准提问方法乙。

对于第一次提问喜欢或不喜欢的方面，被访者的答案是“没有”或“不知道”，则直接引入到标准的提问方法乙。

【案例 2-10】

调查人员：请您再仔细想一想，您觉得××（牌子名）有哪些方面是您不喜欢或喜欢的呢？即使是很小的方面，也请您告诉我们，您的意见越详细，对我们的帮助就越大。

④提问中的特殊情况。

a. 在进行问题的正式提问前，被访者已经主动给出答案，在这种情况下，只需重复被访者的答案，然后再按标准方法提问 2 次即可。

【案例 2－11】

调查人员：现在请您告诉我您对××香皂所有喜欢和不喜欢的方面。被访者：我不喜欢这个味道。调查人员：您刚才提到了不喜欢它的味道，还有其他不喜欢的方面吗？

b. 被访者在进行有关产品的喜欢与不喜欢问题前主动给出答案，这些答案在接下来的提问中应重复给被访者，并作为一次提问完成。

【案例 2－12】

调查人员：现在请您告诉我您对××香皂所有喜欢和不喜欢的方面，前面您提到过该香皂使您的皮肤变干，还有其他不喜欢的方面吗？

c. 在提问不喜欢的方面时，被访者给出了喜欢的答案。在这种情况下，调查人员应记住或将喜欢的答案记录在问卷中相应的题目下。当问完不喜欢的方面后，提问喜欢的方面时，须重复被访者给出的答案，然后再按标准方法提问 2 次。如调查人员：您刚才提到您喜欢它的香味，还有其他喜欢的方面吗？

d. 同样地，如果不喜欢的答案在喜欢的部分给出，应将答案直接移到不喜欢的部分，因为不喜欢的部分已经在喜欢的部分前提过，所以不喜欢的答案不需要再重复给被访者。

（4）3 次提问后的记录要求。

①基本要求：原话记录。

②每一次提问所得答案都要分别记录，且开头都要用“——”来表示；即使被访者最初就没有给出答案，或者给出答案后不再有新的答案，也应记录为“——无”，总之每道开放题下面应有 3 次记录的标志（即 3 条“——”）。

③经提问后没有答案的，要记录为“无”，不能空着，如果是空的，就视为没有问 3 次。

（5）开放题的追问。

①需追问的答案。被访者给出的答案通常会有两类：一类是完整的答案，是指提问后被访者给出清晰的、特定的、不会引起歧义的答案；一类是不完整或模糊的答案，是指提问后被访者给出的答案太笼统或会引起歧义的答案。

完整的答案不需追问，而不完整或者模糊的答案需要进一步追问。

②模糊答案清单。使用模糊答案清单通过与清单上的答案进行比较，判定被访者给出

的答案是完整答案还是不完整答案。

【案例 2-13】

沐浴液不喜欢方面和喜欢方面模糊答案及追问方式清单分别如表 2-2 和表 2-3 所示。

表 2-2　　沐浴液不喜欢方面模糊答案及追问方式清单

序号	不喜欢方面	追问方式
1	感觉不好	您说“感觉不好”是指哪方面感觉不好呢
2	滑了点	您说的“滑了点”是指哪方面滑呢
3	好肥腻/有点腻/腻过头	您能不能具体说一下腻的感觉
4	洗完后不是很舒服	您说的“不舒服”是指哪方面的呢
5	手感不好	您说“手感不好”是指产品，还是感觉方面
6	与以前用的沐浴液差不多	您能具体说明一下吗
7	第一次用完皮肤发紧	您以后的感觉是怎么样的呢
8	不太干燥	您说的“不太干燥”是指哪方面呢
9	不喜欢，太柔顺	您说的“太柔顺”是指哪方面呢
10	碱性有点重	您说的“碱性有点重”，您用后的感觉是什么呢
11	太过油	您说的“太过油”是指哪方面呢
12	香味不够	您能具体说明一下吗
13	不喜欢味道	您能详细描述一下吗
14	不好闻	您说的“不好闻”是指哪方面的呢
15	很普通/不特别	您能详细说明一下吗
16	味道不太好	您说的“味道不太好”是指哪方面的呢
17	香味没有别的牌子/产品好	您能说一下您对这个产品的感觉吗
18	香味	您能具体说明一下吗
19	香味好像香皂味	您能详细说一下这种香味吗
20	太凉	您说的“太凉”是指哪方面的呢
21	有些凉爽	您说的“有些凉爽”是指哪方面的感觉呢
22	不够爽/用后不够爽	您说的“不够爽”是指哪方面的感觉呢
23	不清爽	您说的“不清爽”是指哪方面的感觉呢
24	洗得不干净/洗不干净	您说的“洗不干净”是指哪方面的呢
25	皮肤感觉不干净	您能具体说明一下吗

续　表

序号	不喜欢方面	追问方式
26	很滑/不喜欢太滑/滑溜溜	您说的“滑”是指哪方面的呢
27	好黏	您能具体说明一下吗
28	不易洗净，但不算太难洗	您能详细说明一下吗
29	泡沫不好	您能详细说一下吗
30	不喜欢包装	您能具体说明一下吗
31	颜色不好	您能详细说明一下吗
32	不方便	您说的“不方便”是指的哪方面呢
⋮	⋮	⋮

表 2-3　　　　沐浴液喜欢方面模糊答案及追问方式清单

序号	喜欢方面	追问方式
1	皮肤感觉不错	您能具体说明一下吗
2	洗完后很舒服	您说的“很舒服”是指哪方面呢
3	柔和	您说的“柔和”是指哪方面呢
4	香味	您能详细说明一下吗
5	有味道	您说的“有味道”是指哪方面的呢
6	喜欢味道	您能详细说明一下吗
7	好闻	您说的“好闻”是指哪方面的呢
8	挺好的	您能详细说明一下吗
9	香味和别的牌子差不多	您能说说您对这种香味的感觉吗
10	起泡	您说的“起泡”是指哪方面的呢
11	泡沫好	您能详细描述一下吗
12	容易冲洗	您能具体说明一下吗
13	洗得干净	您说的“洗得干净”是指哪方面的呢
14	皮肤感觉干净	您能详细说明一下吗
15	产品不错	您能解释一下吗
16	肥腻	你说的“肥腻”是指哪方面的呢
17	颜色不错	您能详细说明一下吗
18	喜欢包装	您能详细说明一下吗
19	去油	您说的“去油”是指哪方面的呢（清洁，冲洗）

续 表

序号	喜欢方面	追问方式
20	方便	您能详细说明一下吗
21	喜欢产品	您能详细说明一下您的感觉吗
22	有效/好用	您说的“有效”是指哪方面的呢
23	好/不错	您说的“好”是指哪方面的呢
24	滑	您说的“滑”是指哪方面的呢
25	易洗净	您说的“易洗净”是指清洁，还是冲洗呢
⋮	⋮	⋮

③追问模糊答案。追问式问题要求被调研者提供进一步的信息，如“您还能想到什么吗?”这里的目的就是鼓励回答者能提供比开始或一般回答更多的细节情况。

a. 模糊答案的追问应在每一道开放题 3 次提问完成之后进行。如在产品态度的问题中，先问完喜欢与不喜欢的方面，回过头来再进行模糊答案的追问。如您刚才提到××洗衣粉效果好，那么××洗衣粉在哪些方面的效果好呢?

b. 如果第一次追问没有得到完整的答案，则需再次追问，但对每个不完整答案的追问不得超过 3 次。

c. 常用的追问方式。您指的××是什么意思；您为什么喜欢或不喜欢××；您是怎么注意到的；您是在哪儿注意到的。

d. 有些答案不能确认是喜欢或不喜欢，即中性答案，这些答案也需要进行追问。如您提到××洗衣粉的泡沫多，那么您是喜欢还是不喜欢呢?

④追问中应注意的事项。

a. 追问应从第一行开始依次追问，以防止漏问。

b. 如果一句中有两个模糊答案，则应分开单独追问。

c. 一个模糊答案在某一开放题中已经被追问过，如这个模糊答案再次出现在其他开放题中，则无须再次追问，只需将答案抄过来即可。

d. 特殊答案的处理。由其他家庭成员或被访者的亲朋好友、邻居给出的答案无须记录，即使被访者重复其他人的答案也不记录。

⑤追问后答案记录要求。

a. 不完整的原始答案和追问得到的答案均要记录，追问得到的答案要记录在括号内。如调查人员：您刚才提到它太刺激，那么，它是怎么刺激呢？被访者：它使胃不舒服。记录为：刺激（使胃部不舒服）。

b. 如果需要对某一模糊答案进行 2 次追问，第二次追问得到的答案记录在原来括号内的括号里。如调查人员：您提到它的效果好，那么，它在哪些方面的效果好呢？被访

者：它使我感觉好。调查人员：它使您怎么感觉好呢？被访者：它让我的头不痛了。记录为：效果好（使我感觉好——头不痛了）。

c. 无论完整答案还是模糊答案，括号中的不同原因要用逗号隔开。如原来的模糊答案：头发好弄。追问结果：头发不乱，易于梳理。“易于梳理”的追问结果：当头发湿的时候。记录为：头发好弄（不乱，易于梳理——湿的时候）。

d. 当调查人员追问模糊答案后仍没有得到完整的答案，则在括号内写“已”。“已”表示调查人员已经对模糊答案进行了追问，但没有从被访者处得到想得到的完整答案。如调查人员：您提到××洗衣粉是一种好产品，那么它在哪些方面好呢？被访者：它效果好。调查人员：那么它在哪些方面的效果好呢？被访者：我不知道。调查人员：您指的效果好是什么意思呢？被访者：我不知道，它就是效果好。记录为：好的产品（效果好）（已）。

四、项目培训

（一）朗读问卷

不论是基础培训，还是在将来的项目培训中，在开始讲解问卷前，都要求调查人员大声朗读问卷两遍。所以在培训时，让调查人员用普通话、大声地、语调适中地朗读问卷，以便被调查者听明白。

（二）理解问卷及其结构

1. 封面部分

封面部分主要用来记录被访者的一些基本资料。

封面填写包括：项目类型、城市、调查人员保证、被访者资料（被访者的姓名、地址及电话）。其目的是在问卷交回后，如发现有漏问或其他问题，可随时打电话与被访者进行再确认，当然问卷最后需要存档，以备以后查用或与被访者再次联络。

封面部分的内容通常是放在最后来问，因为被访者会对此部分内容比较敏感。要求记录要完整，字迹要清楚。

2. 甄别部分

甄别部分主要用来判断受访者是否真正符合项目的要求。

因为每次的访问都是只访问每户中一个最合适的被访者。甄别部分的主要内容是将不符合项目访问要求的被访者剔掉，找出适合的被访者。通常甄别题是有S作为第一个字母的题，因此甄别题也叫做S题，问卷中有了这一部分才会有终止访问的可能。

3. 主问卷部分

主问卷部分询问被访者一些项目中涉及的主要问题。

在入户访问中，主要问题都放在这一部分，通常主要问题用Q或其他字母作为题号的第一个字母，因此主问卷中的题也叫做Q题。

【案例 2-14】

石家庄白酒市场调查问卷（消费者）

您好！我们是中国高校市场学研究会中国人民大学市场营销研究中心的学生，为研究中国白酒业的营销现状，特对石家庄白酒市场的情况进行调查访问，您的意见对我们的研究工作非常重要，希望占用您一点时间。

非常感谢！

以下情况，请询问后由调查员本人填写，不要让被调查者事先看到题目。谢谢！

1. 甄别问卷

S1. 您是否是石家庄市市民或长住石家庄市（1 年以上）？

1. 是（继续访问）　　2. 不是（终止访问）

S2. 您或您的家人有没有在以下公司工作的？

1. 营销咨询、策划公司
2. 广告、市场调查公司
3. 酒类生产及销售公司

（1～3：终止访问）

4. 以上均无（继续访问）

S3. 在最近 3 个月内，您喝过白酒吗？

1. 喝过（继续访问）　　2. 没有（终止访问）

2. 调查问卷

Q1. 您经常饮用的白酒是什么牌子的？

1. 剑南春　2. 五粮液　3. 金六福　4. 山庄老酒　5. 板城烧锅酒
6. 道光 25　7. 亚克西　8. 十八酒坊　9. 其他____

Q2. 您为什么喜欢喝这种酒呢？

1. 价位合适　2. 喜欢品牌　3. 服务员推荐　4. 朋友推荐
5. 口感好，好喝　6. 不上头　7. 其他____

Q3. 您都知道哪些白酒品牌？

1. 剑南春　2. 五粮液　3. 金六福　4. 山庄老酒　5. 板城烧锅酒
6. 道光 25　7. 亚克西　8. 十八酒坊　9. 其他____

Q4. 您在外就餐时饮用白酒的价位一般是多少钱？

1. 10 元以下　2. 11～30 元　3. 31～60 元
4. 61～100 元　5. 101～140 元　6. 141 元以上

Q5. 您在家中饮酒，购买白酒的价位一般是多少钱？

1. 10 元以下　2. 11～30 元　3. 31～60 元
4. 61～100 元　5. 101～140 元　6. 141 元以上

Q6. 您平时每次的白酒饮用量：

1. 二两以下 2. 三两 3. 四两 4. 半斤以上

Q7. 您平时喝酒主要集中在哪些场所？

1. 家里 2. 大型聚会 3. 饭店 4. 酒吧 5. 其他____

Q8. 您家里的白酒，一般是在哪里买的？

1. 大商场 2. 大中型超市 3. 小型超市 4. 附近食杂店
5. 批发市场 6. 只在酒店喝 7. 亲友相赠送 8. 其他____

Q9. 您知道山庄老酒吗？

1. 知道 2. 不知道（跳问 Q19）

Q10. 您都知道山庄老酒的哪些品种？

1. 八旗 2. 大铁帽子 3. 康乾 4. 金八旗
5. 狮子头 6. 其他____

Q11. 您最初是通过什么途径知道山庄老酒的？

1. 电视 2. 报纸 3. 广播 4. 在商场看见的
5. 商场导购推荐 6. 酒店推荐 7. 路边广告
8. 大型活动 9. 亲友说 10. 其他____

Q12. 您觉得山庄老酒的价格相对而言：

1. 很低 2. 偏低 3. 适中 4. 偏高 5. 很高

Q13. 您喝过山庄老酒吗？

1. 喝过 2. 没喝过（跳问 Q19）

Q14. 一般，您每月喝多少次山庄老酒？

1. 一次 2. 两次 3. 三次 4. 四次以上

Q15. 您第一次品尝山庄老酒的时间是什么时候？

1. 一年半以前 2. 一年前 3. 半年前 4. 最近几个月

Q16. 您喜欢山庄老酒吗？

1. 非常喜欢 2. 喜欢 3. 一般 4. 不喜欢 5. 非常不喜欢

Q17. 您觉得山庄老酒的口味如何？

1. 很差 2. 差 3. 一般 4. 好 5. 非常好

Q18. 您觉得哪一种更适合您？

1. 八旗 2. 大铁帽子 3. 康乾 4. 金八旗
5. 狮子头 6. 其他____

Q19.（出示包装）您觉得山庄老酒的包装如何？

1. 很差 2. 差 3. 一般 4. 好 5. 非常好

Q20. 您对山庄老酒有什么建议？____________________

Q21. 您最喜欢什么样的促销活动？

1. 买几赠几 2. 打折 3. 赠送礼品 4. 有奖销售

5. 免费品尝　6. 其他____

Q22. 您平时看得最多的是哪几种报纸？（至少一种当地报纸）

1. ______　2. ______　3. ______　4. ______　5. 不看

Q23. 您平时听广播听得最多的是哪两个电台？（限：河北、石家庄电台）

1. 河北__台　2. 石家庄__台　3. 从来不听

Q24. 您平时看得最多的是哪两个电视频道？（限：河北电视台、石家庄电视台）（跳问 Q26）

1. 白天　2. 18：00～19：00　3. 19：00～20：00　4. 20：00～21：00

5. 21：00～22：00　6. 22：00～23：00　7. 23：00 以后

Q25. 请问，您的年龄是多少？

1. 20～30 岁　2. 31～40 岁　3. 41～50 岁　4. 51～60 岁

5. 60 岁以上

Q26. 您的家庭月收入是多少？

1. 500 元以下　2. 501～1000 元　3. 1001～1500 元　4. 1501～2000 元

5. 2001～2500 元　6. 2501～3000 元　7. 3001～3500 元

8. 3501 元以上

Q27. 请问您的职业是什么？

1. 政府机关干部　2. 事业单位干部　3. 企业管理人员

4. 商业、服务业、运输业人员　5. 工人　6. 白领、技术人员

7. 科、教、文、体、卫工作者　8. 军人、警察　9. 个体及私营业主

10. 学生/无业/离退休人员　11. 其他人员

问卷到此结束，谢谢您的合作！

4. 背景资料部分

背景资料部分用来记录被访者的一些背景资料。

背景资料部分主要是了解被访者的职业、年龄、个人及家庭收入情况，有的被访者会对这些问题比较敏感，特别是关于收入的问题，因此在问背景资料前一定要向被访者作好解释。如下面我想问您几个关于您和您家庭的问题，仅供资料分析用，请您不要介意。

（三）采用标准统一的提问方法

（1）重要性：问卷都是按照科学的方法及客户的要求，经过深思熟虑设计出来的，每一道题都有它特定的意义。

（2）要求：

①严格按问卷顺序，问卷上规定回答的问题应全部问到，不能遗漏，根据逻辑指示应跳问的不要多问。

②严格按照问卷上问题的字句提问，因为每个问题或说法都是经过仔细推敲的，具有特定的意义。

③在提问时，对问卷上的问题不能加入调查人员的个人意见或解释（统一规定的除外）。

（3）注意事项：

①提问问卷中需要强调的词句要重读。

②对问卷中过渡结构的提示语句应读出，使被访者有承上启下的自然感觉。

③提问中语气平和、中速，使被访者有充分的时间理解并回答问题，不应让被访者有压迫感，应根据被访者的反应调整访问的速度。

（4）采用标准的记录方法。

①在选中答案对应的代码上画圈，不可以打钩，也不可以圈在文字上面。

②原因：问卷在进行数据处理时以数字为准。

③整个问卷统一用蓝色的圆珠笔作记录。

④不可以用涂改液修改。

任务实训

给学生一份设计好的调查问卷，让学生模拟调查。

复习思考

1. 市场调查人员的培训内容主要有哪几方面？

2. 市场调查人员的培训方法有哪些？

案例分析

河南省营销协会调研中心将调查人员的级别划分为A、B、C、D、E共五个等级，如图2-2所示。新招聘的调查人员接受了12个课时的培训成为A级调查人员，这个级别的调查人员只能从事非常简单的甄别拦访工作（寻找合适的被访者并将其带到指定地点），或在陪访督导的陪同下进行问卷的随机街访工作。他们的工作都会被记录并有相关的督导给出评价，在参与了两三个项目之后，表现优秀者再接受4个课时的专项培训（如中心地点访问的技巧等），可升入B级调查人员。B级调查人员在评定和所从事的工作方面与A级调查人员相比都有较大的提升。同样，在B级调查人员工作一定时间后，参与若干项目表现优秀的人员会依照相应的程序升入下一级。当达到E级时，就成为调研中心的重点培养对象了。目前，协会调研中心有几位专职督导就是这样从兼职调查人员一步一步培养起来的。

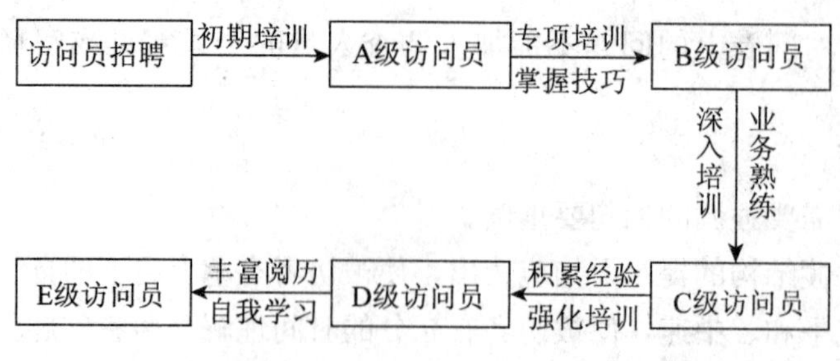

图 2－2　调查人员晋级过程

问题：

在调查人员的晋级过程中，什么环节发挥着关键作用？

任务三　开展调查

学习任务

1. 了解市场调查的流程
2. 掌握市场调查的步骤及内容
3. 学会设计市场调查主题
4. 能够收集调查资料

情景案例

1986 年暑假，我们一行 3 人旅游来到北京城。一天，骄阳似火，几乎快将整个京城烤焦。在北海公园的树荫下，我们准备休息片刻。不一会儿，一位衣着典雅脱俗，看上去文静、清秀的小姐微笑着朝我们走来："今天好热，女士们想喝点、吃点什么？""谢谢！"我们中有两人同时回话。那小姐紧接着说："我是北京商学院的学生，暑假里被美国肯德基炸鸡公司聘为临时职员，公司为了征求中国顾客对肯德基炸鸡的意见，在这公园设置了免费品尝点，还准备了一些免费饮料。"那小姐指着公园东南边的小餐厅："各位能否帮助我的工作，谢谢。"

我们随着这位小姐走进了餐厅。餐厅内，大理石地面，奶白色的墙纸，粉红色的窗帘，两边墙上各有一排古铜色、方形的鸿运扇，正面墙上挂着巨大的迎客松图，20 多张大圆桌上铺着洁白的桌布，宽大明亮的窗户外是翠绿婆娑的修竹……这儿的一切使人感到仿佛身处春天。

待我们盥洗完毕，一位衣冠楚楚的男士彬彬有礼地请我们就座，并在每个人面前摆放

好以塑料袋盛装的白毛巾，随之送上苏打饼干和白开水，以消除口中异味，片刻又送上油亮嫩黄的鸡块。

稍事品尝后，一位女士开始问："您觉得这鸡块做得老了还是嫩了?""鸡块外表是否酥软?""鸡块水分多了还是少了?""胡椒味重了还是轻了?""是否应加点辣椒?""味精用量如何?""还应加点什么作料?""鸡块大小是否合适?""这块鸡卖 0.9 元是贵还是便宜?"……其项目十分详细，令人赞叹。"那么，您对餐厅设计有什么建议呢?"她边说边拿出一大本彩色画册，显示了各种风格、色调和座位布置的店堂设计。她一边翻着画册，一边比画着这个餐厅的设计、问我们一些问题，诸如：墙壁、窗户的色调和图案，座椅靠背的高低，座次排列的疏密，室内光线的明暗等。

为了使气氛更轻松愉快，她随便地聊起北京的天气和名胜古迹，而后，谈话很自然地又引入她的需要。"您认为快餐店设在北京哪儿最好?""像您这样经济状况的人每周可能光顾几次?""您是否愿意携带家人一齐来?"……最后，她询问了我们的地址、职业、收入、婚姻和家庭状况等。

整个询问过程不到 20 分种。那位女士几乎收集到了我们能够给予的全部信息。临行前，引我们入座的那位男士又给我们每人送上一袋热腾腾的炸鸡，纸袋上"肯德基 Kendagy Co."的字样分外醒目。"带给您的家人品尝，谢谢您的帮助。"他轻声说道。

1987 年，我们听说美国肯德基炸鸡公司在北京前门开业，他们靠着鲜嫩香酥的炸鸡，纤尘不染的餐具，淳朴洁雅的美国乡村风格的店容，加上悦耳动听的钢琴曲，赢得了来往客人的声声赞许。这时我们才意识到当初肯德基炸鸡公司设置品尝点的良苦用心及其价值。我想，我们的企业也应像肯德基炸鸡公司那样，以深入细致的调查去开拓市场。

案例点评

这个案例展示了一位训练有素的临时调查人员对肯德基食品及肯德基店环境的调查过程，时间简短、问题精要、气氛轻松。这一调查结果为肯德基在北京店的开业提供了很好的依据，也告诉人们深入细致的调查是开拓市场的前提条件。

知识体系

一、市场调查流程

市场调查是科学、系统、客观地收集、整理和分析与营销有关的各类信息，帮助企业决策者制订有效的营销决策，因此，市场调查必须按照一定的流程进行，循序渐进，尊重客观规律，认真落实、完善每一个环节。市场调查流程（Marketing Research Process），包括方案设计、信息和数据收集、分析全过程。尽管市场研究有多种不同的研究方法，但总的流程是一致的，基本可分为 4 个阶段，即界定阶段（Definition stage）、设计阶段（Design stage）、实施阶段（Fieldwork stage）和结果形成阶段（Result stage），如图 2－3 所示。

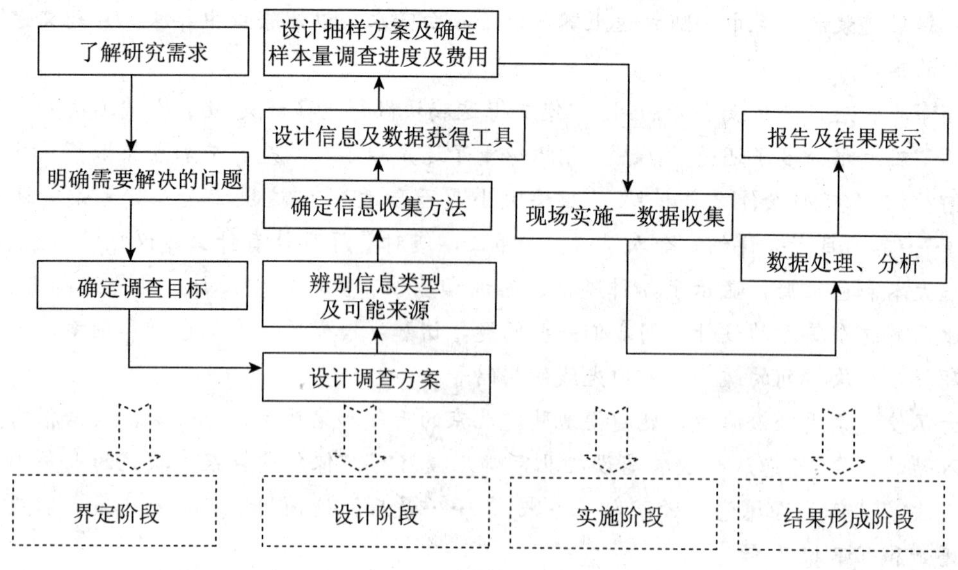

图 2-3 市场调查流程

（一）界定阶段

界定阶段主要包括了解研究需求、明确需要解决的问题、确定调查目标 3 个主要步骤。

（二）设计阶段

设计阶段包括设计调查方案、辨别信息类型及可能来源、确定信息收集方法、设计信息及数据获得工具、设计抽样方案、确定样本量调查进度及费用等主要步骤。

（三）实施阶段

实施阶段包括挑选调查人员、培训调查人员、运作实施、监督管理调查的实施等步骤。

（四）结果形成阶段

（1）数据处理、分析。包括数据的编码、数据录入、数据查错、数据分析等步骤。

（2）报告及结果展示。包括撰写报告的摘要、目录、正文及附录等工作。

二、市场调查的步骤及内容

（一）了解需求

市场调查的第一步工作就是了解需求。市场调查是一项有意识、有目的地收集信息的活动，其主要目的是为决策者提供决策所需信息，因此，在开展市场调查时首先必须明确企业为什么要开展市场调查，即要了解企业需求。

企业开展市场调查往往是企业决策者急需了解和解决一些问题，但是在实际中往往决策者知道出了问题，但却不知道问题出在哪里，或者决策者要作出一项决策，但却不知道市场调查能起到什么作用。例如，企业市场占有率下降、某种新产品上市销售等。所以，

我们首先必须弄明白企业的决策者通过市场调查要解决什么问题，这些问题怎么转化为市场调查的问题。由于确定调查需求是市场调查要解决的关键阶段，这就要求企业调查人员必须善于把握调查需求，对需求问题的规定要适当，既不要太宽，也不要太窄。如果对市场调查的需求问题产生错误的理解并给予不正确的定义，所有为此投入的努力、时间和资金都将浪费。更有甚者，如果用这种市场调查的结果作为决策的依据，将会造成更大的危害。大量的事实表明，对市场调查需求了解得越透彻、清楚、详细、准确，越有利于市场调查活动的有效开展，才能以少的投入取得大的效果。所以，在一项市场调查项目开始之初，深入研究、真正搞清楚市场调查需求具有十分重要的意义。

（二）明确需要解决的问题

确定需要解决的问题，也就是要明确某项市场调查项目所面临和要解决的核心的、关键性的问题。只有明确了调查问题，以后的工作才能围绕问题而展开。这是市场调查非常重要的一个步骤。因为明确、严谨的问题界定是市场调查工作成功的一半。此阶段需要研究人员细致地了解企业市场调查需求，充分利用现有的二手资料并与丰富的专业研究经验相结合。

在实际调查过程中，市场调查的问题往往是客户或企业决策者提出的，开始时往往涉及面很宽，提出的问题也比较笼统，在任何一个问题上都存在着许多可以进行调查的内容，侧重点可能多种多样。例如，某公司需要了解某种新型品牌彩电的市场销售情况时，最初提出问题：消费者喜欢什么品牌的彩电？消费者购买不同品牌彩电的承受价位？消费者注重彩电的哪些功能？家庭成员在购买彩电的决策过程中各起什么作用？消费者购买彩电的动机是什么？竞争对手采取什么营销策略等。调查人员要通过查阅企业现有的资料及相关的二手资料、访问相关人士及小范围的消费者试点调查等方法对选题进行初步探索，在此基础上设立研究假设，将所需要的资料加以列举，最后决定收集资料的范围及资料来源。

一般来说，一个市场调查问题必须符合以下要求：

（1）调查项目切实可行，能够运用具体的调查方法进行调查。

（2）可以在要求的时期内完成调查。调查时间过长，调查结果就会失去意义。

（3）能够获得客观的资料，并能根据这些资料解决问题。

部分决策者经常犯的错误是调查没有主题，什么问题都想通过一项调查解决，结果适得其反，什么问题也解决不了。

（三）确定调查目标

市场调查目标是由界定的市场调查问题而决定的，是为了解决研究问题而明确的最终达到的目的。市场调查从总的方面来看，它的目的是提供市场信息，研究市场发展和经营决策中的问题，为市场预测和经营决策服务。但是，每一次市场调查的具体目的不完全相同，所以，在市场调查之初，要明确三个问题：一是认清研究背景，即为什么要研究此问题。二是要确认研究目的，即通过研究想要知道哪些问题。三是衡量其研究价值，即研究结果有什么利用价值。例如，某商业企业在经营过程中，出现商品销售额持续下降现象，这就是研究背景；接下来就要分析其原因，我们可以作出各种可能的假设：是商品货源不足，还是经营商品结构不合理？是服务质量下降，还是消费者购买力发生转移？是企业资金不足，周转缓慢，还是企业促销不利？弄清这些问题，为企业进一步决策提供依据，促进企业增加销售额。通常一个具体的市场调查就是根据调查目标而展开的，一个市场研究项目，目标可能是一个，也可能是多个。

【案例 2－15】

可口可乐公司的一次市场调查

20 世纪 70 年代中期以前，可口可乐一直是美国饮料市场的霸主，市场占有率一度达到 80%。然而，70 年代中后期，它的老对手百事可乐迅速崛起，1975 年，可口可乐的市场份额仅比百事可乐多 7%；9 年后，这个差距更缩小到 3%，微乎其微。

百事可乐的营销策略是：

(1) 针对饮料市场的最大消费群体——年轻人，以“百事新一代”为主题推出一系列青春、时尚、激情的广告，让百事可乐成为“年轻人的可乐”。

(2) 进行口味对比。请毫不知情的消费者分别品尝没有贴任何标志的可口可乐与百事可乐，同时百事可乐公司将这一对比实况进行现场直播。结果是，有八成的消费者回答百事可乐的口感优于可口可乐，此举马上使百事可乐的销量激增。

可口可乐公司认为口味是造成可口可乐市场份额下降的一条最重要原因。于是，可口可乐公司在 1982 年实施了“堪萨斯工程”。“堪萨斯工程”是可口可乐公司秘密进行市场调查行动的代号。在这次市场调查中，可口可乐公司出动了 2000 名调查员，在 10 个主要城市调查顾客是否愿意接受一种全新的可口可乐。

调查员向顾客出示包含有一系列问题的调查问卷，请顾客现场作答。根据调查结果，可口可乐公司市场调查部门得出了如下数据：只有 10%～12%的顾客对新口味表示不安，而且一半以上的人认为以后会适应新可口可乐。这表明顾客们愿意尝试新口味的可口可乐。

可口可乐公司技术部门决定开发出一种全新口感的、更惬意的可口可乐。1984 年 9 月，他们终于拿出了样品。这种新饮料比原来的可口可乐更甜、气泡更少，它的口感柔和且略带胶黏感，这是因为它采用了比蔗糖含糖更多的谷物糖浆。可口可乐公司组织了品尝测试，在不告知品尝者饮料品牌的情况下，请他们说出哪种饮料更令人满意。测试结果令可口可乐公司兴奋不已，顾客对可口可乐的满意超过了百事可乐。而以前的历次品尝测试中，总是百事可乐超过可口可乐。可口可乐公司的市场调查人员认为，这种新配方的可口可乐至少可以将公司在饮料市场所占的份额向上推动 1 个百分点，这意味着多增加 2 亿美元的销售额！

为了确保万无一失，可口可乐公司倾资400万美元进行了一次规模更大的口味测试。13个大城市的19.1万名顾客参加了这次测试。在众多未标明品牌的可乐饮料中，品尝者们仍对可口可乐青睐有加，55%的品尝者认为可口可乐的口味胜过传统配方的可口可乐，而且在这次测试中新可口可乐又一次击败了百事可乐。

新可口可乐马上就要投产了，但此时可口可乐公司又面对一个新问题：是为“新可乐”增加一条生产线呢，还是用“新可乐”彻底取代传统可乐呢？

可口可乐公司决策层认为：新增生产线肯定会遭到遍布世界各地的瓶装商们的反对（可口可乐公司在美国生产可口可乐原浆，然后运到世界各地在当地灌入瓶中出售，从事灌装业务的企业就是瓶装商），因为会加大瓶装商的成本。经过反复权衡后，可口可乐公司决定用“新可乐”取代传统可乐，停止传统可乐的生产和销售。

1985年4月23日，戈伊朱埃塔在纽约市的林肯中心举行了盛大的新闻发布会，正式宣布“新可乐”上市了。可口可乐公司向美国所有新闻媒体发出了邀请，共有200余位报纸、杂志和电视记者出席了新闻发布会。消息闪电般传遍美国。在24小时之内，81%的美国人都知道了可口可乐改变配方的消息，这个比例比1969年7月阿波罗登月时的24小时内公众获悉比例还要高。

“新可乐”上市初期，市场反应非常良好。1.5亿人在“新可乐”问世的当天品尝了它，历史上没有任何一种新产品会在面世当天拥有这么多买主。发给各地瓶装商的可乐原浆数量也达到5年来的最高点。

但很快销售量开始下降。公司每天收到来自愤怒的消费者成袋的信件和1500多个电话。一个叫做“旧可乐饮用者”的组织发起各种抗议活动，并威胁要进行集体起诉，除非可口可乐重新采用旧配方。可口可乐公司不得不在3个月后重新提供旧配方，并将它起名为“经典可乐”。不久其销量就超过了新可乐，是其2倍多。

公司迅速的反应使其避免了更大的灾难。公司增强了对经典可乐的宣传，并将新可乐作为辅助性产品，经典可乐重新成为公司的主要品牌——美国饮料的领先品牌。新可乐成为公司的“进攻性品牌”，对手是百事可乐，广告中明确地比较了新可乐与百事可乐的味道区别。即使这样，新可乐也只占据了2%的市场份额。在1990年春天，公司重新包装了新可乐，并将其作为延伸品牌，以“可乐Ⅱ”的新名字重新推向市场。现在经典可乐占据了美国软饮料市场的20%以上，而可乐Ⅱ只占据了微不足道的0.1%。

在本案例中，可口可乐公司采用了抽样调查的方式和访问法、实验法等调查方法，调查的方式、方法都没有问题，可是为什么却造成了决策失误呢？其主要原因就是调查问题的设定有偏差，可口可乐公司认为口味是造成可口可乐市场份额下降的一条最重要原因，所以，可口可乐公司开展了口味调查，问题设定过窄。其实口味不是决定可乐消费的唯一因素，除了口味因素外，还应当考虑一下其他因素。百事的成功原因之一是定位准确，不仅仅因为口味。因此，影响可口可乐成功的因素不仅仅是口味，还有定位、文化、消费者的品牌忠诚等因素。

（四）设计市场调查方案

市场调查方案的设计实际上是研究方法的选择。市场调查项目的差异化十分显著，不同企业面临的市场问题是不同的，研究者一般根据调查项目达到的目标，在探索性研究、描述型研究及因果关系研究 3 种研究方法中选择适合的研究方法，进行具体的方案设计。

（五）辨别所需信息的类型及可能来源

市场调查的信息从根本上来说分为两类，即原始资料及二手资料。原始资料是通过现场实施后得到的未经他人整理的资料；而二手资料指经过他人收集、记录、整理所积累的各种数据和资料。一般二手资料的收集不受时空的限制、收集容易、成本低，而且二手资料的可靠性和准确性较强，所以，在进行市场调查时应尽量多利用二手资料。

（六）确定信息获得方法

一旦市场研究的资料类型确定之后，就需要明确资料获得的方法。如果市场研究所需的资料是二手资料，则可以采用文案调查法；如果市场研究所需的资料是原始资料，则必须通过市场调查的现场实施，收集所需信息。原始资料收集的方法可以采用访问法中的入户访问、拦截访问、电话调查、邮寄调查等方法，也可采用观察法、实验法等定量方法，以及小组座谈会、深度访谈等定性方法，也可以多种方法结合使用。

（七）设计数据及信息获得的工具

数据及信息获得的工具主要是借助调查问卷来获得，一般问卷有两种：一种为结构式问卷，即问卷的格式是确定的，所有问题都有具体的选项，回答者只需选出适合自己的选项即可；另一种为非结构式问卷，问题是开放式的，被访者可以根据自己的实际情况给出相应的回答。问卷或访问提纲是市场调查获得信息的重要工具。如果市场调查已明确研究目标及调查方法，但缺少一个好的问卷或访问提纲，仍会导致研究绩效的下降或失去调查意义。

（八）设计抽样方案及确定样本量

市场调查有全面调查、典型调查、重点调查和抽样调查。其中抽样调查是市场调查常用的方法。因此，在设计抽样方案及确定样本量时必须把握 3 个问题：首先，要根据研究的问题确定研究总体；其次，规划怎样在样本框中抽出需要的样本；最后，要明确研究需要的样本量，即这次调研中需要调查多少调查对象。

样本数目的多少直接影响调查结果的可信水平。一般情况下，样本越多，样本平均数就越接近市场调查母体的平均数。也就是说，要求调查结果可信度高，就必须增大样本数目。但是，随着样本数目的增大，调查费用也会加大。所以，当要求调查结果的可信水平一般时，随意地增加样本数目是得不偿失的。确定调查对象的数量，应依据调查目的和要达到的目标要求，综合考虑，合理确定。

（九）运作实施

运作实施就是开展实地调查。实地调查是调查人员通过发放问卷、面谈、试验、观察等调查方法收集第一手资料的调查活动。大部分现场实施访问是由经过培训的调查人员进行，有时研究者也会进行一些难度较大、研究问题较深的访问。

在调查过程中，无论采用何种调查方法，都要对问题的内容和提问方式进行设计，同时也要考虑走访和答卷所需要的时间、调查人员一天能够走访对象的数量等。调查人员应该始终保持客观态度，实事求是，不能投机取巧，不能任意编写问卷，务必保留原始记录。对于调查过程中出现的意想不到的复杂情况，要灵活变通，力争取得较好的调查效果。在访问过程中，由于调查人员、研究者或受访对象的原因，经常出现非抽样误差，造成调查结果的准确性降低。任何调查都无法避免非抽样误差，现场实施过程中需要采取有效方式尽可能控制，从而提高调查结果的可信度。实地调查的质量取决于调查人员的素质、责任心和组织管理的科学性。

在市场调查过程中要注重对各种资料的来源进行分析，对重要的资料来源和其他资料来源，作出必要的估计。收集资料由浅入深，由少到多，由一般性资料到专题性资料，同时注意资料之间的相互关系，捕捉有价值的资料。

（十）监督管理调查的实施

加强监督，注意随时回收已完成的调查问卷，及时检查回收的问卷，注意对调查人员工作的检查。督导人员要进行抽样检查和监督，发现问题，及时整改。实践证明，实施调查是调查阶段最费时、费力、费财的环节，对这个过程应加强控制，对进度、费用、人员调配、收集资料的质量要进行有效的管理和监督，认真做好内部和外部的协调工作，保证调查工作顺利进行。对工作进度的监督检查，是及时发现问题，克服薄弱环节，保证整个调查活动顺利进行的重要条件。在对工作进度的监督检查过程中，最好采取现场检查，以利于及时指导和改进工作。

（十一）数据处理、分析

数据处理、分析又包括：数据编码、数据录入、数据查错、数据分析等步骤。现场实施调查所获得的数据为初始数据，需要进行计算机处理。先将问卷的初始数据录入到计算机，而后进行逻辑检查获得适用的数据库，再通过数据分析软件对数据进行分析。

（十二）报告和结果展示

调查报告是对整个调查工作，包括：计划、实施、收集、整理、分析等一系列过程的总结，是整个调查成果的集中体现，是市场调查的必要过程和必然结果，是企业决定是否进入某一领域的重要依据，是公司战略决策的重要参考资料。调查报告要能够较好地回答调查计划中提出的问题，能够准确地运用调查数据说明问题，能够较好地提出解决问题的看法或建议，文字应简明扼要，符合实际。

报告及结果展示包括撰写报告的摘要、目录、正文及附录等工作。调查报告是客户获得调查结果的最主要形式，因而一个好的调查报告既要充分解决客户在调查初期提出的需求，而且还应适时加入市场研究人员的专业判断。报告完成后，报告结果的口头陈述是市场调研项目结果展示的另外一种形式，这种形式需要在报告的基础上进行内容提炼，并可以图片辅助展示结果。

【案例 2－16】

奶酪产品市场细分案例

一个来自欧洲的世界著名奶酪生产企业，20 世纪 90 年代后期开始在中国设厂生产并销售其奶酪产品。其产品包括 4 个针对不同目标市场的系列产品，产品在中国大陆的 38 个城市有销售。

中国的奶酪市场相对来说是非常小的（3000 吨/年），而且其中 80％是销往快餐店、饭店等食品行业，只有 20％是通过零售渠道销售。在这个领域中，真正的竞争对手也是十分有限而且相对实力较弱的。面对这样一个非常不成熟的市场，客户的市场表现在过去几年中一直保持了快速增长。同时站在企业的前瞻性的发展战略角度考虑，客户十分看好中国的经济发展和奶酪市场的机会，因此他们计划大幅度增加在华投资，调整其在华投资战略。

研究人员们认为在该案例中市场细分和品牌定位是两项不可分割的工作，而该项市场研究的目标在于深入到消费者内心中去“理解消费者”，挖掘出消费者内在的心理需求，这构成了成功完成本项研究的核心工作。

为了配合这一快速发展战略的实施，客户需要进一步明确其主要目标市场，确定最重要的目标市场特征以及该目标市场对产品和品牌的需求特点。

本次市场细分的重点是确定哪个群体是客户现有的主要市场，还有哪些市场是非常有潜力或可能性的市场。一般而言划分细分市场的标准包括地理区域、人口学指标、心理学指标、消费行为指标（消费利益、消费场合）等。根据事先与客户的协商，我们将本次研究的重点侧重于消费者心理的挖掘，以及使用习惯和消费利益的分析，我们将研究地点选择为中国大陆奶品市场相对较大的两个城市：北京和上海。

方法则选择了消费者焦点团体座谈会法。

我们在每个城市召开了 8 组座谈会，其中 4 组为奶酪的实际消费者，4 组为奶酪的潜在消费者。

在实际消费者和潜在消费者中我们都分为相同的 4 个组别，它们是：有 6～12 岁孩子的母亲和她们的孩子组，13～19 岁的孩子组（女性 2/3），20～28 岁的未婚白领组（女性 2/3），29～45 岁有 1 岁以上孩子的母亲组。

我们的主要研究内容是：

◎不同组别消费者消费奶酪的内在心理驱动力是什么？

◎不同组别消费者对奶酪的利益的理解以及他们的食用习惯，及两者的相互关系？

◎中国消费者对奶酪产品的基本认识？

◎哪些类别的消费者是奶酪的接受群体，哪些是奶酪的拒绝群体，分类的标准是什么？

研究之后我们要明确给出：

◎哪些群体是主要的目标市场，其中哪些是现有的，哪些是潜在的？

◎这些目标市场中决定其行为、消费习惯等的核心因素是什么？

◎相对于每个主要目标市场，核心的消费利益是什么？

根据研究结果，我们可以得出按照年龄、社会角色划分的奶略主要市场（包括实际市场和潜在市场）主要存在于以下6个群体中：

◎1～6岁的幼儿

◎7～12岁小学生

◎初高中生、大学生

◎刚参加工作的年轻人；已婚但没有孩子的年轻夫妇

◎幼儿的母亲

◎小学生的母亲

按购物、行为模式划分的目标市场包括下列4个：

◎1～16岁群体：主要由幼儿、儿童、小学生、中学生组成。

◎17～25岁群体：主要由大学生、刚参加工作的年轻人、刚结婚但没有孩子的年轻夫妇组成。

◎26～35岁群体：主要由年幼孩子（1～6岁）的母亲组成。

◎36～45岁群体：主要由7～12岁孩子的母亲组成。

按心理驱动因素划分的目标市场包含以下3个：

◎1～16岁群体：欢乐、美味

◎17～25岁群体：现代、时尚

◎26～45岁群体：健康、活力

分析上面的案例可以看出：该企业进行市场调查的主要目的是为了获取信息，论证“计划大幅度增加在华投资，调整其在华投资战略”的正确性。企业市场调查的主要需求是“需要进一步明确其主要目标市场，确定最重要的目标市场特征以及该目标市场对产品和品牌的需求特点”。需要解决的问题有：哪些群体是主要的目标市场，其中哪些是现有的，哪些是潜在的？这些目标市场中决定其行为、消费习惯等的核心因素是什么？相对于每个主要目标市场，核心的消费利益是什么？在调查中获取的主要信息属于第一手资料，因而方法上选择了抽样调查法和深度访谈法。确定了调查对象和样本数量，即实际消费者和潜在消费者中我们都分为相同的4个组别，它们是：有6～12岁孩子的母亲和她们的孩子组，13～19岁的孩子组（女性2/3），20～28岁的未婚白领组（女性2/3），29～45岁有1岁以上孩子的母亲组。针对调查对象开展调查，经过资料的整理分析得出结论：

经过整合，以消费核心利益为统领最终得到3个重要的目标市场，分别是16岁以下少儿群体市场，他们主要追求欢乐、美味；17～25岁青年群体市场，他们主要追求现代、时尚；26～45岁母亲市场，她们追求健康、活力。通过调查，为企业在不同的细分市场上开展营销活动提供了依据。

三、市场调查主题的设定

(一) 市场调查主题的含义

市场调查主题是指某项市场调查项目所面临和要解决的核心的、关键性的问题。

(二) 市场调查主题设定的程序

1. 市场调研主题的背景分析

(1) 掌握与企业和所属行业相关的各种历史资料和发展趋势;

(2) 掌握与分析企业的各种资源和面临的各种制约因素;

(3) 分析决策者的目标;

(4) 分析消费者或顾客的购买行为;

(5) 分析法律环境、经济环境、文化环境等宏观环境;

(6) 了解市场营销以及技术手段。

2. 主题设定中的调查作业

(1) 与决策者进行交谈讨论。使调查者和决策者之间的讨论富有成效的7C:沟通(Communication)、合作(Co-operation)、信任(Confidence)、坦率(Candor)、亲密(Closeness)、持续(Continuity)、创造性(Creativity)。

(2) 会见专家。专家既包括公司内部的专家,也包括公司外部的专家。和专家会面,只是为了界定调研问题,而不是寻找解决问题的方法。

(3) 分析有关的第二手资料。分析二手资料对于界定调研问题非常必要,只有充分分析了二手资料,才能开始收集一手资料。

(4) 开展定性调查。在有些情况下,根据从决策者、专家处获得的信息以及收集的二手信息仍不足以界定调研问题,这时,还应采取定性调研的方法来了解问题及相关的潜在因素。如开展个人访谈,小组座谈会等。定性调研没有固定的格式,具有一定的探索性。

3. 变经营管理决策问题为市场调查问题

经营管理决策问题是以行动为导向,考虑决策者可以采取的行动;而市场调查问题则是以信息为导向,考虑决策者所需要的信息(如表2-4所示)。

表2-4　经营管理决策问题与市场调查问题的对比

经营管理决策问题	市场调查问题
一个新产品应否向市场推出	确定消费者对此新产品的偏好程度以及购买意向
应否改变广告活动	确定现行广告活动的效果
应否提高某牌号产品的价格	确定价格需求弹性、不同价格水平对销售和赢利的影响

(1) 经营管理决策问题的识别与确认一般包括以下步骤：

①确定问题的征兆（如销售量、市场份额、利润等）。

②列举产生征兆的各种可能原则（竞争者、顾客、企业自身及其他环境因素），确认关键原因。

③提出领导能接受的可能解决方案。

(2) 确定市场调查问题应遵循以下3个基本原则：

①确保调研者获得经营管理决策所需的全部信息。

②能指导调查人员开展调查活动。

③调查问题不能太宽泛也不能太狭窄。

【案例2-17】

新型果汁饮料消费者购买调查重点的确定

某公司新开发的果汁饮料，因为口感新颖、迎合年轻人的口味而颇受欢迎，有供不应求的现象，所以考虑建新厂以增加供应能力。但是，对于这个计划是否恰当，公司当局面临以下几个问题。

其一，因为是新产品，企业的内部资料收集不够，无法提供分析。

其二，若借消费者调查以确定该产品所处的产品生命周期，又将以何种指标来判断呢？可能的指标有：①本产品的消费者有哪些？②购买者比例是多少？③购买者满意度如何？④重复购买率如何？⑤消费者是什么样的年龄层、性别？⑥对饮料的选择有何特性？⑦新产品扩散途径有哪些？

市场决策者与产品行销负责人对这些测定指标进行沟通后，决定通过消费者购买行为调查来了解消费者购买需求动向，进而决定是否增设新厂，或者保持现状。

因此，此项饮料消费者购买调查的重点在于以下两个方面。

(1) 寻找最合适的测定指标来测定产品所处的生命周期，是成长期还是成熟期？

(2) 本调查应采取叙述性调查还是假设检验调查？或者两者兼具？

四、收集资料

(一) 入户访问收集资料

1. 发放问卷陪访

(1) 开会给调查人员分配任务。问卷分多次发放，并明确第一次问卷时间及问卷全部交齐的时间。给每个调查人员分配明确的地理调查范围，将提前准备好的问卷及礼品分派下去。

（2）第一次问卷发放时要控制数量，每一个调查人员在陪访员的陪访下开始访问。新的调查人员要100%被陪访到，老的调查人员要进行10%的陪访，每个调查人员至少被陪访员成功访问两户，以便及时发现问题，加以辅导；对于复杂的项目，可给调查人员安排前、中、后期都陪访，以保证质量的稳定。

（3）在发放第二批问卷时，对完成第一批问卷质量合格者可以多发，对完成问卷质量不高者加以控制并及时派人陪访。

（4）发放最后一批问卷时，要注意调配后期配额，让调查人员有时间进行及时补救。

2. 收问卷

要严格检查地址表，访问时间与问卷相对应，检查随机号的使用顺序与访问顺序是否一致。

3. 审问卷

每一本问卷都要认真审查，如果有问题，要求调查人员及时更正补问，一审合格者交送质量控制部二审；二审要迅速发现问题，如果问卷有问题要及时返回督导，由督导找调查人员处理，二审合格后马上作手工统计（每个项目的手工统计表由公司项目经理统一制订，要求将每一段项目的统计结果及时汇报给公司项目经理）。

4. 复核

在正式访问开始的第二天，召集复核员进行复核；每一个调查人员的工作量应当有40%被复核，其中，电话与实地各占一半。

5. 整理相关资料

（1）整理清点全部问卷，包括访问问卷和复核问卷，进行统一编号，分清主样本和追加样本，再次审核问卷，以保证问卷的质量。

（2）把项目中的资料（如照片、卡片、概念卡片）收好，按各项目要求整理好照片、卡片、概念卡片及产品。

（3）地址表要进行手工统计，按技术报告表格要求填写各项数据。

（二）街头拦截访问收集资料

街头拦截访问是一种十分流行的调查访问方法，通常被用于定量问卷调查的环节中，约占个人访问总量的1/3。这种调查方法相对简单，超市、写字楼、街面、车站、停车场等公共场所均可以进行这样的访问。

通常有两种形式：一种是访问员在事先选定的若干地点，按一定的程序和要求（如每隔几分钟拦截一位，或每隔几个行人拦截一位）选取访问对象，征得对方同意后，在现场按问卷进行简短的调查；另一种叫做中心地调查或厅堂测试，是在事先选定的若干场所内，租借好访问专用的房间或厅堂，根据研究要求，可能还摆放若干供被访者观看或试用的产品，按照一定的程序和要求，拦截访问对象，征得其同意后，带到专用的房间或厅堂进行面访调查。第二种方法常用于需进行实物显示的或特别要求有现场控制的探索性研究，或需进行实验的因果关系研究，如广告效果测试、新品入市研究等。

1. 地点选择依据

（1）人流量较大。

（2）该地点活动的人员相对较均衡，能覆盖来自各个地区及各个社会层次的人。

（3）合适的测试环境。

（4）同一测试地点要尽量避免有另一家市场调研公司在进行测试。

2. 街头拦截访问的拦截方法

（1）在街上（户外）根据配额要求随机拦截被访者。

（2）在街头站定一点，按一定的间隔数（具体间隔根据实际情况确定），从过往的行人中抽出被访者，即使此人年龄或性别不符合要求也应作记录。

3. 配额设计

（1）使用配额的原因：为了避免街头拦截所造成的样本偏差，以保证样本的代表性及均衡性。

（2）可以作为限定的配额条件：年龄、性别、职业、特殊条件/要求、区属、针对项目的特别条件。

（3）确定配额分布的依据。

①人口资料：实际总体分布的数据可以从最新的国家公布的人口统计资料数据中得到。

②市场资料：以往的经验。

（4）时间安排：通常安排在星期六、星期日或节假日，以保证时间的充裕及街头的人流量。

4. 拦截被访者注意事项

（1）不拦截一些有特殊障碍的人，如盲、聋、哑、痴呆、残疾者等。

（2）不要拦截携带婴儿的被访者（除非有特殊需要）。

（3）不要拦截那些看起来很匆忙（赶时间）的人。

（4）不要在人们进入商店之前或他们在商店前的橱窗前观看时进行甄别访问。

（5）不要站在商店的通道或阻碍人群通过的购物中心的通道。

（6）注意不要擅闯私人地方，记住在访问前要先打招呼，征求同意。

（7）拦截时不应感到歉意、不好意思，要有积极的态度。

5. 实地控制

（1）拦截约人控制。

①指定拦截范围，划分不同的区域开展工作，不同区域均有专人负责现场监控。

②监督检查约人的进度和质量。

③按照甄别问卷拦截，复核人员负责现场二次甄别工作，确保被访者符合被访条件。

（2）每隔半天核对配额。

①审卷员与配额员应密切配合，以保证配额结果的准确性。

②审卷处将所有问卷一审后，马上作手工统计，并每隔半天与配额处核对数字。

（3）现场审核问卷，审核无误后才让被访者离开及送礼品，便于及时补问以确保问卷的质量。

（三）邮寄问卷访问收集资料

1. 准备所需的资料

所需的资料包括：印刷好的问卷、问卷的数量、地区划分的确认，邮编号码的确认，抽取的居委会的确认，抽取的地址的确认，信封、邮资的确认，礼品的确认，回邮的地址或者投放点的确认等。

2. 抽样资料的收集

（1）到指定的居委会。

（2）到所需居委会抽取家庭地址。

（3）确定抽样的具体数量及方位。

3. 邮寄调查使用的包裹的基本需求

（1）邮出信封。①邮出信封的大小、颜色、回邮地。②邮寄的邮资。③寄出的地址明确的表示。④收信人的姓名、地址。

（2）信函内容。①包括恳请帮助（合作）的方式、出资委托人（单位）等的签名。②问卷：被调查者所填写的内容、长度、格式、被调查者的匿名及问卷是否复制等。③回邮信封：采用的信封类型、回邮的邮资。

（3）谢礼。①采用的是现金还是非现金。②是先付还是允诺完成后再付。③允诺的数量。

4. 抽样及复核

根据项目的要求，按照公司标准抽样方法抽样，要求做到以下几点：

（1）按项目要求将指定的抽样居委会按比例均匀分配到各个行政区内。

（2）每个居委会抽样户数应当满足项目的需要。

（3）按一定的比例和抽样原则进行。

（4）抽样工作必须在项目开始前完成。

（5）抽样地址的整理方法（按具体项目要求顺序抄录在地址表上并画出抽样路线图）。

（6）在复核中，每个居委会、每个复核员都要按一定的比例进行复核。

（7）要求复核抽样的人员互不认识。

5. 实地进行

（1）访问员按抽样的地址发放问卷和回寄邮封。

（2）发放问卷中放置此调查的原因、目的、公司介绍信和说明回寄可得到的礼品。

（3）放置点要能让家庭成员看到、触手可及。

（4）如果家中有人，可当面说明来意，直接送到家庭户中。

（5）如果直接了解到家庭成员不符合此调查目的之内的，可直接跳过此户家庭。

（6）发放的数量要比取得的样本量多于10倍，以保证有足够的样本量。

（7）在追加样本中，要延长调查的时间、增加礼品的分量，以促进被访者回寄问卷。

6. 回收问卷

（1）回邮的时间要放宽到 2 个月或者 3 个月。

（2）回邮的问卷应是陆续收到。

（3）要安排人员在居委会或者小区安排的投放点进行回收问卷，并促使本小区的居民进行问卷回复的工作。

（4）对样本量不足的，进行追加工作的安排。

7. 项目后期工作

（1）对回答的问卷进行筛选和审核（标准为：是否是本地居民，填写人的年龄、职业、教育程度、收入）。

（2）对回邮的家庭住户进行礼品答复工作。

（3）督导进一步进行问卷复核工作。

（4）对问卷答案不清楚的与被访者再次联系，一直到答案明确。

（5）将问卷与地址表进行核对，作技术报告。

（6）作废的问卷先整理暂时保存。

（7）整理相关资料及重要传真并及时归档。

（四）电话访问收集资料

1. 访问前的准备

（1）访问方案的确定。①确认被访者的条件。②确认配额。③确认甄别问卷。④确认足够的电话号码和电话的数量。⑤确认访问人员的数量、组次。⑥制订劳务费用（约人、礼品等）。

（2）项目培训。所有与项目有关的人员包括兼职督导均要参加。具体内容是：讲解项目的具体要求；统一项目在实施中的流程操作，以保持一致性；共同熟悉问卷及访问操作，解答疑问；明确项目组成人员安排及职责；讨论突发事件的预防措施。

（3）访问时间的安排：访问时间安排要尽量宽裕，因为电话访问主要以晚上的时间为主，而电话访问的成功率较低，所以要把握好有效的样本，晚上的时间要宽裕。一般一周 7 天的安排如下：

①星期一至星期五晚上（18：00～22：00）
②星期六上午　　　　（09：30～12：00）
③星期六下午　　　　（14：00～17：45）
④星期六晚上　　　　（18：15～22：00）
⑤星期日上午　　　　（09：30～12：00）
⑥星期日下午　　　　（13：30～17：30）
⑦星期日晚上　　　　（18：30～22：00）

（4）访问员培训。具体内容如下：

①对项目进行总体介绍：如此项目所调查的目的、问卷中强调的部分。

②访问说明/指南：在项目培训前，发给每一位访问员一份访问说明，包括项目情况

和访问操作要求。

③操作流程讲解：讲述电话访问中的访问流程、质量控制及在访问中出现的可能会发生意外状况的处理。

④问卷讲解：讲解问卷时，需要交代整个问卷的组成部分和访问的流程。

⑤模拟并小结：问卷讲解结束，在现场进行分组电话模拟，由督导充当被访者，访问员进行电话访问，督导再制造一些特殊情景，让访问员及时地处理，以了解访问员是否掌握了电话访问的要领，了解访问员在电话里如何通过声音与被访者进行交流，以取得被访者对调查的支持与信任。

⑥打电话的开场白：必要时设计一个问卷的标准提问表格，规定访问员问话的统一标准。

⑦接话人的妥善安排。接话人为老年人的处理；接话人为小孩的处理；接话人为中/青年、已婚中/青年的处理；对被访者的反对情绪的处理；对被访者的不理解的处理。

2. 实地控制

(1) 访问过程。

①督导按班次合理地安排访问人员，访问员按时到场进行访问。

②访问员在访问前预先在“电话号码使用情况登记表”上抄下当天和明天需要拨打的电话号码，抄的数量不能多也不能少。

③访问员准备好使用的电话号码、问卷和笔。为了保证每一个电话号码有效，不浪费每一个电话号码，对于前几天拨打了一次或两次的“无人接听”或者“占线”的电话号码需要首先抄录，以保证电话号码的“序号”是从小到大排序的；已拨打了3次或者已有明确的结果的电话号码不需要再次抄写。

④访问当中访问员不能处理的话，由现场的督导亲自解释和回答被访者的疑惑。

⑤只有回答了所有问题的被访者才算是成功样本。只回答一半的或中途中断回答者都不能成为样本。

⑥对收回的问卷，督导及时审核，避免出错、漏问。

⑦访问员每天工作访问结束后，都要统计当天电话拨打的情况。如实反映当天访问的实际情况，以作后期的分析报告之用。

⑧督导每天晚上统计各个访问员的电话拨打情况及数量，并记录在“电话号码使用情况跟踪报表”上，以保证按时按质地完成任务。

(2) 电话访问要注意以下几点事项：

①因为电话访问是访问员通过电话与被访者交流，所以要求访问员一定要按照题目的顺序，清晰地将题目的每个字向被访者读出。

②要求所有的题目和答案向被访者读出。若是单选题，可以将答案向被访者读出，让被访者选择答案即可；若是复选题，则要求一个答案一个答案地向被访者确认，结束后还应追问“还有吗”（追问两遍），直到被访者没有答案了。

③当访问员在向被访者要通信地址时，被访者难免会产生怀疑，这个时候，可以给

他/她解释，同时可以把公司的电话、地址、联系的督导名字告诉他们，欢迎他们有问题随时打电话过来；在访问结束后要真诚地感谢被访者对工作的支持。

3. 收尾整理

（1）现场清点：保持现场的次序。

（2）物品清点：电话完好，甄别问卷与主体问卷无遗漏。

（3）统计配额无缺无误。

（4）将原始问卷与配额表交给项目经理。

（五）焦点小组座谈会收集资料

1. 座谈会的工作流程

座谈会一般按“接受任务书、制订约人方式、联络被访者、会前准备、会议现场、会后工作”的流程进行，具体工作要点如表 2－5 所示。

表 2－5　　座谈会工作流程

工作流程	工作要点
接受任务书	·与项目总督导确认被访者的条件分组、特殊配额 ·确认场次、时间 ·确认需要提供的服务：录音、录像、放像、翻译（英语、普通话） ·其他特殊要求
制订约人方式	·甄别条件复杂时用开放式问卷，否则用封闭式问卷 ·准备甄别问卷、邀请函、请柬
联络被访者	·培训约人访问员 ·8 人的标准会预约 10～12 人，依此类推 ·同一个访问员的预约人数不应超过 1 人，避免相互认识 ·向被访者说明准时到会，开会时间一般为 2 个小时 ·访问员应在督导用电话确认后，在会前 2～3 天亲自发邀请函 ·督导列出被访者的资料，控制进度及质量 ·督导应在会前一天再次确认被访者是否到会
会前准备	·确定会议场地（外地） ·准备会议所需设备，准备两个录音设备同时录音，确保无误 ·准备会议所需用品、食品 ·确定现场工作人员的分工 ·培训记录人员（见后附座谈会记录要求）

续 表

工作流程	工作要点
会议现场	·调试设备、摆设会场 ·被访者到场后再次甄别，选出8位最符合者正式开会 ·余下者开一模拟会（确认不再更换人，后送小礼品送走被访者） ·被访者进入会场后，将被访者背景资料填好后交给客户、主持人及记录员 ·确保记录、录音和录像（磁带）的正常工作 ·会后发礼品并致谢，最后清场
会后工作	·整理录音记录、其他资料，送交客户 ·项目小结 ·一周内所有资料归档

2. 座谈会的技术要求

(1) 保证被访者条件完全符合项目的要求。①要求所有参加座谈会的被访者必须经过3次甄别，即第一次访问员约人时甄别，第二次督导电话甄别，第三次现场甄别。②要求所有参加座谈会的被访者必须是事先甄别的被访者。③要求所有参加座谈会的被访者在进入会场前必须出示本人有效证件（如身份证、工作证等），以供复核。

(2) 保证所约对象的基本条件完全符合项目的要求。①每场座谈会合格参加人数一般为8人，一些小型的座谈会参加人数为4～6人。②参加者须为本地居民。③每场座谈会的被访者背景资料应平均分布（如年龄、职业、教育、收入等），同一类被访者在同一场座谈会中不超过两名。④同一场座谈会的被访者应互不相识。⑤同一场项目的被访者应分布均匀，不应集中某一区域或人群。⑥被访者不应在半年内重复参加座谈会。⑦被访者不能是市场研究、广告、传媒等机构与研究项目内容相关行业的职员及其直系亲属或熟悉的朋友。⑧避免邀请太沉默或太自顾侃侃而谈的被访者。⑨所有与会的被访者应能与主持人用同一种语言交流。

(3) 保证联络员（访问员）的条件完全符合项目的要求。①要求联络员社会接触面广。②要求联络员诚实、可靠，对工作认真负责。③要求联络员按时、守时，不耽误项目的进度。④要求联络员不作弊，更不诱导被访者作弊。⑤要求轮流且定时更换联络员。

(4) 保证督导有效地控制项目进度。①督导在整个项目运作过程中，必须与项目总督导保持密切的联系，掌握项目的进度，跟踪项目的质量。若督导出差外地，则要在第一时间将所在地联系电话、地址及行程安排告之总督导。②督导在确定被访者名单后，要及时让总督导确认，确认无误后向被访者寄发邀请信。③督导根据项目要求，安排每场座谈会的记录员、翻译。④督导在正式会议前一天，对所有合格被访者再作一次电话落实，以确认所有被访者能够在开会当天准时到会（确认内容包括：如何到达开会地点、开会时间、携带有效证件、邀请信、报酬等）。⑤督导通知被访者到会的时间应比正式会议的开始时

间提前15～30分钟（预留现场甄别时间）；若遇会议延迟，则应对被访者作适当解释：对于迟到的和被筛选下的被访者，应适当安抚（最好采用开小会的形式请其离去）。⑥督导在会议开始前，将正式出席座谈会的被访者的背景资料进行整理，抄录打印好递交给客户，同时尽量满足客户的要求。

3. 座谈会工作

（1）前期准备工作。

①客户经理或项目经理与客户确认被访者的条件，并准备甄别问卷。

②项目具体安排（时间、地点、场数、被访者条件、翻译、录音、录像等要求），通知项目总督导安排实际项目进度及人员等。

③各地点、场次督导通知足够的联络员，场次较多或约人难度较高的项目，联络员数量可视具体情况进行相应调整。

④准备相关设施（若在外进行运作项目，督导联络合适的场地并按要求做到相关设施齐全）。

⑤在正式会议开始前两三天内完成第一、第二甄别。

⑥整理会场，准备和调试各种设备，并准备饮料、小吃（逢用餐时间要准备点心）、礼金或礼品等。设备：两套监听录音、录像、录像机、录音带、客户所要求的物品。用品：一次性杯、碟子、刀叉、水壶、纸巾、名卡、纸、笔。食品：点心、水果、糖果、茶包。

⑦项目开始前应简单地向记录员介绍一下项目，并进行记录方法的培训，尤其是在外地进行项目时。

（2）项目进行中的工作。

①在允许被访者进入会场之前，应作好第三次甄别（现场甄别），并安排不同年龄、区域和职业的会场。a. 现场甄别应主要由兼职督导进行，督导主要负责巡场。b. 在进行现场甄别时，应要求被访者出示本人有效证件，以确认被访者是事先甄别过的。c. 在进行现场甄别时，应让被访者填写现场甄别问卷，再次确认被访者的条件完全符合会议的要求。

②对于未进入会场的被访者，应由督导组织起来召开一个简短的小会，大概了解一下他（她）们的有关情况，然后分发给他（她）们礼品，最后礼貌地送其离开。

③当会议结束后，应将礼金或礼品交由主持人发给被访者。

④会场人员分工。督导（1～2名）：甄别、现场控制、发放礼金或礼品。兼职督导：布置和整理会议现场、磁带翻面。翻译：现场同步翻译（英语、普通话）。记录员：现场记录、会后整理。

（3）后期工作。

①会议结束后，应及时清理会场，关闭有关设备，整理好录音、录像带。

②会议结束后的3天内完成记录（逐字逐句）。

③对项目进行小结（后附小结报告），存档，清单如下：

a. 项目任务书、项目工作计划；

b. 被访者甄别问卷及空白甄别问卷；

c. 被访者背景资料（后附）；

d. 重要往来传真；

e. 座谈会技术报告一份；

④有关资料及时交于客户（笔录、录音带、录像带），清单如下：

a. 座谈会录音、录像一套；

b. 座谈会技术报告一份：

（4）焦点小组项目小结报告。

（5）会议记录应注意的问题。

①完成座谈会记录封面，包括：项目名称、地点、时间、场次、到会者的座次及背景资料（见座谈会记录封面附页），这些记录应在座谈会正式开始前完成。

②现场记录原则。

a. 所有的记录必须按照提问及回答的原话逐字逐句记录，不可加入任何个人翻译或理解。不可以丢掉、省略掉被访者回答中的语气词，如“吗”“啊”等。不可以忽略、省略掉被访者的身体语言，如被访者点头表示同意，摇头表示不同意等。

b. 当主持人向被访者出示卡片、实物或在黑板上写出问题选项时，应及时记录，并记录出示的方式，如主持人让被访者传看卡片，主持人出示概念等。

③记录整理。座谈会结束后，有关会议不清楚、不明白的地方，应立即与主持人沟通加以明确。记录员应对照现场录音整理记录，督导应注意记录的长度及内容的连贯性，如果过短或内容不连贯，应要求记录员重新整理。应在最短的时间内整理记录，并交回给公司。

（六）计算机辅助个人访谈收集资料

计算机辅助个人访谈是通过手提式计算机，让被访者在屏幕上阅读所有的问题和选择答案。书写板计算机有触摸式屏幕、有手写输入功能。笔记本计算机通过光标，可以点击选中的目标，笔记本计算机具有多媒体功能。台式计算机基本上用于定点访谈。个人数字助理器（PDA）在问题数量相对较少的情况下也可以使用。个人数字助理器同样适用于自填式问卷。掌上计算机需要借助当地的无线网络系统。在某些场合也可以使用。

调查公司无论选用哪一种类型的计算机，无论使用哪一种访谈形式（或者二者兼而有之），都可以充分享用计算机技术带来的便利。计算机的一大优势是，计算机的搜索能力要远远胜过人脑，问卷设计者可以放心地将一组错综复杂、却又密切相关的问题汇编在一起，而不用担心计算机是否会搜索错误，计算机科技有效地降低了失误率。

在计算机技术的辅助下，一些需要计算的资料也可以通过预先设置的程序自动完成，人脑计算不仅量大，容易出错，而且会大大影响访谈节奏。让被访者说出一家人在某个日用品上的年消费总量，这绝对勉为其难。因为数目太大，人脑根本无法精确计算。如果只让被访者提供每个家庭成员的短期消费数额，被访者通常不会感到困难，然后由计算机通

过设置的程序自动计算出总量。在商业访谈中，类似消费总量可以事先进行设定或估算，然后由采访者以核对的方式告诉被访者。这类数据既可作为问题链的衔接点，也可以为更进一步的研究收集参考资料。

计算机辅助个人问卷与一般书面问卷还有一个很大的区别，在设计一般书面问卷时，设计者需要在布局方面有缜密的思考，并且需要撰写详细的活动说明和代码说明。

对于事先设定代码的即时问答题，采访者可以借助计算机程序，对问题随意排列，或按照一定顺序交替循环进行。

除了上述技术优势，一些高端的计算技能也开始使用于市场调查，比如适应型联合分析技能。有了这项技术，根据前面环节中的一些回答，计算机可以自动设计出对比模拟场景，供被访者作进一步的比较，甚至场景的数目多少也可以根据被访者的回答模式来决定。一般书面问卷事先需要准备大量的资料和卡片，没有这些资料和卡片，访谈就无法进行。因此，适应型联合分析技能为计算机化的调查活动开辟了一条新的途径。

在多媒体功能的支持下，计算机技术还可以使调查问卷生动起来，计算机可以在色彩、动态和声音上大有作为。如果需要测试商品知名度，或者对商品质量进行评估，调查者完全可以借助计算机多媒体技术，让原先只有在电视或电影里才能看到的商品广告再现在计算机屏幕上，只要能确保播放质量，就能取得出色的效果。

计算机辅助个人问卷调查表也可以制作成自填式问卷，被访者可以在屏幕上通过鼠标移动和锁定技术，完成填写任务。

计算机屏幕还可以设计模拟场景，这些模拟场景可以再现现实生活中的一切。比如计算机呈现的超市就栩栩如生，被访者可以在屏幕上清楚地看到各种货物及其包装，货架的陈列也与生活中的实际情况非常相似，被访者感觉自己是置身于一个真实的场景里。

被访者还可以在计算机上进行模拟购物，如果想要了解被访者在寻找某个商品时所花的时间，只要设定好计时装置，配置有触摸屏幕的计算机，即可大功告成。

借助三维模拟程序，被访者还可以随意旋转或放映任意一处场景。

计算机技术使问卷变得更有趣、更互动，它在数据统计和趣味方面为调查者提供了无穷的帮助。

【案例 2－18】

亚特兰大高级模拟公司开发的四维购物软件技术将被测试者领入了一个个真假难辨的场景。被测试者可以先步入虚拟的店堂，查看货架上的商品，也可以取下货物，阅读货物的价格或产品说明，这一系列的场景切换呈现出一个完整的购物过程，效果非常逼真。此外，被测试者还可以根据自己的喜好，随意改换商场的色彩搭配。

（七）网上自填式问卷收集资料

在互联网上可以进行各种各样的网上调查，被访者可以通过电子邮递或登录相关网址阅读到调查问卷。布拉德利（1999 年）归纳了几种主要方式：

（1）公开网站：没有限制，任何人都可以登录该网站。

（2）不公开网站：只有受到邀请的人才能登录该网站。

（3）隐藏网站：只有在输入了某些信息后（如日期、访问者代码等），受到邀请的人才能看到调查问卷（问卷自动弹出）。

（4）电子邮件中有统一资源定位符提示：被访者在所收到的电子邮件里可以找到网址，或者是统一资源定位器，只要点击就能登录某个调查网站。

（5）电子简洁问卷：电子邮件包含了一组简单的调查题。

（6）电子邮件附件：问卷出现在附件里。

商业调查活动很少采用电子简洁问卷和电子邮件附件两种形式，因为这两种方式的实用性较差。问卷放在附件里，收件人必须先下载，填写完后再寄回，这让被访者觉得很麻烦，因此回应率低。将问卷放在电子邮件里，如果收件人的软件不一致，问卷打开时格式会变形，造成阅读困难。除此以外，这两种问卷都无法设定复杂的问题链。

大多数调查者都采用登录网站查看问卷的方式。如上所述，邀请信的投递方式主要有：

（1）用电子邮件的方式将信函发送给某些团体成员或产品用户。

（2）互联网用户在网上浏览时无意中看到了弹出问卷（如果调查的目的与所访问的网站有关，如对网站进行评估，那么弹出问卷的方式效果更好）。

（3）在其他网站上刊登横幅广告，或者在筛选面试（或电话面试）中告知对方这一信息。

网上问卷和书面问卷一样，被测试者在答题时，没有时间压力。理论上他们在被打断或忙碌时，可以先将它放在一边，稍后再做。实际情况可能没有如此乐观，一旦问卷表被搁置一旁，就很有可能被完全遗忘了。

泰勒（2002 年）将网上问卷的数据收集方法与其他数据收集形式进行了如下的对比：

（1）通过视觉功能增加图像信息，大大增加答案的选择性（在一项关于汽车的调查活动中，问卷所提供的汽车品牌可以达到 90 种以上，如此详细是任何其他形式的问卷都不能做到的）。

（2）回答比较直接，没有修饰性的词语，在回答开放式问题时，可以表述得更充实，更有创意。

（3）在探讨敏感问题时，效果十分突出（类似医学问题等）。

（4）可以通过不同的分值来推断被访者的类型，根据泰勒和其他人的经验，在设置分值范围时，要尽量少用极端等级。

（5）问卷中“不知道”作为一种选择答案得以确认。

如果话题敏感，不妨可以采用网上调查，凯尔纳（2004 年）和巴锡（1999 年）的研究结果都证明了这一方式的良好效果。没有了采访者的陪伴，被访者觉得更自如，回答问题时更直截了当，发生社会合意性偏见的情况就会减少。所谓社会合意性偏见是指被访者

在回答某个让他们觉得有压力的问题时，故意隐瞒自己的真实情况，以迎合社会大众（关于这一点，目前还没有确切的实验数据来证明）。类似家庭收入的调查活动，采用网上问卷形式可以获得更高的回应率。

网上问卷的分值设置应当与面对面访谈和电话访谈有所不同，网上问卷要尽量减少极端等级。科巴纳格罗、沃德和莫罗（2001 年）将网上问卷收集到的数据与其他方式收集到的数据进行比较，结果出乎他们的意料，他们发现方式虽然不同，但结果却是一样的。这一实验结果进一步证明了网上问卷的使用价值。

同样有实验证明，被访者完成网上问卷的速度要远远快于面对面访谈和电话访谈，这一点很重要，问卷完成得越快，被访者再次合作的可能性就越大。

精心设计的网上问卷可以激发被访者的兴趣，设计者如果能充分发挥他们的想象力，就完全能够创造一个视觉奇迹。对书面问卷来说，这完全是天方夜谭，要达到这样的视觉效果需要支付高昂的费用。除了网页设计，设计者还可以尝试互动技巧，可以用不同图标代表不同品牌，也可以随意移动或切换界面，互动性加强，趣味性也会同步提高，被访者越来越投入，回馈的数据质量当然也就越来越高。

网上问卷也能像计算机辅助个人访谈一样播放电视广告，但是广告收看的质量与被访者所使用的软件配置有一定的关联。设计人员可以在网上问卷中展现高清晰度的静物，比如某个产品的视图。在某些软件的支持下，被访者可以点击产品视图后作任意三维旋转，也能对颜色、文字和包装作随意更换。这些计算机软件大大增加了问卷的趣味性和互动性，从而有效地防止了被访者的厌倦情绪。

书面问卷无法阻止被访者答题时频繁往返，有些人不喜欢按照规定的顺序答题。网上问卷对答题顺序有明确规定，虽然被访者可以返回问卷的前面部分，进行修改或核对，但一般这种情况很少发生。

计算机辅助个人访谈和计算机辅助电话访谈系统都具有下列功能：随机组合问题，随机组合答案，可定制答案列表，可设置复杂的问题链，可同步计算。所有上述功能，网上问卷一样都不缺。

任务实训

让学生从网上找份现成的问卷，利用周末时间上街去作调查，并将问卷回收。调查完后将经过写下来。

复习思考

1. 开展调查分哪几个流程？
2. 市场调查的主题如何设定？
3. 街头拦截调查方法如何收集资料？

案例分析

2006年大学毕业生签约月薪近半低于1500元

我们针对2006年普通高校应届本、专科生的调查显示，已签约应届大学生中，47.1%的人签约月薪在1500元以下。某报和红网联合针对2006年普通高校应届本、专科生的调查显示，已签约的学生中，签约月薪在1000元以下的占了13.1%，1000～1500元的占了34%；而暂没找到工作的学生，30.7%认为自己第一份工作月薪1000～1500元。

月薪1500元以下是什么概念？根据湖南省统计局公布的资料，2005年，湖南省在岗职工年平均工资是15659元，长沙市是21499元。折合成月平均工资，1500元以下的月薪低于2005年长沙市在岗职工月平均工资，而1300元以下的月薪低于湖南省在岗职工月平均工资。

而针对不同学历、不同职业、不同年龄的公众调查显示，53.7%的人认为，总的来说，目前应届大学生已经进入“低起薪”就业时代。

2005年，有两件事让求职的应届大学生吃惊：广州有公司在招聘会上打出“月薪500元招聘本科生”的横幅，而500元已低于广州当时的最低生活保障线；个别应届大学生求职时亮出“零薪水”求职策略。“500元”和“零薪水”，是大学生起薪低到极致的表现。

究其原因，我们的调查显示，46.7%的受访公众认为是“大学扩招，大学生总体上供过于求”，24.6%认为是“社会大环境影响，市场薪水普遍下降”。

无论是什么原因，在进入人才市场双向择业时代，大学生遭遇低起薪“寒流”的原因最终还得看市场供求关系，而市场供求关系既包括人才数量的供求，也包括人才质量的供求。

我国每年高校毕业生由2000年的107万人，迅速增长到2005年的338万人，再到2006年的413万人，用人单位有了充分的选择余地，这是起薪低的直接原因。

问卷及数据：

1. 如果您已经找到工作，那么您的签约月薪是多少？

1000元以下（13.1%）

1000～1500元 34%

1500～2000元 30.5%

2000～3000元 13.4%

3000～4000元 4.9%

4000元以上 4.3%

2. 您心中理想的第一份工作月薪是多少？

1000元以下 3.2%

1000～1500元 13.9%

1500～2000元 29.6%

2000～3000元31.4%

3000～4000元10.1%

4000元以上11.9%

3. "总的来说，大学生已进入就业低薪时代"，您赞同这种说法吗？

赞同53.7%

不赞同29.5%

不清楚16.8%

4. 一些单位打出了"月薪500元招聘本科生"的横幅，而一些大学生也亮出了"零薪水"求职策略，您认为这些现象出现的共同原因是什么（可多选）？

社会大环境影响，市场薪水普遍下降24.6%

大学扩招，大学生太多，总体上供过于求46.7%

大学生本不多，只是人才供给与社会需求脱节21.3%

毕业生本来就只值这个价格5%

毕业生的素质一年不如一年了21.2%

其他17.6%

（资料来源：红网2006年04月17日06：02）

问题：

1. 根据上面案例分析，该案例中体现了市场调查流程中的哪几个阶段及哪些步骤？
2. 在案例中体现的具体内容是什么？

任务四　控制调查

1. 掌握对市场调查员的监督及绩效考评内容
2. 掌握费用预算项目
3. 掌握进度控制方法

情景案例

美国调查研究组织委员会针对面谈调查员的评价指南：

- 认真监督调查员的工作；
- 按约定好的一个比例对调查员的电话调查进行监督；

- 每天都可以向项目经理报告项目的进展情况；
- 对所有调查的材料和结果保密；
- 如果无法按预期的进度完成，要事先通知有关单位；
- 收集整理所有调查员作的访问摘要；
- 保持对调查进度的最新的准确记录，应当随时可以提供已完成的调查份数；
- 保证调查员可以及时地得到所有材料；
- 及时检测问卷的回答率，在回答率较低时还可以采取补救的措施。督导员可以随时将回收率的情况反馈给调查员，调查全部结束后，要算出每个调查员的回答率或拒访率，以确认较好的调查员。

案例点评

从此情景案例中可看出对调查员评价是具体的，这样可对调查员的调查工作加以掌握，以便对其进行合理分配报酬。

知识体系

一、对调查员的监督与绩效评价

（一）现场督导的工作内容

1. 检查已经完成的问卷

对完成的问卷要检查现场的记录是否规范，自己是否清楚，有没有缺失数据，答案之间的逻辑关系是否成立。对发现的问题要采取及时的补救措施。对工作质量较差的调查人员，需要进行再次培训。

2. 严格文档管理

对现场操作中每个阶段的实施情况都要进行必要的文件管理，如问卷收发表、入户接触表、陪访报告、复核记录等。这些文件材料不仅有助于现场督导及时发现问题，有针对性地进行工作，同时也有助于项目组对现场操作的质量进行评估。

3. 调查人员的报告

随着现场调查活动的展开，调查人员应定期提交工作报告，汇报调查过程中的情况，必要时，督导可以将调查人员集中起来进行座谈总结，交流经验和体会，研究处理棘手问题的方法。这些报告所提供的信息，有助于提高现场工作质量，同时也可以提示出问卷或访问过程中出现的问题。将这些信息反映到数据处理和数据审核过程中，对整个调查来说是极为有价值的，可以为以后的问卷设计或调查访问提供参考。

（二）复核

1. 访问情况

向受访者求证调查过程，如是否接受过调查，接受调查的时间和地点是否属实等。有

时也需要对调查人员放弃的样本进行复核，例如，调查人员声称某一户拒访时，可以由复核员登门核实是否存在拒访的情况及其拒访的原因。

有时调查人员为了避免走较远的路，可能谎称某一户居民不在家或拒访，复核员需要确定在调查人员声明的时间内该户居民是否真的不在家。

2. 问卷内容的真实性

调查人员作弊有多种手法，如虽然登门进行了访问，但为了赶进度，调查只涉及问卷的部分内容，而略去了比较难、费时间的题项，然后回来自己填写。为此，复核员需要对问卷中的关键问题进行再次询问，检查与调查人员的记录是否一致。

3. 调查人员的工作态度

向受访者了解调查人员的工作态度，包括现场的表现，是否有礼貌，是否赠送了礼品，让受访者对调查人员的工作加以评价。

在复核过程中，如发现复核结果与访问结果不一致时，需要进行具体分析。除调查人员作弊外，还可能有一些其他的原因造成了结果不符。如受访者记忆力差，此时，复核员应向受访者提供一些提示，以确认正确的结果；也有可能接受复核的人不是当时的受访者，因而给不出一致的答案。当复核结果与访问结果不一致时，处理要慎重，通常的做法是加大对该调查人员的复核比例，通过多次复核作进一步的判断。

（三）实施过程的质量评估

1. 调查人员的工作质量

调查人员是成功收集数据的关键因素。要确保聘用的调查人员具备进行访问的素质和能力。同时还需要很强的责任心，经过良好的专业技术培训。对调查人员工作质量的评估包括：

（1）访问过程的规范性。如具有亲和力的自我介绍，提问、追问的规范性操作，现场调查中的应变能力等。

（2）问卷的填写。严格按照要求填写问卷，记录字迹清晰，格式规范，没有错答或漏答。

（3）工作记录。按要求填写接触记录（即入户接触表）。

（4）完成时间。按规定时间上交问卷，在规定时间完成规定的访问次数。

2. 管理工作质量

管理工作质量可以通过一系列文档文件得以反映。这些文件包括：

（1）培训材料。主要指培训手册、调查人员操作手册等。

（2）操作控制文件。例如，问卷收交表、项目进度表、配额表等，其中入户接触表（包括街访的接触表）是一个很重要的文件。接触表是对访问现场的一个全面记载，接触表的内容包括：样本单位的详细地址，成功访问的实施情况，未成功访问的具体原因。入户接触表是评估数据质量不可缺少的材料。

（3）检查性文件。如陪访报告、问卷复核记录、复核报告等。

（四）数据质量评估

1. 受访者的配合程度

在调查问卷的尾部，一般要设计几个由现场调查人员在访问结束后填写的题项，内容包括：

（1）受访者对问卷的理解程度。受访者对问卷的充分理解，有助于提高回答的质量。这方面的信息也可以作为修改、完善问卷的参考。

（2）受访者的配合程度。受访者的配合程度高，说明受访者在回答问题时比较关注和用心，这有助于提高数据的可信度。在调查过程中，受访者如不耐烦、不情愿、不认真，通常会给数据的可信度带来一定的影响。

2. 问卷回答率

在用回答率评价数据质量时要考虑这样几个因素：

（1）采集数据方式。如面访、电话访问、邮寄调查等，不同的访问方式其回答率有一定的差异。

（2）问卷难度。内容较难、较长的问卷，含有敏感性问题的问卷，回答率通常较低。

（3）无回答的类型。调查中无回答有两种类型，一种是单位无回答，另一种是项目无回答。用回答率评估数据质量时，要特别注意无回答产生的原因。造成无回答的主要原因有拒访、不在家或被迫放弃。无回答产生的原因不同，对调查结果的影响也不同。

3. 调查人员的监督与绩效评价

市场调查活动中，为了能够更好地实施调查工作，必须要对调查员进行有效的监督管理，避免因为调查员工作的失误使调查工作出现不理想的结果。

（1）监督。对调查员的监督主要有以下几种形式：

①追查访问。追查访问是指另派调查员实施复查，以确定访问人员是否曾前去访问。此种方法虽是检查调查认真与否的有效方法，但费用甚高。

②电话检查。电话检查即通过打电话对被调查者实施复查。此种检查方法迅速而准确。但此种检查仅限于有电话者，并因长途电话费用过高而仅限于在市区之内实施。同时，接电话者是否与被调查者同属一人事先无法预测。

③通信检查。通信检查即以信函方式复查，询问被调查者是否被访问过，以及对整个访问工作有无补充意见或批评。

④路线检查。路线检查是指派员依照访问人员预订的路线查看，核对是否按照预订时间抵达访问地点、每次访问的时间以及询问的态度与方法等。调查人员有疑难时也应随时为其解决。

（2）绩效评价。对调查人员的工作成绩进行评定，可采取以下几种形式：

①比较成本。即对同一地区的调查者所花费的成本（包括各种费用和补助）加以比较。

②比较回收率。比较同一地区的调查者发生拒绝接受访问的百分比，即对回收率进行比较。

③比较问卷的利用率。调查员应遵守指示进行调查，如果回收的问卷因错误或不符合规定而不能利用，调查员的工作绩效将是非常低的。

评定工作成绩不仅是对每一位调查者实施奖励的依据，其评分结果还可作为将来是否再次雇用调查者的参考。

二、费用预算及进度管理

（一）费用预算项目

在进行经费预算时，一般需要考虑如下几个方面：

（1）总体方案策划费或设计费。

（2）抽样方案设计费（或实验方案设计）。

（3）调查问卷设计费（包括测试费）。

（4）调查问卷印刷费。

（5）调查实施费（包括选拔、培训调查员，试调查，交通费，调查员劳务费，管理督导人员劳务费，礼品或谢金费，复查费等）。

（6）数据录入费（包括编码、录入、查错等）。

（7）数据统计分析费（包括上机、统计、制表、作图、购买必需品等）。

（8）调研报告撰写费。

（9）资料费、复印费、通信联络等办公费用。

（10）专家咨询费。

（11）劳务费（公关、协作人员劳务费等）。

（12）上缴管理费或税金。

（13）鉴定费、新闻发布会及出版印刷费用等。

在进行预算时，要将可能需要的费用尽可能地考虑全面，以免将来出现一些不必要的麻烦而影响调查的进度。例如，预算中没有鉴定费，但是调查结束后需要对成果作出科学鉴定，否则无法发布或报奖。在这种情况下，课题组将面临十分被动的局面。当然，没有必要的费用就不要列上，必要的费用也应该认真核算作出一个合理的估计，切不可随意多报乱报。不合实际的预算将不利于调研方案的审批或竞争。因此既要全面细致，又要实事求是。

【案例 2－19】

如何能够花费最少的调研成本，完成最大的调研成果。花钱的事谁都会做，但高额的成本无法支持企业经常性地面向多种产品，以及各个产品在不同的阶段开展消费者调查。

这里有个新理念，就是神州运通的“快速消费品是媒体”的理论。在笔者的《从“长征是宣传队”看快速消费品品牌传播战略缺位》一文中，重点阐述了这个理念。我们要解决快速消费品销售后的跟踪问题，就可以从产品本身是一个很好媒体的角度出发，将市场调查的载体定位在快速消费品本身的包装。

有这个理论指导具体的市场调查的实践，就可以找到低成本跟踪消费者的方法。具体而言，厂家可以将市场调查的信息发布在快速消费品产品包装上，而具体的调查问卷，可以放在网上。在网民已经达到1亿多人的今天，这是低成本与消费者沟通的一个最佳途径，它的调查范围可以面向全国在短期内迅速展开。

到此，有人要问了，消费者凭什么要花费自己的时间，来满足厂商的调查需要呀？本来是厂商要花费巨资，请大量的人力在全国范围内去撒网面对面调查，事实上，经常有企业动用上万人次在一个城市内展开这样的人海调查战术。厂商完全可以将这个从此可以节约下来的成本，取其中的一部分作为有奖调查的奖金。

当用传统方法调查1万个真正的消费者，厂家需要多少成本？我们通过10万元现金奖励，可以很方便地通过产品包装宣传，吸引1万个真正的消费者来参与调查，并且这1万个消费者可以不再局限于一个城市。

如何保证精准地将奖金发放到真正的消费者手上，并且可以限制一个消费者即便一次性购买很多产品也只能参加一次调查、领取一次奖金？再者，消费者如何相信厂商会兑现这笔奖金，而又如何方便拿到这笔金额不大的奖金？这是厂商和消费者同时需要解决的问题。神州运通手机钱包平台提供了这样一个非常实战的快速消费品市场调查工具：当厂商将产品上市时，除外包装印制有奖市场调查信息外，包装内可提供一个不重复的、具有特定规则的对奖密码，当消费者在网上输入个人信息并完成调查问卷，可以通过填写在个人资料中的那个手机，将这个对奖密码发送上来，而神州运通即时将厂商的奖金存入消费者在神州运通平台实时开立的以手机号码作账号的手机钱包中。

这样，通过手机号码及对奖密码的控制，可以保证是真正的消费者在参加调查、自编的对奖密码将会被平台识别并扔掉，并且可以限制一个手机号码只能参加一次这样的有奖调查。同时，厂家获得的消费者的手机号码是真实的号码，为建立消费者数据库，以及基于互动的消费者参加市场调查，实时获得了奖金，可以直接提现转入其银行卡、购买全国性手机充值卡、网游点卡，或者作为网上购物款项的组成部分。经过这样互相信任的互动关系的建立，厂家每次面向消费者的市场将会越来越成功地进行。

当然，厂商也可以不必平均地分配奖金，适当有若干百元乃至千元的奖项，辅以全面的一定名额的有奖，将会迅速完成既定的市场调查目标。

在互联网达到1亿多人、手机用户达到4亿多人的今天，快速消费品的消费者调查，有机会低成本、全国性地展开，将以往不可能完成的任务，通过互联网、手机来进行。

（二）进度安排内容

在总体方案的设计或策划过程中，要制订整个调研工作完成的期限，以及各个阶段的进程，即必须有详细的进度计划安排，以便督促或检查各个阶段的工作，保证按时完成调研工作。进度安排一般包括如下几个方面：

（1）总体方案的论证、设计。

（2）抽样方案的设计，调查实施的各种具体细节的制订。

(3) 问卷的设计、测试、问卷的修改和最后的定稿。

(4) 问卷的印刷，调查员的挑选和培训。

(5) 调查实施。

(6) 调查数据的计算机录入和统计分析。

(7) 调研报告的撰写。

(8) 鉴定、论证、新闻发布会。

(9) 调研成果的出版。

最后两个方面的内容并不是每项调研都必须进行的，但前七个方面的内容是一般抽样问卷调查所必不可少的。

(三) 控制市场调查的经费预算及项目进度

1. 控制市场调查的经费预算

方案设计一旦完成，就应考虑经费预算和进度安排，以保证项目在可能的财力、人力和时间限制要求下完成。

在制订预算的过程中，应当作一个较为详细的费用—效益分析，看看项目是否应当完全按所设计的方案进行，或许还要重新考虑该项目是否应当进行。

费用—效益分析的结果或是得出设计方案在经费预算上或是合算的，或是认为不合算而应当中止调研项目。通常情况下一般并不中止调研，而是修改设计方案以减少费用：或者改用较小的样本，或者用邮寄调查代替面访调查等。

2. 控制市场调查的项目进度

考虑费用的同时还必须考虑时间。一个调研项目有时需要 6 个月或者更长的时间才能完成。有可能由于决策的延迟要冒失去最有利时机的风险。如果一项考察某新产品的调研方案设计得太长，其他竞争者就有可能抢占了市场。

在生产管理学中对项目的进度管理有多种方法，其中最重要的是计划评核术；而简单易行的是甘特图如图 2-4 所示。

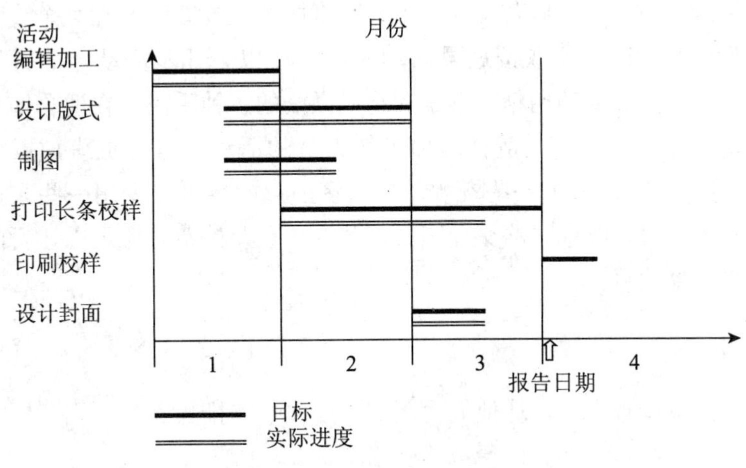

图 2-4　某项目进度甘特图

进度甘特图以线段表示一个项目中各项活动的预期进程和实际进程。设某项目旨在作啤酒营销调研，除了需要对全国市场的供求关系进行研究外，还要摸清以下几方面的情况：①主要生产厂家的生产、销售、经营状况，以便寻求合资对象；②消费者对委托者的啤酒的认识和态度，看能否赢得消费者的品牌忠诚；③啤酒从出厂到消费者手中这一销售全过程的批发、运输、零售环节的分销渠道和营销策略。调查人员为项目制订了一个包括13个活动的计划，这些活动计划花费的时间和相互关系如表2－6所示。

表2－6　某项目调研进度

活动内容	代　码	计划时间（天）	先导行动	后续行动
确定课题	A	5	—	B，C
查阅资料	B	7	A	D
访问专家	C	7	A	D
总体策划	D	5	B，C	E，F，G，H
行业资料调查	E	7	D	J
重点厂家调查	F	13	D	J，K
招用训练调查人员	G	8	D	I
消费者品尝座谈	H	12	D	L
经销渠道调整	I	7	G	K
市场供求分析	J	6	E	M
营销资料分析	K	7	F，L	M
消费者认知分析	L	4	H	M
综合分析	M	10	J，K，L	N
撰写报告	N	10	M	—

调研项目进度表制订出来后，在执行过程中要密切注意项目的进度。在人力资源、物质资源和资金保障的前提下，倘若发现有延误进度的可能或者已经在某个或某项活动中出现延误，就要设法赶时间，争取按最早活动时间完成以下几步活动，把损失的时间补回来。为了达到这一目的需要动用精神激励和物质激励的各种手段。在适合增加工作人员的活动中可以增加工作人员，在不适合增加工作人员的活动中考虑加班加点。如果发现有“富余”时差，应该能节约下来一些资源。如人多一点的事可以少用一些人；本来需要乘飞机赶时间出差的，可以改乘陆路交通工具，节约一点差旅费，还可以让暂时“闲置”的人员和设备兼做其他项目。

任务实训

给学生一份市场调查方案，让他们对调查进度作一安排。

1. 调查员的数据质量评估包括哪些内容?
2. 一项调查项目包括哪些费用?
3. 在进行调查进度安排时应分哪些环节来考虑?

案例分析

市场调研调查人员的管理

诚然，良好的调查人员培训是确保整个调研工作质量的重要基础，但是，倘若没有一套行之有效的管理办法，要确保整个调研任务得以优质高效的完成，也是很不现实的。经过多年的反复探索，笔者认为，在管理市场调研调查人员时，以下几点经验也许是值得借鉴的。

(1) 建立并储备一支相对稳定的业余调查人员队伍。对于国内绝大多数中小型市场调研机构来说，它们所承接的市场调研业务量在时间分布上往往既不均匀又无规律，有时可能1个月内要同时承担好几项大业务，而有时可能一连几个月连一项小业务也没有。因此，这些调研机构往往无法维持一支专职的调查人员队伍，而只能根据任务随时组建并培训一批业余调查人员。这样虽然能够降低调研机构的维持成本，但对于那些受聘的调查人员来说，这种不定期的工作也因此蒙上了强烈的临时工作性质。而一旦受聘者将业余调查人员工作视为一种不稳定的临时性工作时，那么，他们在执行调研任务时犯机会主义错误的可能性就会增加（比如抱侥幸心理作弊），从而加大了管理的难度，以及调研结果的质量风险。因此，即使不能维持一支专职的调查人员队伍，也应该努力储备一支相对稳定的业余调查人员队伍。这样不仅能够利用以往历次调查的“大浪淘沙”效应，逐步遴选出一批表现出色的调查人员，降低错误的风险。当然，若要能够真正做到储备一支相对稳定的业余调查人员队伍，调研机构也必须为此付出一定的代价，如向这些调查人员定期发放少量的职位津贴，而不论此期间是否有调研任务。否则，维持也只能是一相情愿。不过，权衡得失，支付这种维持成本显然是十分值得的，它不仅能够减少其他日常的培训与管理成本，而且也是一种确保调研质量与效率的别无选择的选择——因为质量是任何市场调研机构的生命。

(2) 建立健全一套行之有效的调查人员晋级制度。作为一种经济行为，物质刺激对于绝大多数业余调查人员来说，尽管并非唯一的，但仍然是相当有效的一种管理手段。考虑到因调查人员工作质量与效率问题而必须承担的合同违约风险与商誉损失，适当强化对调查人员的物质激励是必要的，也是值得的。但是，为了达到一定成本下的物质激励效用最大化，还必须辅以一套行之有效的调查人员晋级激励制度。根据经验，以建立一套优秀调查人员晋级制度为核心的激励机制是十分有效的。具体做法是：设立不同的调查人员级别，并根据其级别的不同对同一工作给予差额报酬。至于晋级的标准，则是以调查人员每次工作的表现作为评分依据，当积分达到某一标准时便自动晋升一级。这样，即使每个调查人员完成的问卷数量完全一样，其报酬也会因其级别的不同而不同。这样一来，就能大大增强调查人员的长期行为意识与自律意识，并能达到留住优秀调查人员的效果。

（3）强化市场调研质量监督与外在约束机制。人们知道，物质刺激是发挥内在激励作用的前提，是拥有一套能够明辨是非优劣的考核监督制度与强有力的外在约束机制。由于调查人员的工作常为个人野外作业性质的工作，因此，对其进行有效监督的实际成本是十分高昂的。不过，根据经验，有些办法对于对付机会主义的行为还是颇为有效的。首先，同每个调查人员签订聘用合同，并规定一旦发现有弄虚作假或违规操作的，一律视其错误性质与严重程度扣除所交风险保证金，而情节严重者将予以开除。其次，强化质量监督手段与技术，加强对调查人员的外在约束。例如，对不同级别的调查人员，分别规定抽查不同比例的问卷。当然，要对每份被抽查到的问卷都去作一次重新询问是不必要也是不现实的，因为一方面被访者对此会极不耐烦，另一方面执行成本也高。以往的经验是，只要对被抽查到的问卷中的某几个问题作随机询问即可，而且抽查可以以“有几个小问题当时调查人员没问清楚或没记清楚”的名义进行，不会引起被访者的反感。当然，绝不能只去问被访者诸如“有没有人来调查”之类的问题，否则，有的调查人员会钻空子，偷工减料。例如，调查人员只做问卷的前面一小部分，后面的自己回家填。因为一般被访者根本不知道问卷到底问完了没有。

（4）严格履行标准的调查技术规则。常言道“不以规矩，不成方圆”。然而，大凡有过调查人员管理经历的人大多会有这样的体会：即使事先拥有一整套十分明确的调查技术规则，倘若不加以严格履行，则调查人员在调查的具体操作过程中仍然极易产生许多不规范做法。则主要有如下这些：一是不按抽样规则进行抽样，如在执行“右手规则”时偷工减料图方便，随意入户；二是将问卷交由被访者自己填写，或同一份问卷前后询问过两个人以上的意见（这种情况多出现在被访者没有足够时间或耐心的情形下）；三是未按规定随便放弃已抽好的样本，如被访者不在家时，未遵守至少须在每隔两小时后先后登门3次未果才能放弃该样本的规定；四是擅自将问卷转让给其他未受培训者去完成；五是未能遵守先调查后送礼品的规定（因为调查开始前送礼品有可能会影响被访者对产品的真实感受），或私吞礼品；六是在询问过程中随便发表一些有可能诱导被访者的言论，或对被访者未明确表态的开放题不作适当的追问等。对于这些调查人员易犯的毛病，管理者（督导）最好先将其要求印好，分发给每个调查人员，并声明违者必究，以引起调查人员的注意，养成良好的规范作业习惯。

（5）配备一个强有力的调查人员困难援助系统。由于市场调研涉及面广，情况复杂，因此，调查人员在每次调查过程中都有可能遇到一些事先不曾预料到而个人又无力解决的困难。当调查人员面对困难得不到有力的援助，而若擅自违规处置又将面临严厉惩罚时，一些调查人员常常会因为压力过大而中途退出，从而影响整个调研计划的按约完成，使调

研机构蒙受不应有的经济和商誉损失。因此，有必要在严格调查人员管理的同时，配备一个强有力的调查人员困难援助系统，对调查人员在调查中遇到的困难予以帮助。例如，现在一些地区因治安不尽如人意，住户防盗门窗的安装率越来越高（通常在楼宇底层入口处就设有防盗大门）。因此，有时调查人员连进门接近被访者的机会都没有，叫他们怎么能严格按要求按时完成任务呢？对此，相应的做法是，由调研机构出面，加强在一些入户困难区域的公关工作，即与当地居委会建立长期友好的业务与情感联系，在调查人员入户困难时，由居委会派人陪同进行帮助。这样，表面看来虽然会增加成本，但由于降低了调查人员的调查难度，消除了他们的心理压力，其成本是可以从相应降低调查人员报酬和保证合同按时快速完成带来的商誉提升中得到补偿的。

(6) 注意增进管理者与调查人员之间的情感交流。由于调查人员特殊的工作性质及其较高的素质要求，在校大学生往往成为调查人员的理想人选。而对于这些兼职大学生而言，从事市场调查工作不仅可以达到勤工俭学的目的，而且还可以增长自己的社会阅历，锻炼自己的独立工作能力。因此，在调查人员的管理中，建立有力的物质利益激励机制与有效的约束机制固然重要，但若要使调查人员管理工作达到事半功倍的效果，还必须注意增进管理者与调查人员之间的情感交流。笔者在多年的实际工作中，感觉到了这一情感管理技术的显著效果。在这一方面，相应的做法是，为加强调查人员与管理人员之间的感情，定期举办一些诸如由管理者与调查人员共同参加的内部舞会、调查见闻交流会、调查技巧研讨会的小活动，借此一方面可增强调查人员之间的友谊与交流，另一方面可树立管理者在调查人员心目中的“工作中的严师，生活中的益友”形象，以融洽管理者与被管理者之间的相互关系。

资料来源：http：//www51report. com/ask/sharev _ 7354. html.

问题：

1. 为什么调研公司要花费必要的成本储备一支业余调查人员队伍？
2. 实行调查人员晋级制度对稳定调查人员队伍起到什么作用？
3. 比较有效的调查人员考核监督措施有哪些？
4. 在调研实施中，容易被调查人员忽视的方面有哪些？
5. 调研公司在进行调查人员管理时，除常规的制度和技术层面的管理措施外，还应采取什么措施？

模块三　总结调查

任务一　整理调查资料

1. 了解市场调查资料审核、编码的步骤
2. 熟悉调查资料审核、编码的内容
3. 掌握数据整理及数据表现技术

情景案例

美国战略咨询公司 Frank N. Magid Associates 针对中小企业采用以及计划采用的网络营销方法的调查发现，目前真正将互联网应用于网络营销的中小企业仅占 22%，这个数字多少有些出人意料，似乎与美国企业互联网应用的整体水平并不相符。

表 3－1　　美国中小企业采用的网络营销方法

网络营销方法	占被调查者比例（%）
E-mail 营销	60
搜索引擎化	56
Banner 广告	36
PPC 网络广告	25

通过对调查资料的整理，发现在开展网络营销的美国中小企业中，E-mail 营销是最常用的网络营销方法，其次是搜索引擎化和 Banner 广告等（如表 3－1 所示）。在这些开展网络营销的中小企业中，有 74%计划进一步增加网络营销投入，在尚未开展网络营销的企业中，有 43%表示将在 6 个月内采用网络营销方法。通过对比多家美国调查咨询机构的研究结果，发现 E-mail 营销在美国企业中的应用相当普遍，这种状况与国内有较大差别。尽管没有权威的统计数据，但通过一些相关调查资料的分析可以得出这样的结论：许可 E-mail营销在国内企业中并没有得到广泛应用，即使大型企业网站和 B2B 电子商务网站对

基于内部邮件列表方式的许可 E-mail 营销应用水平也比较低，许可 E-mail 营销、搜索引擎营销（包括付费搜索引擎广告和基于自然检索结果的搜索引擎优化）、各种形式的网络广告等是最主要的网络营销方法。其中许可 E-mail 营销在国内的普及应用有较大局限，因而搜索引擎营销方法在国内企业网络营销策略中显得更为重要，尤其在中小企业中，搜索引擎营销无疑是最重要的网络营销方法。

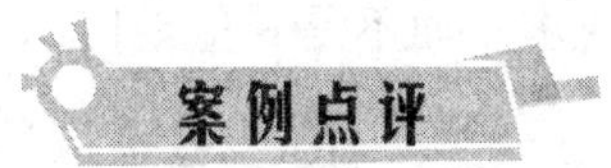

案例点评

从此案例可以看出：资料的整理与市场调查同样重要，它是保证企业收集到的数据资料完整与真实的必要条件。及时地对所收集到的资料进行分类归纳，一方面可以发现调查中存在的问题；另一方面可以得到有用的信息，为企业的市场营销决策提供科学的数据。

知识体系

一、资料审核

市场调查资料审核是对市场调查获取的各种资料（原始资料和整理资料）进行审查和核实。确定是否可接受作为有效的资料，决定是否采纳此份问卷，这是资料整理的第一道程序。

（一）资料审核的内容

1. 检查所有问卷的完整性

这一步工作的目的，是确定每份调查问卷是否是一份可以接受的问卷。

（1）资料是否完整清楚。例如，有的问卷只有开头部分回答完全；有的问卷在截止日期之后收回；回收的问卷有缺页或多页的情况。此外，如果邮寄的答案是手写的，可能由于字迹潦草，一些问题的答案难以分辨。开放式问题越多，难读的答案就越多。

（2）资料是否真实可信。例如，有的调查问卷前后答案一致，所有答案均为“是”或“否”。可见被调查者明显是敷衍，问卷的真实性较差，应被视为不能接受的问卷。

（3）资料中主要的关键问题是否回答。

（4）资料中是否存在明显的错误或疏漏。例如，年龄是 30 岁，工龄却为 35 年。对于有遗漏的资料，如果遗漏项目太多或漏选掉的关键项目太多，可作废处理；如果还可以用，一般将漏项用空白表示或以其他代号表示。对含义模糊的答复，可以根据具体的情况，要么作废处理，要么参考前后几个问题的回答来判断。

2. 检查访问工作的质量

这一步工作的目的，是尽可能地确保每份调查问卷都是有效问卷。是否有效是指访谈是否按既定的方式进行，调查人员有没有作假。在大多数的问卷中，都设计有这样的内容，用以记录被调查者的姓名、地址、电话号码，其作用是提供证实问卷有效性的相关信息。

通常在电话调查、入户调查中，调研组织人员要对每位调查人员的调查结果作适当比率的电话复查，电话复查的比例一般为10%～20%。进行电话复查主要是为了确认以下五个方面的内容：

(1) 确认此人是否接受了调查。

(2) 被调查者的资格，即被调查者是否属于规定的抽样范围。例如，调查是针对广州市天河区的消费者，那么就需要确定被调查者是否真的符合这个要求，而不是其他地区的消费者。

(3) 确认调查是否按要求的方式进行。例如，一项调查是要求在超市进行，那么就应确认被调查者是否是在超市接受的调查。调查人员应确保所有的数据都是在规定的条件下取得的。

(4) 确认调查人员是否全部、如实地填写调查表。有时调查人员考虑到被调查者很忙，没有时间完成问卷的所有项目，或者被调查者很难找到，所以有些问题有可能是由调查人员自己代为填写的。鉴于这种情况的存在，应询问被调查者是否被问及调查中的所有问题。

(5) 确认调查过程中还应检查的其他方面的问题。例如，调查人员是否明确介绍了调研的目的？被调查者对调查人员或调查过程有什么意见？

3. 检查有效问卷的份数是否符合调研方案要求达到的比例

在抽样调查中，为保证调查的可信度，对调查样本量的大小都会事先作出规定，并在组织调查过程中给予落实。由于收回的调查问卷中，可能会有一些问卷因不符合要求而被舍弃，造成有效问卷的数目不足。对此，验收人员必须及时发现，并作出调整，可以对问题较少的问卷进行补充调查，或增加新的调查对象，以确保调查分析所需的样本数目。

(二) 资料审核的方法

1. 经验判断

经验判断就是根据已有经验，判断数据的真实、准确。例如，如果被调查者的年龄填为132岁，根据经验判断，年龄填写肯定有误。又如，某小杂货店营业面积300平方米，根据经验，一个小商店这样的营业面积肯定与事实不符。

2. 逻辑检查

逻辑检查就是根据调查项目之间的内在联系和实际情况，对数据进行逻辑判断，看是否有不合情理或前后矛盾的情况。例如，某被调查者的年龄填写13岁，而婚姻状况却填“已婚”，其中必有一项是错误的。又如某消费者前面说“不知道”某调味品，后面却说“每天都在使用”，显然前后矛盾。

3. 计算审核

就是对数据资料的计算技术和有关指标之间的相互关系进行审查，主要看各数字在计算方法和计算结果上有无错误。常用的计算检查方法有加总法、对比法、平衡法等。例如，在家庭的收支结构调查中，家庭总收入远小于总支出与储蓄之和，这种情况肯定是有错误的。

（三）资料审核的基本步骤

资料审核的步骤大致可分为接收核查问卷、编辑检查、采取相应处理措施三个阶段。

1. 接收核查问卷

接收核查问卷又称一审。从不同地区、不同调查员交回的问卷，都应该立即登记和编号。尤其对于大规模的调查，更应做好登记和编号工作。一般负责接收问卷的人员要事先设计好登记表格，上面列有调查员姓名和编号、调查地区和编号、调查实施的时间、交付的日期、实发问卷数、上交问卷数和问卷编号、未答或拒答问卷数、丢失问卷数、其他问卷数以及合格问卷数等。回收的问卷应分别按照不同调查员和不同地区（或单位）放置，问卷表面应写有编号或注明调查员和调查地区等。否则，大量的问卷混在一起，容易丢失问卷，而且不易查找。

2. 编辑检查

编辑检查又称二审，是对问卷进行进一步的更为准确和精确的检查。主要检查的仍是回答的完全性、准确性、一致性以及是否清楚易懂等。例如，在消费品市场调查中，某被调查者的家庭人均月收入仅 500 元，却经常在一些高档商场购物；又如，某题的答案圈在 1 与 2 之间，让人难以确定是 1 还是 2，或是 1 和 2 之间。

3. 采取相应处理措施

对于检查出来的无法令人满意的问卷，常用的处理方法为退回实地重新调查、视为缺失数据和放弃不用。

（1）退回重新调查，即把不满意的问卷退回去，让调查员再次调查原来的被调查者。这种处理方法主要适用于规模较小、被调查者很容易找到的商业或工业市场调查。但是，调查的时间不同，调查的方式不同（例如，原是面访调查，第二次调查可能只是通过电话询问），都可能会影响二次调查的数据。

（2）视为缺失数据。缺失数据是指由于被调查者没有给出明确的答案或调查人员没有记录下他们的答案而造成未知变量值。缺失数据不能与无效数据等同起来。一般有以下几种情况产生缺失值：

①回答者不知道问题的答案。

②回答者拒绝回答的问题。

③回答者答非所问。

④由于调查人员疏忽漏问了此问题，因此该问题缺答案。

针对有缺失数据的资料，如果简单地将此份问卷剔除，那么，问卷数将越来越少，最后的结果是调查的精确度降低。

对缺失数据的处理可以采用平均值代替、个案剔除和配对删除等方法予以修正。

①平均值代替。平均值代替是指用某个变量取值的平均数来代替缺失值。这样做不会改变其他变量，对统计结果也不会有太大影响。但应注意，平均值不一定能够代表被调查者对这个问题的答案，实际答案很可能会高于或低于平均值。

②个案删除。个案删除是指将有缺失数据的问卷排除在外。由于很多问卷都可能存在

缺失值，如果简单地将此份问卷剔除，那么，问卷数会越来越少，最终影响调查的精确度。采用这种方法进行处理时应注意，丢失大量数据是不明智的做法，因为收集数据花费了巨大的金钱和时间成本，而且，有缺失数据的问卷很可能与完整的问卷存在总体上的差异，个案删除将严重影响分析结果。

③配对删除。配对删除是指不丢弃有缺失值的所有问卷，而是在每一步计算中采用有完整答案的问卷。因此，不同分析步骤采用的调查问卷数量也会有所不同，这种方法适宜样本规模很大、缺失值很少、变量之间非高度相关的情况。但是，这种方法可能产生不便使用的分析结果。

二、资料编码

（一）编码类别

资料编码是把问卷信息转化为统一设计的计算机可识别的代码，以便于对其进行数据的整理与分析。根据编码设计的时间和方法不同，可分为前设计编码和后设计编码两种。

1. 前设计编码

主要针对答案类别事先已知的问题，如结构式问卷中的封闭题和数字型开放题，在问卷设计的同时设计编码表。例如：

请问你最近一年买过手机吗？

A. 买过　　　　　　B. 没买过

变量的编码规定为：A 表示买过，B 表示没买过。对于这种前设计编码，往往在问卷设计时便有所考虑，即在问卷中比较醒目的位置留出编码框，以供调查人员填写。前设计编码的最大优点是节省时间和劳力，适用于篇幅较短、内容也相对简单的问卷，对比较复杂的资料，前设计编码难以胜任，特别是开放式问题，由于调查之前无法预测答案的类型和种类，所以不可能在调查的同时建立代码。

2. 后设计编码

主要针对答案类别事先无法确定的问题，如非结构式问卷和结构式问卷中的文字型开放题，要在数据收集完成后，根据被调查者的回答设计编码表。后设计编码的优点是，编码人员可以根据答案的具体情况进行编码，简化编码。例如，一个问题可能有 8 个可供选择的答案，但所有被调查者实际只选择了其中的 5 个答案，因此只需要 5 种编码。对于开放式问题，由于事先不知道有多少可能的答案，所以也常常采用后设计编码。

（二）编码过程

1. 规定问卷的代码

问卷的代码主要包括地区代码、街道代码、居委会代码、调查员代码以及问卷代码等。例如，某问卷的代码为 1051202，第一位数字“1”表示北京市，后面两位数字“05”表示调查员代码，再后面两位数字“12”为居委会代号，最后两位代码“02”表示该调查员在此居委会成功调查的第二份问卷。

2. 规定变量名称

变量是指问卷中所要调查的问题或项目是什么。为了统计处理方便，在数据输入计算机之前，必须先给每个问题或变量规定一个变量名称。在规定变量名称时，可以直接用英文单词、业务的第一个字母或前几个字母来命名。例如，性别用“Sex”，年龄用“Age”，文化程度用“Edu”等来定义。

3. 规定变量的编码

(1) 封闭式问题的编码。变量编码的确定，依据数据的类型可以用数字或字符串来表示。一般用数字表示问题的各种答案比较方便。

①对单项选择题只需要规定一个变量，取值为选项顺序号。例如：

你的性别是________。

1—男（　　）　　　　2—女（　　）

对此，变量的编码规定为：“男性”定义为“1”，“女性”定义为“2”。

②对多选题需规定多个变量。对多选题编码的规定，一般有两种做法：一种是将各个可能的答案选项采用“0”或“1”编码，即选中了的答案编码为“1”，没有选的答案编码为“0”。例如：

您会在哪些场合使用这种小瓶装啤酒？

1—正常进餐　　2—特别节目　　3—小型聚会　　4—体育运动后

5—周末　　6—大型聚会　　7—野餐　　8—其他

此题中如果被调查者选择了1、2、3、5，则本题的全部编码为11101000。

这种编码的优点是便于录入和检查，减少工作量和出错率，但分析时要进行数据的转化。

另一种方法是将编码规定为所选题号，变量排列顺序即为选择答案的顺序。例如：

你购买小轿车时考虑的最主要的因素是什么？(请按重要程度全部进行排序)

1—价格　　2—外观　　3—操作性能　　4—耗油量

5—舒适性　　6—品牌　　7—售后服务

该题中如果某位被调查者给出的答案从第一位到第七位分别是价格、品牌、外观、耗油量、操作性能、售后服务、舒适性，则编码为1624375。

这种编码分规定方便分析，编码的结果不用经过转换，可直接分析；缺点是不便于录入，变量随选项增多而增多，对于大样本，录入工作负担较重，而且录入时，如果变量值与问卷答案不一致，很容易出错。

③对没有答案和无须回答项目的编码规定。在编码过程中，还需要考虑到给问卷中没有答案和无须回答的情况一个数字代码。对问卷中要求回答而未回答的情况，通常编码为“9”。例如，一个被调查者未填写收入，则相应编码为“9”。对问卷中无须回答的情况，通常编码为“8”。

（2）开放式问题的编码：

①开放题的编码。对于开放题的编码，编码人员首先应将被调查者的全部答案浏览一遍，列出所有可能的答案，再对每一答案进行归类，然后定义变量名称和规定变量的编码。其步骤如下：

第一步，列出答案，编码人员对全部问卷进行仔细研究，将每一个开放问题的答案加以汇总，并将所有的答案列成目录。例如：

你为什么在今后两年内不想买电热水器？

假如有8个回答者，就有以下8个答案：

a. 我家已经有燃气式热水器，很好用。

b. 我听说使用不安全，常常发生事故。

c. 价格比较贵。

d. 安装要求比较高，预先没有留好线路。

e. 国产电热水器使用不方便。

f. 电费太贵，用不起。

g. 他们在外观上不太好看。

h. 我对它不太了解。

第二步，合并答案。在市场调查中我们得到的答案少则几十个，多则上百个，如果不进行归类，经很难进行分析。所也可以将一些意思相近的答案归到某一类中去，以便于编码。例如，将上例的答案分为5个类别（如表3-2所示）。

表3-2　　答案类别

答案类别表	实际答案
产品设计上的原因	
产品价格上的原因	
产品使用上的原因	
产品需求上的原因	
不知道（无回答）	

第三步，安排编码。在完成上述两项工作以后，就要进行编码。首先以合并后的回答范围作依据，同具体的回答作比较；然后对具体的回答进行数字编码；最后，在调查表的适当位置写下答案的数字编码（如表3-3所示）。

表 3-3　　有关上述开放问题答案的编码

答案类别表	回答项	分配好的数字编码
产品设计上的原因	b. e. g.	1
产品价格上的原因	c. f.	2
产品使用上的原因	b.	3
产品需求上的原因	a.	4
不知道（无回答）	h.	5

②数字型开放题的编码。对直接回答数字的问题，变量编码一般规定为该数字。比如，对年龄、收入等问题，在调查时获得真实的数据，就以这些真实的数据作为编码。例如，直接询问被调查者的年龄，设计编码时的变量名为“NL”，单位为“岁”，取值范围是“20～60”（因为调查对象要求在 20～60 岁）或“99”（99 表示该题缺失）。

用数字题编码时，根据取值范围，可以核对该题的回答有无明显错误，是否符合逻辑。此外，根据问卷的填写要求，对变量同样规定格式，如小数点、数量单位等，以便于数据的逻辑分析。

【案例 3-1】

SDR 公司是美国一家数据分析研究机构，在市场调查领域中居于领先地位。莫勒是该公司一位很有经验的雇员。他认为："编码是数据录入过程中耗资最大且最主要的部分。我们读一个文本，对它的编码可能不同。因此，客户和研究机构的项目管理者，必须认真比较问题的结构化的详尽程度和可能引起不一致的编码和记录个数。如果有太多的答案需要编码，分析过程就会令人厌烦，而且了解详尽答案的花费是非常之高的。"

据莫勒讲，关于编码的发生率，其变化范围是很大的。在估算项目中数据录入部分的划分时，研究机构的项目经理必须把客户预计的应当编码发生率记录于文件之中。如果你估算无固定答案的应答编码发生率是 30%，而结果可能是 60%，你就必须重新找到客户重新评估。我们与客户之间出现麻烦总是由于我们不能于调查完成之前正确地估计应答编码的发生率。

资料来源：［美］拉里·帕西．市场调研［M］．北京：机械工业出版社，1999.

【分析提示】

案例说明，在资料处理过程中，编码起着核心的作用，编码是否科学直接影响到整个调查工作的有效与否。

4. 编写编码对照表

当所有的变量名称和变量编码都规定清楚之后，编码人员要编写一本编码对照表，用来说明各英文字母、数码的意思。因为在市场调查研究中，通常有大量的变量名称及数码的意义。如果不制作一本编码手册，则很可能将它们所代表的含义忘记，查阅起来就很不方便。问卷编码表可参照表 3-4 来执行。从表 3-4 中可以看出，编码簿一般包括变量编号、变量名称及说明、变量位数、编码说明等。

表 3-4　　问卷编码对照

变量编号	变量名称及说明	变量位数	编码说明
1			
2			

【案例 3-2】

消费者购买行为调查编码对照表

东方公司 2005 年对家电产品的购买情况进行了一次调查。在北京、上海、广州、成都四个城市，采用邮寄问卷调查的方式进行。调查问卷的部分内容如下：

1. 你的性别是________。

A. 男　　B. 女

2. 你的年龄是________。

3. 你的文化程度是________。

A. 小学及以下　　B. 初中

C. 高中或中专　　D. 大学专科

E. 大学本科　　F. 研究生或以上

4. 请问你在购买时主要考虑的因素是（限选三项）________。

A. 商品的功能　　B. 商品的品质

C. 商品的外观　　D. 商品的价格

E. 商品的品牌　　F. 商品的售后服务

G. 朋友介绍　　H. 其他

5. 真正的好产品是不需要广告的，你同意这种说法吗？________。

A. 非常同意　　B. 同意　　C. 无所谓

D. 不同意　　E. 非常不同意

6. 买东西时我经常货比三家？________。

A. 非常同意　　B. 同意　　C. 无所谓

D. 不同意　　E. 非常不同意

对上述问卷的编码如表 3－5 所示：

表 3－5　问卷编码

变量编号	变量名称及说明	变量位数	编码说明
1	问卷编号（编号）	3	001～500
2	城市编号	1	1. 北京；2. 上海；3. 广州；4. 成都
3	访问编号	3	首位是城市编码，后两位是访问员编码。如 01～50
4	Q1 被访者性别（访员记录）	1	1. 男；2. 女
5	Q2 被访者年龄（　　）岁	2	按照访问对象的实际年龄填写。如 16～60
6	Q3 被访者学历：小学及以下、初中、高中或中专、大学专科、本科、研究生	1	1. 小学及以下；2. 初中；3. 高中或中专；4. 大学专科；5. 本科；6. 研究生
⋮	⋮	⋮	⋮
15	Q12－1 请问你在购买时考虑的因素有（限选三项）：商品的功能、商品的质量、商品的外观、商品的价格、商品的品牌、商品的售后服务、朋友的推荐、其他	1	1. 商品的功能；2. 商品的质量；3. 商品的外观；4. 商品的价格；5. 商品的品牌；6. 商品的售后服务；7. 朋友的推荐；8. 其他
16	Q12－2 请问你在购买时考虑的因素有（限选三项）：商品的功能、商品的质量、商品的外观、商品的价格、商品的品牌、商品的售后服务、朋友的推荐、其他	1	1. 商品的功能；2. 商品的质量；3. 商品的外观；4. 商品的价格；5. 商品的品牌；6. 商品的售后服务；7. 朋友的推荐；8. 其他
17	Q12－3 请问你在购买时考虑的因素有（限选三项）：商品的功能、商品的质量、商品的外观、商品的价格、商品的品牌、商品的售后服务、朋友的推荐、其他	1	1. 商品的功能；2. 商品的质量；3. 商品的外观；4. 商品的价格；5. 商品的品牌；6. 商品的售后服务；7. 朋友的推荐；8. 其他
18	Q13 真正的好产品是不需要广告的：非常同意；同意；无所谓；不同意；非常不同意	1	1. 非常同意；2. 同意；3. 无所谓；4. 不同意；5. 非常不同意
19	Q14 买东西时我经常货比三家：非常同意；同意；无所谓；不同意；非常不同意	1	1. 非常同意；2. 同意；3. 无所谓；4. 不同意；5. 非常不同意

【分析提示】

资料编码的实质是把原始的资料转化成统一设计的，计算机可以识别的符号或数字。编码可以分为两种，一种是当时编码，另一种是事后编码。对于封闭题、数字开放题，编码规则很简单，可根据被调查者的选择和回答直接编码。开放题的编码比较复杂，很容易出现错误，是编码工作的重点。

三、资料录入

（一）录入的含义

录入是将经过编码的数据资料输入计算机的存储设备（软盘、硬盘或闪存）中，这样便可供计算机统计分析了。这一环节要求做到准确无误。

市场调查发达的国家在数据的采集中使用 CATI、CAPI 的方式很普遍，因此键盘录入的过程在访问的时候就已经完成了。而且对于简单的问卷调查，使用调查卡进行光学扫描录入也能节约不少时间成本。但是我国目前主要还是纸面问卷调查的形式居多，所以在问卷完成后，还需要对问卷进行录入的操作。目前通用的方式还是使用计算机键盘直接输入编码。

（二）检查录入质量的方法

在大量资料的输入过程中，由于输入速度非常快，即使是非常熟练的录入员，也会出现录入错误的情况。如果错误率较低，改正错误容易，但查出错误比较麻烦；如果错误率较高，查出错误比较容易，但改正错误比较麻烦。所以，必须对录入质量进行检查。常用的方法有以下两种：

1. 数据库软件自动检查的方法

数据库软件不仅可以存储数据，而且在录入过程中，通过事先的数据库结构的编辑，可以对录入员录入的过程进行逻辑检查，避免数据录入过程中出现某种类型的错误，例如，录入无效的编码或者是太广的编码，同时对于跳答问题的录入也能进行很好的控制。

数据库软件对录入检查的范围，限制在最常见的逻辑错误上，对于在选项范围内，因为录入员的疏忽而出错的信息，往往是不能察觉的。

2. 采用重复输入数据，由计算机自动比较数据有无差错的方法

重复输入数据核查的方式主要有双机录入或三机录入。所谓双机录入的方式，是将同一份问卷分别由两个录入员进行两次录入，将两次的结果进行逐个比较，相同的部分被认为是没有错误的，如果出现不同的部分，则立即检查问卷，及时修正。所谓三机录入，即将同一份问卷由不同的录入员录三次，将三次的结果通过计算机进行比较，采用“2 排 1”的选择，如果其中的两个结果是相同的，排除那个不同的答案，三机录入的方式可以减少翻阅问卷的人工。

四、数据整理

问卷录入以后得到的市场调查资料都是杂乱无章的，这些资料使调查者无法观察到现

象的本质，因此必须对这些原始资料进行加工整理。不同的研究目的需要使用不同的数据整理方法，这些方法可以概括为以下 3 种。

（一）排序

排序是按照某个或某些指标的一定顺序对数据进行重新排列。一般来说，录入数据清单的数据是无序的，不能反映现象的本质与规律性，为了使用的方便，通常要将其进行排序以便数据按要求排列。

（二）统计分组

统计分组是根据统计分析的需要，将统计总体按照一定的标志区分为若干个组成部分的一种统计方法。其目的就是把同质总体中的具有不同性质的单位分开，把性质相同的单位和在一起，保持各组内统计资料的一致性和组与组之间资料的差异性，从而使大量无序的、混沌的数据变为有序的、层次分明的显示总体数量特征的资料，以便进一步运用各种统计方法，研究现象的数量表现和数量关系，从而正确地认识事物的本质及其规律性。

从不同的角度出发，可以进行不同的分组。关于分组的类型，统计学中已作了详细介绍，在市场调查中，我们使用最多的是简单分组域复合分组。

按一个标志进行分组称为简单分组。如按年龄分组、按性别分组、按购买方式分组等都属于简单分组。在市场调查中最常用的就是简单分组。按两个或两个以上的标志进行分组，并且层叠在一起称为复合分组。

例如：关于方便面需求状况问卷调查中的一个题目为：

您是否喜欢食用方便面？

答案：A. 喜欢　　　　B. 不喜欢

若想了解调查总体中，有多少人喜欢食用方便面，比例多少，有多少人不喜欢食用方便面，比例多少，从而了解和掌握总体市场情况。这时我们可以按“态度”标志进行简单分组，设计下列的表式来整理资料，如表 3－6 所示。

表 3－6　　　　调查对象食用方便面态度分组

食用态度	人数	比例（%）
喜欢		
不喜欢		

若想了解更详细的资料，掌握不同年龄、不同性别的被调查者对象有多少人喜欢食用方便面，比例多少，有多少人不喜欢食用方便面，比例多少，可以按“收入”“性别”两个标志进行复合分组，设计下列的表示来整理资料，如表 3－7 所示。

表 3-7　　调查对象食用方便面态度分段

项目		喜欢		不喜欢	
		人数	比例（%）	人数	比例（%）
500 元以下	男				
	女				
500～1000 元	男				
	女				
1000 元以上	男				
	女				
合计					

（三）汇总

汇总是分组之后的一个重要步骤。它的主要任务就是将市场调查的各种原始资料按照分组标志进行统计汇总。汇总是一项繁重的工作，也是资料整理的中心工作，因为汇总的速度和准确性直接影响调查结果，因此，要掌握一定的汇总技术。

一般说汇总技术主要有手工汇总和计算机汇总。手工汇总主要适合调查的样本数量较少，汇总工作量较小的时候使用。常用的主要方法有：

(1) 画记法，即在预先设计的汇总表上画点或画线为记号的汇总方法，比较适合对频数的统计。但应注意画记的准确性。

(2) 过录法，即先将调查资料过录到预先设计的汇总表上，然后计算加总，得出各组数值的合计数，填入统计表。这种方法既可汇总频数，又可汇总标志值，便于计算和校对，但过录项目过多、总体单位较多时，容易出现错误。

(3) 折叠法，是把调查表所要汇总的同一项目的数值折叠，在一条线上进行汇总，并填入汇总表。这种方法比较适合对标志值进行汇总。

(4) 卡片法，是利用特制的摘录卡片作为分组计数的工具进行汇总。这种方法比较适合调查资料多、分组细的情况。

随着科学技术的发展，计算机的普及和应用，给资料的汇总带来了极大的方便。尤其是近几年计算机应用软件的开发与运用，利用 Excel 可以对数据的某个指标进行计数、求和、求平均等汇总，无论是速度还是准确程度都有了显著的提高，促进了市场调查的更快发展。

（四）编制统计表

编制统计表，就是把经过汇总的资料按照一定的规则在表格上表现出来。它是对调查资料的一种综合反映，是资料整理的最后阶段。

五、数据表现

资料经过汇总、制表，就完成了资料整理的全部工作，但是在资料的汇总、制表中，常常涉及很多数据资料，如何将数据资料准确、形象、生动地表达出来，就要研究数据的

表现技巧。数据的表现一般有三种方式：统计指标、统计表和统计图。

（一）常用的统计指标

1. 总量指标

它是反映社会经济现象的总规模、总水平的综合指标，是对市场调查的原始资料经过分组和汇总得到的各项总计数字，是资料整理的直接成果，是其他指标的计算基础。例如，在市场调查中，我们收集的家庭的总收入、家庭的总支出；被调查对象中的男性总量、女性总量；某商品总购买量、销售量等；都属于总量指标。它是对社会经济现象总体认识的起点。在使用总量指标表现资料时应注意，一是要了解总量指标的含义、范围的确定，例如，统计“销售额”，要弄清楚是否包括赊销、代销的数额，是什么时间范围和空间范围的销售额等；二是在统计现象的实物总量指标时要注意现象的同类性，只有同类的现象总量相加才有意义，例如，彩电的销售量与洗衣机的销售量相加就没有任何意义，而将不同品牌的彩电的销售量相加就有实际意义。

2. 相对指标

它是两个有相互联系的现象数量的比率，用以反映现象的发展程度、结构构成或比例关系。例如，市场占有率、市场渗透率、销售增长率、比例等都属于相对指标。在各类的相对指标中，最常见数据的表现形式是百分数，其计算简单，可比性较强，但在使用中应注意几个问题：

一是计算百分数时使用的基数不能太小，基数太小则偶然性因素影响太大，导致调查结论的失误。例如，销售公司想要了解某城市家庭中汽车拥有状况和购买意向，在进行市场调查时，将消费者按照职业分成机关干部、技术人员、教师、军人、工人、农民等十几类，进行统计分析时发现，教师的汽车拥有率高达30%，大大高于平均拥有率，似乎不符合客观实际。经过重新整理分析后发现，在这次市场调查中，教师样本数量太少，仅有10位，而恰巧其中有3位拥有汽车，导致教师的汽车拥有率偏高。

二是对基数不同的百分数一般不能简单地求平均。例如，某汽车销售公司对某城市的3个区进行调查，按照等比例随机抽样，3个区分别抽取200户、300户、500户家庭进行调查，调查结果显示，3个区拥有汽车的家庭分别为16户、27户、48户，则这3个区的汽车拥有率分别为8%、9%、9.6%。若利用上面的数据，简单求平均，则该城市平均汽车拥有率为：

$$(8\% + 9\% + 9.6\%) \div 3 = 8.87\%$$

这个结果是没有实际意义的，实际上，该城市的汽车拥有率应为

$$(16 + 27 + 78) \div (200 + 300 + 500) = 9.1\%$$

一般情况下，对基数不同的百分数求平均数，可以计算其加权平均数，如上例：

$$8\% \times 20\% + 9\% \times 30\% + 9.6\% \times 50\% = 9.1\%$$

三是在利用百分数进行对比时，要结合绝对数，因为当基数很大时，百分数的很小变化，都会引起现象总量的极大变化。例如，一个地区的社会商品零售总额增长一个百分点，总量上都会有很大的变化。

3. 平均指标

平均指标是用来反映社会经济现象在一定的时间、一定的地点条件下所达到的一般水平。我们知道，在进行市场调查中，需要了解许多数量资料，这些数量资料可以用许多指标来反映，例如，家庭收入、家庭支出、某商品的消费量等，而每一个数量指标的取值有大有小，我们往往用一定的量来代表该现象的一般水平，这样就要借助于平均指标。平均指标是市场调查和市场预测常用的指标，因为它可以反映现象数量分布的集中趋势，例如，在一个城市中，高收入、低收入的家庭数量往往较少，而中等收入的家庭数量一般较多，计算和研究平均指标能够较好地反映大多数单位的共性规律。平均指标还有利于进行同类现象不同单位之间的对比，例如，两个地区的商品消费额仅能反映该地区的商品消费的总体情况，其大小受该地区人口总量、家庭收入等多种因素的影响，进行对比的实际意义不大，若改用人均消费额这一平均指标，就能反映出不同地区的消费水平的差异具有实际意义。

平均指标的计算有多种方法，在市场调查中常用的指标有平均数、中位数和众数。

在前面的章节中已经介绍了平均数的概念及其计算方法，从计算形式上看，最常用的形式是简单算术平均数和加权算术平均数，用来反映现象的一般水平。但是，由于简单算术平均数和加权算术平均数在计算时，都是对全部数据进行计算，如果现象中存在着极端值时，平均数将受影响，出现偏高或偏低现象，影响对总体推断的准确性。所以，在调查资料数值分布比较均匀，数据波动幅度不大时，可以采用计算平均数的方式，来揭示现象的一般规律。如果不符合上述条件，一般可以采用计算中位数和众数的方法。

中位数是指将现象的某一指标值按照数值大小进行排列，处在数列中间位置的数。中位数可以用来反映现象的一般水平，因为，中位数处在数列的中间位置，也就是说有50%的变量值低于中位数的数值，有50%的变量值高于中位数的数值，因此，中位数的数值基本上代表了现象的一般水平。

众数是指在一组资料中，出现次数最多的数值，也就是最常见的数值。例如，某企业想了解何种颜色的羊毛衫最受消费者的欢迎，在某商场进行了A、B、C、D、E5种颜色羊毛衫的销售实验，经过一段时间的销售，发现购买B颜色羊毛衫的人很多，说明消费者比较喜欢B颜色的羊毛衫。这就是采用众数法进行现象一般规律的描述。

4. 变异指标

变异指标是反映现象的各调查单位之间某一标志值的差异程度的指标。我们对现象总体规模和一般水平的认识，可以借助于总量指标和平均指标，但是，不论是总量指标还是平均指标，都不能反映各调查单位某一标志值的差异。

一般来说，统计的变异指标主要有：全距和标准差。详细内容可参照统计学中的介绍，在此简要说明。

全距是指最大标志值与最小标志值之差。全距表示了总体变动的范围，但由于它是两个极端标志值之差，不受中间标志值的影响，因此不能全面地反映调查对象之间的差异。

标准差是总体各单位的标志值对算术平均数离差的平方的算术平均数的平方根。根据资料是否分组可有不加权和加权两种计算公式：

$$S=\sqrt{\frac{\sum(x-\bar{x})^2}{n}}$$

或

$$S=\sqrt{\frac{\sum(x-\bar{x})^2 f}{\sum f}}$$

（二）统计表

用表格的形式来表达数据，有时比用文字表达更简明，便于显示数字之间的联系，有利于比较和分析，所以，有效地使用统计表，往往能达到事半功倍的效果。为了实现这一目的，应了解统计表的相关知识。

1. 统计表的结构

统计表从形式上看，是由纵横线交叉的一种表格构成，即统计表是由标题、横行、纵栏和数字资料构成。一般要说明的总体、总体的组成部分的名称等，列在表的左侧，即构成表的横行，各种指标一般列在表的上方，即构成表的纵栏。如果统计表过于狭长或宽短，可以将其变换位置。

2. 统计表制作应注意的问题

按照统计表的结构构成，在制作统计表时应注意：

（1）每张表都要有编号和标题，标题内容应简明扼要，概括反映表的基本内容。

（2）表的横行和纵栏如果列出了所有项目，合计应列在后面，如果只列出了一些重要项目，应先列合计。

（3）数据资料应填列整齐，对齐位数，省略或缺乏某些资料时，应用省略符号“……”表示，不应有数字的栏要用符号“—”表示。

（4）注意表的计量单位，如果整个统计表采用一种计量单位，可将其写在表的右上方，如果需要分别注明单位，横行的计量单位可单设一栏，纵栏的计量单位与栏标写在一起，并用“（√）”括上。

此外，统计表的格式一般是“开口”的，即左右两端不画纵线，而且最好设计成外形美观的矩形，如果有需要说明的问题，可在表的下方标注（如表 3－8 所示）。

表 3－8　　　　2006 年一季度全社会固定资产投资情况的统计

项　目	完成投资（亿元）	同比增减	占全市比重（%）	比重同比增减（%）
全社会固定资产投资	261.41	37.1	100	—
国有投资	82.97	18.1	31.8	－5.0
民间投资	109.10	55.5	41.7	4.9
我国港、澳、台投资	31.67	18.4	12.1	－2.0
外商投资	37.67	60.2	14.4	2.1

（三）统计图

通过市场调查获得的各种资料，经过整理，就变成了企业的重要信息，这些重要的信息通过一定形式，传递给各个相关部门。调查资料的表现形式，直接决定了资料的使用效果。与数据信息的其他表达方式相比，统计图具有具体、直观、形象、生动等特点，使复杂的数据信息简单化、通俗化、形象化，使人一目了然，具有较强的说服力和吸引力。常用的统计图有直方图、饼形图、折线图、散点图等，下面我们分别介绍。

1. 直方图

直方图是在坐标平面上利用一定的柱状图形，表达一定数据资料信息的一种统计图。

直方图制作简单，反映问题灵活，表现在直方图可以是垂直的，也可以是水平的；其高度代表的数值既可以是绝对数，也可以是相对数；既可以按数值大小排列，也可以按问题的顺序排列；既可以表达一个变量的有关信息，也可以表达多个变量的有关信息。

【案例 3－3】

例如，某公司调查消费者电池购买地点的选择情况，有关资料如表 3－9 所示。

表 3－9　消费者电池购买地点的选择情况汇总

购买地点	食杂店	仓卖	超市	百货商店	上门推销	其他	合计
所占人数的比例（%）	32	26	20	14	1	7	100

根据表 3－9 的资料，绘制了直方图，如图 3－1 所示。

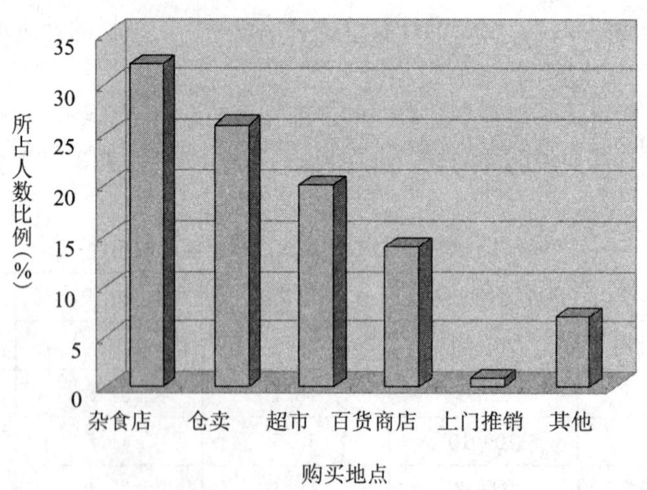

图 3－1　消费者电池购买地点的选择情况——直方图

2. 饼形图

饼形图是以一个圆代表一个研究对象的全部，记为100%，每一部分的面积表示某个变量对应取值的百分数，以此来表示各个变量数值的对比。饼形图绘制简单，形象直观，对比明显，但与直方图相比，饼形图只能用来反映一个因素，而且反映的是该因素各个项目所占的百分比。利用上例表3－9资料，绘制饼形图，如图3－2所示。

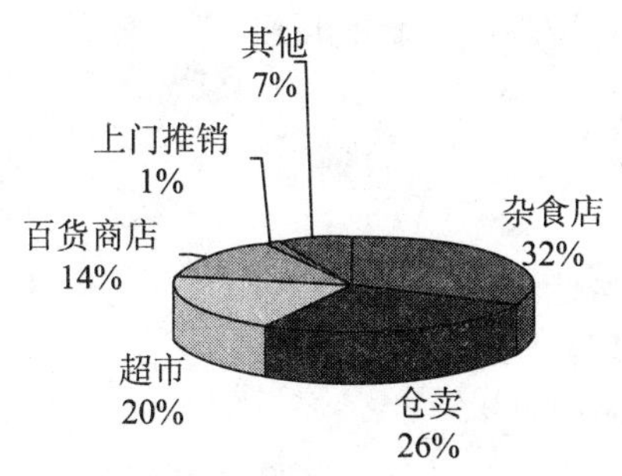

图3－2　消费者电池购买地点的选择情况——饼形图

3. 折线图

折线图是在平面坐标上用折线表现数量变化特征和规律的统计图。折线图可以有效地反映一段时间内的趋势，通常用于反映某个变量在一段时间内的变化信息，折线图对于资料的解释重点是强调变动趋势，而不是实际量的情况。

例如，1991—1998年我国城乡居民家庭的人均收入情况如图3－3所示：

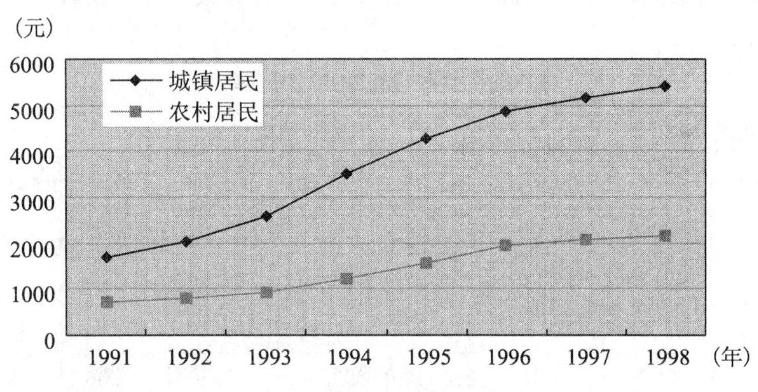

图3－3　城乡居民家庭人均收入

由于统计图具有直观、形象、对比鲜明、简练等优点，在进行信息资料整理和分析时，应尽量多使用统计图。

为了更好地体现统计图的优点，在制作统计图时应注意：每一张统计图都要有编号和标题，标题要简明扼要，突出图的中心内容：图中尽量减少线的使用，只突出主要网格线，而不显示次要网格线，也可以适当加大数值的刻度单位，使统计图清晰而不乱；作图时最好既使用颜色，又使用文字说明，以便在进行黑白复印时能清晰可见。

任务实训

分小组从学院图书馆找一份资料。要求：

1. 对资料进行整理。
2. 对资料进行编码。
3. 以表格或图示的形式对资料进行直观反映。

复习思考

1. 资料审核的内容包括哪些？
2. 对缺失数据应如何处理？
3. 数据表现的主要方式有哪些？

案例分析

某公司是一个国际性的连锁超市经营企业。最近，营销部门提出一项新的促销活动，即连锁店向顾客提供一种新的信用卡政策，使该公司的顾客除了通常的支付现金或个人支票选择外，还有用信用卡进行购买支付的选择权，新的方式正在试验进行，希望信用卡选择权将会鼓励顾客加大购买。在新的信用卡政策出台之前，该公司约50%的顾客用现金支付，约50%的顾客用个人支票形式支付。

一个月后，随机选取了100名顾客，记录他们的支付方式和消费金额，如表3－10所示：

表3－10　　客户购买金额与支付方式调查数据　　单位：元

现金支付				支票支付				信用卡支付	
56.16	26.48	47.84	59.20	443.20	207.68	303.52	220.80	461.28	402.40
144.72	120.56	63.04	44.08	391.60	255.20	341.52	244.80	356.24	270.08
19.52	46.40	47.28	38.00	291.84	283.04	328.80	332.64	215.28	204.56
8.72	163.84	29.20	120.80	413.28	464.88	321.20	293.52	441.68	372.96
23.68	130.24	114.24	70.48	228.64	393.68	297.60	21.36	433.52	369.04
89.36	126.96	10.16	14.80	287.12	253.92	438.72	277.36	180.72	115.52
131.04	55.44	22.96	59.28	316.40	404.64	470.00	469.12	426.56	350.32
70.80	61.68	34.72	94.16	422.96	472.00	142.96	460.72	212.56	418.80
57.76	104.72	96.56	147.04	625.28	624.00	553.76	345.12	223.12	421.04
53.76	133.52	72.00	86.48	416.32	579.68	150.16	168.88	558.16	460.40

问题：

使用数据整理方法，分析支付方式的变化及其数量特征，画出支付方式的柱形图和饼形图，写出你对该公司的消费金额和支付方式的理解。

任务二　分析调查资料

1. 了解分析市场调查资料的含义
2. 熟悉定性分析常用的方法
3. 熟悉定量分析常用的方法

情景案例

1～9月某市全社会固定资产投资情况分析

随着中央宏观调控政策效应的逐步显现，1～9月我市的固定资产投资增长速度进一步回落，1～9月完成全社会固定资产投资31.0亿元，同比增长1.1%，增长率比1～6月下降了6.4个百分点，其中限额以上投资完成20.5亿元，同比下降4.9%，增长率比1～6月下降了10.2个百分点。但同时统计数据表明，我市固定资产投资结构有所优化，将继续保证我市国民经济稳定健康发展。

1. 固定资产投资特点

（1）全社会投资额居首位，而增长率排在倒数第三位。与温州各县市（区）相比，全社会固定资产投资总量排在第一位的是我市，其次是乐清市和开发区，分别为27.9亿元和25.0亿元，同比增长分别为－8.5%和18.5%。其中工业性投资排在第一位的是乐清市，为12.4亿元，同比增长48.2%，而我市的工业性投资排在第三位，同比增长28.6%，增长率排在第五位。

（2）基础设施建设投资大幅度下降。1～9月限额以上基础设施投资完成5.1亿元，同比下降了14.1%，增长率比1～6月下降了8.0个百分点。其中仅水利、环境和公共设施投资完成1.5亿元，同比增长了59.2%；占比重最大的交通运输、仓储和邮政业投资2.7亿元，同比下降了24.5%，比1～6月下降了29.3个百分点；卫生设施投资0.18亿元，同比下降了63.4%。

（3）国有投资项目大幅度下降，外商及我国港澳台投资比重明显偏低。1～9月我市限额以上国有单位投资完成5.5亿元，同比下降11.9%；增长率比温州全市相差21.6个百分点；外商及我国港澳台投资完成0.5亿元，同比下降28.6%；增长率比温州全市相差24.5个百分点。外商及港澳台投资占限额以上比重为3.3%，比温州全市相差0.8个百分点。

(4) 第一产业和第三产业投资大幅度下降。1～9月我市限额以上第一产业仅完成80万元，同比下降92.2%；第三产业完成14.9亿元，同比下降13.1%；而温州全市第一产业完成0.54亿元，同比下降23.7%；第三产业完成162.2亿元，同比增长4.8%。

(5) 限额以上工业投资增长最快，房地产投资下降最大。1～9月限额以上工业投资完成5.7亿元，同比增长29.3%，成为拉动限额以上投资增长的主要动力。1～9月房地产投资完成9.1亿元，同比下降18.1%，成为限额以上投资增长的主要阻力。

2. 固定资产投资增速下降原因分析

(1) 政策效应。国家政策是投资的转折点，今年上半年国家坚决清理整顿土地市场的政策实施后，现已经对我市的固定资产投资产生作用，1～9月限额以上的土地购置费完成3.6亿元，同比下降14.8%，这种影响在后期将会越来越明显；“银根紧缩”——新的货币政策实施后已经对限额以上投资的资金来源形成调控，其中国内贷款1～9月到位2.9亿元，同比下降29.1%；自筹资金到位11.3亿元，同比增长8.4%。国家政策对我市的固定资产投资增长率将形成较长时期的影响。

(2) 工业性投资单体项目偏小，后劲不足。从投资的单体项目来看，大部分项目的计划总投资都在600万元左右，前期费用加上土地购置费就占了整个项目的一半左右，项目工期建设一两年后，每月的工程进度投入仅在20万元左右。2004年新开工的工业性投资项目计划总投资超5000万元的仅为两个，现在投资额的增长都是靠前期已审批的项目来支撑，项目小、投资少将越来越严重地影响到后期限额以上工业固定资产投资的增长。

(3) 房地产投资比重偏高。1～9月房地产投资占全社会固定资产投资的比重为29.4%，高于全省7.9个百分点。房地产投资的波动受市场的影响较大，今年房地产投资的增长势头虽然得到了控制，但比重依然偏高，对全社会固定资产投资造成明显的影响。

案例点评

从此案例可以看出：对调查资料进行整理和分析是提出调查报告的前提，是市场调查活动的深化和提高，整个市场调查工作能否出成果，在很大程度上取决于这项工作。同时这又是一项专业性、技术性很强的工作，需要运用科学的方法，在分析中，是用定性分析还是定量分析，取决于资料的内容和性质，一些资料要求用定性分析或以定性分析为主，而另一些资料则要求用定量分析或以定量分析为主。

知识体系

分析调查资料是运用科学的原理和方法，对所获得的调查资料进行定性和定量的研究分析，找出事物之间的内在联系，使人们对调查结果产生清楚的概念，从而指导人们的实

践活动。对资料的分析，应注意计算各类统计指标数值，运用有关图表，再现结论和观点以及资料体系与结构。这是一项专业性、技术性很强的工作，需要运用科学的方法。按照采用方法的性质，可以将资料分析分为定性分析和定量分析两大类。

一、定性分析

定性分析在企业市场调查实践中，常用来确定市场的发展态势与市场发展的性质，主要用于市场探究性分析。定性分析是指调查者运用知识、经验、主观分析判断能力及推理，对不能量化的事物进行分析、判断，从而达到对事物本质和规律性的认识。常用的定性分析方法主要有：归纳分析法、类比分析法、推理分析法及对应分析法。

（一）归纳分析法

归纳分析法是根据市场调查所获取的资料，从某类事物的全部对象或部分对象的个别属性特点来概括该类事物的共同属性的一种分析方法。例如，某食品公司进行市场调查，在对消费者进行面包、糕点等主食食品及对香肠、火腿等副食食品的消费意向调查中发现，绝大多数的消费者对其成分要求是低脂肪，由此，可以判断出随着人们生活水平的提高和健康意识的加强，人们对低脂肪食品的需求量将会增加。

（二）类比分析法

类比分析法是将两个相同或相近的事物进行对比，从一个事物的发展变化规律来推断另一个事物的发展变化规律的方法。例如，根据双缸洗衣机的销售特点及规律来推断全自动洗衣机的销售特点及规律。

（三）推理分析法

推理分析法是根据一个或几个已知的判断，推出一个新的判断的一种分析方法。推理分析法是资料分析常用的一种方法，使用时要注意，推理的前提要正确，推理的过程要合理，而且要善于使用创造性思维。例如，丰田汽车公司在 20 世纪 60 年代曾对各国生产的汽车型号及能源消耗进行市场调查，发现各国生产的汽车普遍耗油较高，如果发生能源危机，耗油低的小型汽车一定会畅销，他们独具慧眼，开发了多种耗油低的小型汽车，结果没过多长时间，世界爆发了第一次石油危机，丰田汽车公司生产的耗油低的小型汽车顿时走俏，一举占领了市场。

（四）对应分析法

对应分析就是在分析研究某事物或现象时从不同角度确定多个标准，再对每个标准确定不同的属性值，然后将所收集的资料按主要分类标准的属性进行对应的归类，从而获取相关信息的分析方法。例如，为了研究手机市场消费者的需求特征，某调研公司在某市对手机的潜在消费者作了一个抽样调查。在调查时采用了年龄、文化程度及购买手机时的主要要求三个标准，每一标准又细分不同的属性特征，即年龄特征为“18～25 岁”“26～35 岁”“36～45 岁”“46～55 岁”，文化程度特征为“初中以下”“高中/中专”“大学及以上”，购买手机时的主要要求特征属性为“待机时间长”“大屏显示”“操作简单”“外观时尚”“功能强”“价格合理”和“信号接收好”。经过对应分析，按主要分类标准的属性年龄特征进行归类分析后发现年龄在“18～25岁”的青年人，要求手机必须“外观时尚”和“功能强”；年龄在“26～35岁”、“大学及以上”学历的被调查者要求手机必须“待机时间长”和“信号接收好”；年龄在“36～45岁”“初中及以下”学历的潜在用户要求手机必须“操作简单”；年龄在“46～55岁”“高中/中专”学历的被调查者要求手机必须“大屏显示”。这些调研发现为企业开发和占领该地区市场奠定了基础。

二、定量分析

定量分析是依据统计数据，建立数学模型，并用数学模型计算出分析对象的各项指标及其数值的一种方法，其功能在于揭示和描述社会现象的相互作用和发展趋势。

（一）描述性分析

描述性分析是对调查资料进行整理、计算，以描述总体特征的一种分析方法。描述性分析主要借助一些统计指标来了解事物的表面现状，它是其他分析方法的基础。如通过分组，计算频数和频率，了解被调查对象的结构情况；通过计算平均数、中位数和众数，了解被调查对象的集中趋势；通过计算全距、标准差，了解被调查对象总体各单位之间的分散情况。

（二）解析性分析

市场调查的目的，不仅是要了解事物的现状，更要了解和掌握事物的本质及规律，揭示事物发展变化的原因及未来的发展变化趋势。我们把根据事物的现状、揭示事物的发展变化原因、推断事物的发展变化趋势的分析方法称为解析分析法。解析分析法主要有相关分析、回归分析、时间序列分析等方法。具体方法在本模块任务三中有讲解。

任务实训

分小组从学院图书馆找一份资料。根据资料的内容和性质对资料进行定性分析或定量分析或两者结合分析。

复习思考

1. 资料分析的方法按其性质不同分为哪些？
2. 定性分析方法包括哪些？
3. 定量分析方法包括哪些？

案例分析

根据任务一案例分析中某公司支付方式的数据，对客户购买方式，即以现金支付购买、以支票购买和以信用卡购买行为进行分析，根据数据计算结果，讨论该公司的客户支付方式和支付金额对于企业营销具有什么指导意义。

任务三　预测发展趋势

1. 了解市场预测的含义
2. 掌握市场预测的类型
3. 熟悉定性预测方法，学会德尔菲法的应用
4. 了解定量预测方法

情景案例

××年沈阳消费品预测

1. 新增城市人口调整消费格局

××年2月13日，市商业局相关部门对当年市场进行了分析预测：××年沈阳市消费品市场将在城镇化发展加快的推动下，保持平稳增长态势。而在社会消费品市场中处于主导地位的大型商业企业的竞争也将走向“白热化”。

2. 五大有利因素将促进消费

城乡居民收入有新的增加：上年年底，随着公务员调整工资，其他单位、企业和退休职工也普遍提高了人员工资水平和养老金标准；农村粮食价格上调，增加了农民收入。

生活消费信心明显增强：今年我市社会保障生活水平继续提高，对贫困群体的救助增加，将进一步增强全市居民的消费信心。

市区扩展人口将带来新商机：上年，我市新成立了沈北新区和细河开发区，市区的新扩展将带来50万新增城市人口，必将拉动市区生活消费的增长。

基本建设投资促进消费基金的增长：我市地铁建设一号线和二号线的陆续开工，投资拉动消费将有新的增加。

3. 5家商企年销售过10亿元

××年年初，随着各大商业企业陆续公布上年全年的商品销售情况，大型商企“业绩榜”浮出水面。据商业部门统计，上年年商品销售额过10亿元的大型商业有5家。其中，中兴大厦实现24.5亿元，商业城集团实现19.4亿元，兴隆大家庭实现13.2亿元，家乐福实现11.6亿元，国美电器实现10.4亿元。

此外，联营公司、新玛特、乐购、苏宁电器等多家大型商企业的销售业绩也不菲，销售额分别达到6.7亿元、7.8亿元、7.6亿元和6.1亿元。

4. 平均月增一家大型商企

上年，大型企业在沈阳呈加快扩张态势，经营竞争也随之加剧。单从新投入运营的大型商企的数量上讲，“上年称得上‘大型商企年’。几乎每个月都有大型企业在沈阳开业迎客!”商业局的一位负责人说。

在大型商业企业不断开店的同时，也有一些企业在闭店，如华联超市兴工店、新一佳超市、国联维华等，由于不同原因陆续退出沈阳市场。

5. 网点布局不合理成闭店主因

在商企的生生死死中，也暴露出商业网点分布上存在的问题。太原街地区大型百货高度集中，在方圆不足1公里的范围内聚集了7家大型百货。而且，××××年，还将有一家大型外资百货店入驻，势必加剧百货这种业态在太原街地区的竞争。而市区北部新兴的大学城、居住区，商业网点却明显不足，到目前为止还没有一个大型百货店，网点布局不合理的问题已经显现。

商业网点布局的不合理还表现在城市与农村的市场发展不平衡。我市农村现有人口200万人，占全市720万人口的28%。全年县及县以下社会消费品零售额实现52.3亿元，仅占全市的5%。在我市四个县（市）的商业经营网点中，仅有的是出租档口方式的百货店和不超过1000平方米的小超市。在乡、村级的商业网点中，主要是十几平方米的个体食杂店。

案例点评

从此案例可以看出：沈阳市商业局相关部门主要对沈阳市××年的消费趋势和大型商业企业的竞争态势进行了预测，其中主要体现了短期预测、国内市场预测、微观市场预测、定性预测与定量预测和消费品市场预测等种类。

知识体系

一、市场预测的含义和类型

现代企业经营管理的重心在企业决策，企业决策的基础是信息。预测发展趋势是为企业决策提供信息的重要手段，作好市场预测有助于提高决策者的市场预见能力和判断能力。发展趋势预测的越准确、可靠，企业决策就越正确，经营管理就越有效，创造财富就越多。

（一）市场预测的含义

预测，就是根据事物的过去和现在状况，推测事物未来的发展趋势，简言之，由已知推测未知。

预测活动普遍存在于人类社会和现实生活中。人类在社会实践中，为达到某种目的，总要事前对所关心事物的发展趋势或可能结果作出判断和预算。预测对象涉及范围很广，

几乎涉及人类社会的各个领域，如社会预测、经济预测、技术预测、军事预测等。比如，军事家们预测新的世界大战爆发可能性极小。又如党中央预测我国到 2020 年，人均国民生产总值将达到 3000 美元。这说明人类的实践活动离不开预测。

一般地说，预测是由预测依据、预测分析、预测技术和预测结果四个基本要素组成。预测依据是指在调查研究中所掌握的反映过去、现实的有关情报、数据和资料；预测分析是对各种预测依据经过核对、比较、综合，进行科学思维分析与估计和预算；预测技术是预测分析所运用的科学理论、方法和手段（使用的工具和设备）；预测结果是在预测分析基础上，预测者对事物发展趋势、规模、程度、性质、特点以及各种可能性水平作出判断结论。

市场预测，是指在掌握市场信息的基础上，运用科学的理论和方法，对市场有关因素未来变化发展趋势及其可能水平作出估计和测算，为企业决策服务的活动。

企业生产经营活动离不开市场预测。如某企业产品主要进口到东南亚国家。亚洲金融危机后，他们预测东南亚国家经济将衰退，对进口商品将缩减。为此他们决策，减少到东南亚国家的产品进口，积极开拓其他国际市场和国内市场，从而变被动为主动。正确理解市场预测概念，应把握以下几层意思：

第一，市场预测的对象是市场有关因素未来发展趋势和可能水平。如对某产品未来 2 年的销售量或市场占有率进行预测。

第二，市场预测的依据是关于市场的历史资料和现在的市场信息。

第三，市场预测的目的是把握市场未来需求变化的趋势，为企业经营决策服务。

第四，市场预测要应用科学方法和知识，如定性预测法中的专家意见法，定量预测法中的移动平均法，还有数理统计知识等。

（二）市场预测和市场调查的关系

1. 市场预测和市场调查的相互联系

首先，市场预测和市场调查有共同点：

（1）两者主体相同。市场预测和市场调查的主体都是对市场信息资料具有需求的生产企业和销售企业。

（2）两者研究的客体相同。市场预测和市场调查的客体都是市场现象及其相关因素。

（3）两者根本目的相同。市场预测和市场调查具体任务虽然不同，但根本目的是一致的，都是为企业的经营决策和制订科学的营销计划服务的。

其次，市场预测和市场调查是密切相关的。

市场调查是市场预测的前提和基础，市场调查为市场预测提供必要的市场变化的数据和资料，没有市场调查，市场预测是盲目的、无根据的，不可能有科学性和准确性。市场预测是市场调查的延续和深化。只有市场调查，没有市场预测，企业对市场信息的掌握将是不完整的。只有在市场调查基础上，开展市场预测活动，企业才能获得关于市场的历史、现状和未来变化趋势在内的完整的市场信息，才能为企业正确的经营决策服务。

2. 市场预测和市场调查相互区别

虽然市场预测和市场调查有许多共同点，两者又密切关联，但市场预测不等于就是市场调查，它们的主要区别如下：

(1) 两者的研究的重点不同。市场调查和市场预测虽然都研究市场商品供求关系及其影响因素，但市场调查侧重于市场现状和历史的研究，这是一种客观的描述性研究，目的是了解市场客观实际情况，弄清事实真相，并及时捕捉市场信息；市场预测则侧重于市场未来的研究，这是一种预测性研究，着重探讨市场供求关系的发展趋势及各种影响此趋势变化的因素，目的是对未来的市场及时作出推断和估计。

(2) 两者的研究结果不同。进行市场调查和市场预测，其最终目的都是通过对市场的研究，为各种决策提供依据。但市场调查所获得的直接结果是市场现象的各种数据、资料和调查报告，涉及的内容比市场预测要广泛，因而既可作为市场预测的依据和资料，也可直接为经济管理部门和企业的日常决策提供依据，而市场预测所获得的结果是关于市场未来发展变化的趋势和市场需求的可能水平，是一种有一定科学根据的假定，主要为制订计划和管理决策服务。

(3) 两者研究的方法也不同。市场调查的方法多是了解市场现状，捕捉市场信息的方法如访问调查、问卷调查、观察调查等。市场预测方法包括定性预测法和定量预测法，目的是为了科学预测市场未来的需求量和需求状况。两者研究方法有很大区别。

(二) 市场预测的类型

依据不同的标准、角度划分，市场预测有以下类型。

1. 按预测的时间期限不同分类

(1) 短期预测。预测的时间期限一般在一个季度内。如预测下月份冷饮的销售量。它主要为企业日常生产经营计划服务，讲究预测的时效性。

(2) 近期预测。预测的时间期限一般在 1 年内。如预测第二年××产品的市场需求量。它为企业制订年度生产或经营计划服务，为采购原材料等生产要素，组织货源提供依据。

(3) 中期预测。预测的时间期限一般在 1 年以上，5 年以内。它为企业制订中期发展规划提供依据。

(4) 长期预测。预测的时间期限在 5 年以上。它是为企业发展的长远规划提供依据。

2. 按预测的角度范围不同分类

(1) 宏观市场预测。宏观市场预测是对整个国民经济发展前景和整个社会经济活动趋势的预测。宏观市场预测的主要内容有：国民生产总值及其增长态势、物价总水平及其变动、商品零售总额、商品需求总量、基本建设投资规模及其增长、新技术、新产品发展动向，消费结构变化等预测。宏观市场预测还包括世界范围的市场动态、商品结构、进出口贸易行情、国际金融市场对国际贸易的影响趋势等预测。宏观市场预测的直接目标是商品的全国性市场容量及其趋势变化，商品的国际市场份额及其变化。宏观市场预测涉及面广、范围广，不是一个企业所能承担的，一般由政府部门、全国性研究机构、协会等来

承担。

（2）微观市场预测。微观市场预测主要是指企业对产品的市场需求量、销售量、市场占有率等内容的预测。微观市场预测的内容比较具体、细致，对指导企业的生产、经营活动有直接的影响和作用。

3. 按预测的商品对象不同分类

（1）单项商品预测。单项商品预测是对某种品牌、规格、花色、款式等具体商品市场需求或销售量的预测。比如，对 25 英寸彩电各种品牌的需求预测。单项商品预测是十分具体细微的。

（2）同类商品预测。这是对某一类别商品的市场需求量或销售量的预测。大的类别有生产资料的预测与生活资料的预测。每一类别又可分为较小的类别层次，如生活资料类预测可分为食品类、衣着类、日用品类、家电类等。按不同的用途与等级，上述各类生活资料还可分为更具体的类别层次，如家电类可分为电视类、音响类、冰箱类、微波炉类等。

（3）对象性商品预测。这是对某一类消费群体所需商品的需求量或销售量的预测，如儿童玩具等需求预测。还有按消费年龄、性别等不同，如分为青年服装市场预测，女性服装市场预测等。

（4）商品总量预测。这是对消费者所需求的各种商品总量进行预测。这类预测的目的是为实现社会有支付能力的货币需求与商品供应做到总量上的平衡以及为调节供求关系决策提供依据。

4. 按预测的性质不同分类

（1）定性预测。定性预测是指基于对预测对象的购买者的调查及其周围的人（如销售人员、外界专家等）的意见，对预测对象进行的估计和评价，属于主观判断。常用到的方法有集合意见法、专家意见法、德尔菲法及主观概率法。

定性预测通常是在数据不足且难于获得，或没有必要去收集详细的数据时，凭借个人的经验、知识或集体的智慧和直观的材料，对事物的性质和规律进行预测，而不是依靠复杂的数学工具进行预测。定性预测的优点是可以充分考虑政治、经济、社会等各种因素对预测对象未来发展变化趋势的影响，简便易行，使用面较广，有一定的科学性。不足之处是对未来变化趋势难以作出精确的说明，对各项预测目标之间相互影响的程度难以作出量的说明，对预测结果难以估计其误差和评价他的可信程度。把定性预测和定量预测结合起来，在定性分析的同时，辅之以定量的分析，是克服定性预测的不足，确保有较高的预测准确性的有效途径。

（2）定量预测。定量预测是根据足够的统计数据，并假定这些数据资料所描述的趋势或现象之间的关系在未来仍然适用的基础上，运用各种数学模型预测未来的一种方法。定量预测方法常用的有时间序列预测法、回归分析预测法等。

定量预测通常在原始数据比较充裕或数据来源多且稳定的情况下加以采用。定量预测的优缺点在于：注重事物发展在数量方面的分析，重视对事物发展变化的程度作数量上的描述，更多地依据历史统计资料，较少受主观因素的影响。定量预测的不足在于：比较机械，不易处理有较大波动的资料，更难以预测事物的变化。

定性预测和定量预测并不是相互排斥的，而是可以相互补充的，在实际预测过程中应该把两者正确的结合起来使用。

此外，按预测的空间范围不同，分为全国性市场预测、地区性市场预测和本地市场预测等。

二、定性预测方法

（一）集合意见法

集合意见法，是由预测者召集有关人员，根据已收集的信息资料和个人的经验，对未来的市场作出判断和预测，然后由组织者把预测方案和意见集中起来进行统计处理，并根据实际情况进行修正，最终取得预测结果的方法。集合意见法的步骤：

（1）预测组织者根据预测目标，向预测者提出预测要求，并提供有关资料。

（2）预测者根据预测要求，凭个人的经验和分析判断能力，提出各自的预测方案。

（3）预测组织者计算预测者提出的预测期望值。预测期望值等于各种可能状态的主观概率与状态值的乘积之和。

（4）将参与预测的有关人员分类，如可以分为管理者、业务员、生产者等，然后将各类人员的预测期望值综合起来。综合的方法一般有平均数法、中位数法等。

（5）确定最终的预测值。最终的预测值往往需要根据实际情况进行微调。

集合意见法的形式很多，这里简要介绍其中的两种：集合经营与管理人员意见法和销售人员意见集合法。

1. 集合经营与管理人员意见法

这种方法是根据经营管理的需要，集合经营、管理等方面人员的预测方案，加以归纳、分析、判断，从而确定企业的市场预测值的方法。

这种方法增加了企业中领导与员工的联系，调动了员工的工作积极性，同时通过质的分析与量的分析相结合，有效地提高了预测的准确性，适合我国工商企业采用。

2. 销售人员意见集合法

在这种方法下，每个销售人员对它所在地区的销售额作出估计。这些预测将被重新检查一遍以确保真实性，然后将各地区预测汇集形成全国范围总预测。由于销售人员一般都很熟悉市场情况，因此，这一方法具有一些显著的优势。

（二）类推法

类推法主要有相关类推法和对比类推法。

1. 相关类推法

利用已知的相关商品的数据和资料，来推断预测商品的未来需求趋势。商品之间的相关关系大体包括：

（1）时间上的先行、后行关系。如轴承是汽车、机床的先行商品，根据汽车、机床的需求量，就可以推断轴承的需求量。

（2）可替代商品的关系。两种互相替代商品之间的需求关系往往呈反方向变化。如从木材的各种替代商品，如钢材、铝合金等的销售资料，可大体推测木材的需求变化。

（3）互补性关系。互补商品之间的需求关系往往呈同方向变动，可从互补商品的市场需求变化来推断预测商品的需求。如根据住宅建设的发展情况预测室内装饰材料的需求增长。

2. 对比类推法

一般是指根据同类商品在不同时期、不同地区的需求情况，加以对比分析，来推断其未来的发展趋势。例如，对比预测商品的上期销售情况，或历史最好年份销售情况，来预测下期的销售趋势。又如，通过分析国外某些商品的生命周期的发展变化，来预测国内同类商品的需求变化。

（三）购买者意向调查法

购买者意向调查法，就是定期直接向用户了解在下一时期购买的意向，通过综合分析，推断出用户购买意向的变动趋势。这种方法的原理是：只有用户最清楚自己将来想要购买的商品的种类和数量，因而他们提供的信息才是最可靠的。一般而言，用户调查法对未来市场需求变动预测的准确性以工业品市场最高，耐用消费品市场次之，一般消费品市场为最低。因为工业品的用户比较集中，比较固定，而一般消费品的购买行为往往受许多因素的影响，采用用户调查法会增加不确定性。在运用此方法时，通常结合进行商品调查、消费者调查和市场占有率调查。

（四）主观概率预测法

主观概率是人们凭经验或预感而估算出来的概率。它与客观概率不同，客观概率是根据事件发展的客观性统计出来的一种概率。在很多情况下，人们没有办法计算事情发生的客观概率，因而只能用主观概率来描述事件发生的概率。主观概率预测法是预测者对预测事件发生的概率（即可能性大小）做出主观估计，或者说对事件变化动态的一种心理评价，然后计算它的平均值，以此作为事件的结论的一种定性预测方法。主观概率法是一种适用性很强的统计预测方法，可以用于人类活动的各个领域。

1. 主观概率预测法的步骤

第一步，由若干个熟悉预测对象的人员组成一个预测小组，并向小组人员提出预测项目和预测的期限要求，并尽可能地向他们提供有关资料。

第二步，小组人员根据预测要求，凭其个人经验和分析判断能力提出各自的预测方案，同时每个人说明其分析理由，并允许大家在经过充分讨论后，重新调整其预测方案，力求在方案中有质的分析，也有量的分析；有充分的定性分析，又有较准确的定量描述。

第三步，预测组织者计算有关人员的预测方案的方案期望值，即各项主观概率与状态值乘积之和。

第四步，将参与预测的有关人员分类，要对每个人员分别给予不同的权数表示这种差异，最后采用加权平均法获得最终结果。

第五步，确定最终预测值。

2. 主观概率预测法的应用

【案例 3－4】

某企业为使下一年度的销售计划制订得更为科学，组织了一次销售预测，由总经理主持，参与预测的有销售部经理、市场部经理、信息部经理、财务部经理。他们根据市场销售的历史和现状，对预测期内经营情况及可能出现的自然状态，分别提出估计值和概率，如表 3－11 所示。

表 3－11　　主观概率预测

预测人员	销售量估计值					
	最高值	概率	最可能的销售量	概率	最低销售量	概率
销售部经理	3500	0.2	2600	0.6	2200	0.2
市场部经理	3300	0.1	2500	0.5	2000	0.4
信息部经理	3000	0.3	2500	0.6	1900	0.1
财务部经理	2800	0.2	2300	0.7	1800	0.1

期望值的计算方法为：

最高估计值×概率＋中等估计值×概率＋最低估计值×概率

如销售经理的期望值为：

3500×0.2＋2600×0.6＋2200×0.2＝2700（万台）

从表 3－11 中可以看出每个人每次概率大于 0 小于 1，所有事件概率之和等于 1。

采用算术平均法求出平均预测值为：

（2700＋2380＋2590＋2070）÷4＝2435（万台）

以平均预测值 2435 万台作为预测的结果。

然后再用加权平均法求出加权平均值作为调整的方案。考虑到各位预测人员的地位、作用和权威性的不同，分别给予销售部经理和信息部经理较大权数是 0.4，市场部经理和财务部经理的权数是 0.1。则综合预测值为：

2700×0.4＋2380×0.1＋2590×0.4＋2350×0.1＝2589（万台）

主观概率预测法最明显的优点是可以集思广益，避免个人独立分析判断的片面性，但它同样也存在着不足。例如，有许多企业都把完成销售计划的情况作为考核销售人员业绩的主要依据，故销售人员一般都希望尽量把计划压低，从而超计划部分可获得更多的奖励。这样在预测时，销售人员就不愿把那些有可能争取到的销售数字估计进去，从而导致降低销售预测的准确性。因此，在使用销售人员预测时，可采取一定的措施加以限制，如把预测结果同评定销售业绩分开。

（五）专家会议意见法

专家会议意见法是指邀请有关方面的专家，通过会议的形式对企业的生产经营活动的

未来发展趋势作出评价，然后综合专家们的意见作出预测的一种定性预测方法。

专家会议意见法的优点是：获取广泛的信息、创意，互相启发，集思广益。不足之处是预测的准确性可能会受到参加者的人数和素质的限制，而且权威人士的意见容易影响到其他专家，使最后的综合意见失去代表性。

1. 专家会议意见法的步骤

（1）邀请专家参加会议。专家会议意见法的预测效果的好坏，在很大程度上取决于选择的专家是否合适，选择专家要注意以下 4 点：

①确定专家的来源。②选择的专家要具有代表性。③专家要具有丰富的知识和经验。④邀请的专家数目根据预测课题的大小而定。

（2）向专家提供有关预测的背景资料。一般包括相关的历史资料、国家政策、企业经营管理的现状、市场情况等方面的资料。

（3）会议主持人提出预测目标，要求专家们充分发表意见，提出各种方案。

（4）会议结束后，由组织者根据专家们提出的方案，进行分析比较，确定预测结果。

2. 专家会议意见法的具体方法

通常可以采用 3 种形式：

（1）直接头脑风暴法，又称非交锋式会议法，是指会议不带任何限制条件，鼓励与会专家独立、任意地发表意见，没有批评或评论，以激发灵感，产生创造性思维的一种集体评估的方法。直接头脑风暴法有利于相互启发、借鉴和补充，不许提反驳意见的原则，可使气氛更加自由、融洽、热烈，不足之处就是专家们的意见容易受到权威专家的影响。

（2）交锋式会议法，与会专家围绕一个主题，各自发表意见，并进行充分讨论，最后达成共识，取得比较一致的预测结论。

（3）混合式会议法，又称质疑头脑风暴法，是对头脑风暴法的改进。它将会议分为两个阶段，第一阶段是非交锋式会议法，产生各种思路和预测方案；第二阶段是交锋式会议法，对上一阶段提出的各种设想进行质疑和讨论，也可提出新的设想，相互不断启发，最后取得一致的预测结论。

（六）德尔菲法

德尔菲法，又称专家函询意见法，它是由美国的兰德公司（LAND）于 1946 年首创和使用的，20 世纪 50 年代以后在西方盛行起来。德尔菲是古希腊一座城的名字，该城有座太阳神阿波罗的神殿，因阿波罗可以预卜未来，故后人借用德尔菲比喻神的高超预见能力。后来的不少预言家，都曾先后在此发表演说，提出种种预言，从此德尔菲就成为专家提出预言的代名词。

德尔菲法是以匿名的方式，轮番征询专家意见，然后进行综合、整理、分析，最终得出预测结果的一种定性预测方法。

德尔菲法是市场预测定性方法中最重要、最有效的一种方法，应用十分广泛，可用于预测商品供求变化、市场需求、商品价格、商品销售、市场占有率、商品生命周期等方面。这种方法不但在企业预测中发挥作用，还在行业预测、宏观市场预测中采用。它不仅用来进行短期预测，还可用来进行中、长期预测，效果都比较好，尤其是当预测中缺乏必要历史数据，应用其他预测方法有困难时，采用德尔菲法预测能得到较好效果。

1. 德尔菲法的特点

这种特殊的经验意见综合法，较之一般的经验意见综合法有以下 4 个显著的特点：

（1）匿名性。在德尔菲法每一轮的征询中，均采取背靠背的办法向专家征询意见，专家之间彼此不通气，这样做，可以保证每位专家（如老前辈或者较高地位者）不可能制约影响其他人的意见，使其他人碍于情面而不提出不同的意见。所以，匿名可以创造一种平等、自由的气氛，鼓励专家发表自己的见解。

（2）反馈性。采用德尔菲法要多次轮番征询意见，每次征询都必须把预测主持者的要求和已经参加应答的专家意见的统计资料反馈给专家，具有信息反馈沟通特点。这样经过多次反馈，可以不断修正预测意见，使预测结果比较准确可靠。

（3）集思广益。在整个预测过程中，每一轮都将上一轮的许多意见与信息进行汇总和反馈，可以使专家们在背靠背的情况下，能充分了解各方面的客观情况和别人的意见，以及持不同意见的理由，有助于专家们开拓思路，集思广益。

（4）趋同性。德尔菲法注意对每一轮专家意见作出定量的统计归纳，使专家能借助反馈意见，最后使预测意见趋于一致。因此，无论是从理论上还是从实践情况来看，德尔菲法常常能使专家的预测结果“趋同”，而且这种“趋同”不带有集体讨论预测法中盲从权威的色彩。

总之，德尔菲法既能发挥每个专家的经验和判断力，又能将个人的意见，有效地综合为集体意见。可以认为，它是一种科学性较强，适用范围广，可操作性强，较为实用的定性预测方法。然而，德尔菲法也有一定的局限性，例如，预测需要的时间较长，主要凭专家的主观判断，缺乏客观标准等。为了克服上述局限性，希望预测者在保证科学性、合理性的前提下，灵活运用德尔菲法。

2. 德尔菲法的预测步骤

（1）成立预测领导小组。

（2）选择专家。在明确预测的范围和种类后，依据预测问题的性质选择专家，这是德尔菲法进行预测的关键步骤。

选择专家要注意：①选择的专家要具有代表性；②要选择既精通业务又熟悉市场情况、具有预见性和分析能力的专家；③专家人数的多少要视预测课题的大小而定，一般以 15～20 人为宜。

（3）设计调查表。调查表设计质量直接影响着调查预测的结果。基本要求是：所提问题应明确，回答方式应简单，便于对调查结果的汇总和整理。

（4）组织调查实施，征询专家意见。

这一阶段主要通过反复地轮番征询专家们的意见来实现的。第一轮，预测主持者首先通过书信向专家寄送意见征询表，请专家于限定时间内寄回结果。接到各专家的结果之后，将各种不同意见进行综合整理和汇总，再分送给各位专家，请他们对各种意见进行比

较、修正或发表自己的意见、判断。这样，在第二轮意见中，每位专家都能了解其他人的意见，以及其他人对自己意见的评价。第二轮答案寄回后，再加以综合整理与反馈，进行第三轮、第四轮……经过这样几轮的反复征询，使各位专家的意见趋向一致，一般情况下，专家意见经过三四轮征询，会基本趋于一致。

（5）汇总处理调查结果。这是专家函询预测工作的最后一个环节，预测组织者根据前面几轮的专家意见，将调查结果汇总，进行进一步的统计分析和数据处理。一般可以计算专家估计值的平均值、中位数、众数等作为最终的预测值。

3. 德尔菲法的优缺点

（1）德尔菲法的优点有：便于独立思考和判断；低成本实现集思广益；有利于探索性解决问题；应用范围广泛。

（2）德尔菲法的缺点有：缺少思想沟通交流；易忽视少数人的意见；存在组织者主观影响。

4. 德尔菲法的应用

【案例 3－5】

某贸易公司要从外地购进一批新产品，这种产品在本地还没有销售记录。于是，该公司成立调查小组预测该产品在本地的全年销售量。调查小组聘请业务经理和推销员等 11 位专家，将该产品的样品、特点、用途及同类产品价格和销售情况向这 11 位专家作了详细介绍，发给书面意见书，要求他们就该产品在本地的全年销售情况提出个人意见。经过 3 次反馈，得到如表 3－12 所示的结果。

表 3－12　　某新产品在本地销售数量预测　　单位：台

专家编号	第一次预测			第二次预测			第三次预测		
	ys	*ym*	*yl*	*ys*	*ym*	*yl*	*ys*	*ym*	*yl*
1	1000	1500	1800	1200	1500	1800	1100	1300	1800
2	400	900	1200	600	1000	1300	800	1000	1300
3	800	1200	1600	1000	1400	1600	1000	1400	1600
4	1500	1800	3000	1200	1500	3000	1000	1200	2200
5	200	400	700	400	800	1000	600	1000	1200
6	600	1000	1500	600	1000	1500	600	1200	1500
7	500	600	800	500	800	1000	800	1000	1300
8	500	600	1000	700	800	1200	700	900	1300
9	800	1000	1900	1000	1100	2000	600	900	1300
10	900	1100	1800	1000	1200	1900	900	1200	1600
11	500	900	1200	600	1000	1300	700	1000	1400
平均	700	1000	1500	800	1100	1600	800	1100	1500

其中，*ys* 为最低销售量，*ym* 为最可能销售量，*yl* 为最高销售量。

本题采用简单算术平均数法进行统计处理，预测过程如下：

由汇总表中，可以看出在第一轮预测中，最低销售量的平均数为 700 台，全距为 1300 台；最可能销售量的平均数为 1000 台，全距为 1400 台；最高销售量的平均数为 1500 台，全距为 2300 台，专家之间的意见分歧较大；在第二轮预测中，组织者将第一轮预测的结果整理汇总作为新的资料分发给各个专家，使每位专家能了解其他成员的想法，于是大家在第二轮中提出了新的预测结果，这时最低销售量的平均数为 800 台，全距缩小为 800 台；最可能销售量的平均数为 1100 台，全距缩小为 700 台；最高销售量的平均数为 1600 台，全距缩小为 2000 台，但仍有较多分歧；在第三轮预测中，组织者将第二轮预测的结果整理汇总作为新的资料分发给各个专家，这时有的专家对上一轮的结果进行了微调，这时最低销售量的平均数仍为 800 台，但全距缩小为 400 台；最可能销售量的平均数仍为 1100 台，但全距缩小为 500 台；最高销售量的平均数为 1500 台，全距缩小为 900 台。由表中数据可以看出，到了第三轮，专家们的分歧已很小，组织者可将第三轮预测的三项数值的平均数通过赋予不同权数进行加权平均后的最后的预测结果，假如按 0.60、0.20 和 0.20 的概率加权平均，则预测该新产品的年销售量为：

$$800 \times 0.6 + 1100 \times 0.2 + 1500 \times 0.2 = 1120 \text{（台）}$$

三、定量预测方法

前面已经提到定量预测是根据已掌握的比较完备的历史统计数据，运用一定的数学方法进行科学的加工整理，借以揭示有关变量之间的规律性联系，用于预测和推测未来发展变化情况的一种预测方法，它基本上可分为两种：一种是时间序列模式，另一种是因果关系模式。

（一）时间序列预测法

时间序列预测法是指对某一市场现象编制时间序列，通过统计分析和建立数学模型，使其向外延伸或外推，预计未来的发展变化趋势，确定市场预测值的方法。时间序列按各种因素作用的效果不同，分为 4 种变动形式：长期趋势、季节变动、循环变动和随机波动。

常用的时间序列预测方法有简单算术平均法、加权算术平均法、移动平均法、指数平滑法等，时间序列主要用于短期预测。

1. 简单算术平均法

简单算术平均法是以观察期内时间序列的各期数据（观察变量）的简单算术平均数作为下期预测值的方法。用算术平均法进行市场预测，需要一定的条件，只有当数据的时间序列表现出水平型趋势即无显著的长趋势变化和季节变动时，才能采用此法进行预测。如果数列存在明显的长期趋势变动和季节变动时，则不宜使用。

世界上第一个股票价格平均——道琼斯股价平均数在 1928 年 10 月 1 日前就是使用简单算术平均法来计算的。

简单算术平均法的计算公式：

$$\overline{X}=\frac{X_1+X_2+\cdots+X_n}{n}=\frac{\sum_{i=1}^{n}X_i}{n}\text{，或简写成 }\overline{X}=\frac{\sum X}{n}$$

式中：$\overline{X}$ 为平均数；X_i 为第 i 期实际数；n 为期数。

【案例 3－6】

某公司 2009 年 1～6 月的营业额分别为 40 万元、45 万元、50 万元、55 万元、60 万元、65 万元，试预测 7 月该公司的营业额。

解：该公司 2009 年 1～6 月的营业额的简单平均数为

$$\overline{X}=\frac{\sum X}{n}=\frac{40+45+50+55+60+65}{6}=52.5(\text{万元})$$

因此预测 2009 年 7 月该公司的营业额为 52.5 万元。

2. 加权算术平均法

加权算术平均法是指将时间数列的各个数据看做对预测值的影响程度不同，分别给各个数据以不同的权数后计算加权平均数，并将其作为下期预测值的方法。其计算公式为：

$$\overline{X}=\frac{X_1f_1+X_2f_2+\cdots+X_nf_n}{f_1+f_2+\cdots+f_n}=\frac{\sum_{i=1}^{n}X_if_i}{\sum_{i=1}^{n}f_i}\text{，或简写成 }\overline{X}=\frac{\sum Xf}{\sum f}$$

式中：$\overline{X}$ 为平均数；X_i 为第 i 期实际数；f_i 为第 i 期实际数的权数。

【案例 3－7】

某学院对其在校学生每月消费情况进行分组抽样调查，调查资料如表 3－13 所示。试计算该学院学生的月平均消费额。

表 3－13　　大学生每月消费情况

组别 n	月消费(元)X_i	调查人数 f_i	每组月消费 X_if_i
1	150	4	600
2	240	6	1440
3	280	9	2520
4	350	12	4200
5	380	15	5700
6	400	20	8000

续 表

组别 n	月消费(元)X_i	调查人数 f_i	每组月消费 $X_i f_i$
7	450	25	11250
8	500	22	11000
9	550	18	9900
10	600	10	6000
合计	—	141	60610

解：利用加权平均法公式可以得到

$$\overline{X}=\frac{\sum Xf}{\sum f}=\frac{60610}{141}=429.86(\text{元})$$

因此，该学院每个学生每月平均消费为 429.86 元。

加权平均法的关键是确定适当的权数。只有确定适当的权数，才能得到满意的预测值。而权数的确定，只有根据预测者对时间序列的观察分析而得知。一般情况下，应该考虑：其一，根据预测期的远近，远期观察值权数应该小些，近期观察值权数应该大些；其二，时间序列本身的变动幅度大小，对于波动幅度较大的时间序列，给予的权数差异大些，而对于变动幅度小的时间序列，给予的权数差异可以小些。在预测者不能肯定如何分配理想的权数时，可以同时采用几个权数计算，最后视误差大小选择最适当的权数值。

加权平均法与简单平均法相比具有的优势：根据对各个不同时期数据的具体分析，给予不同的权数。一般情况下，对预测值影响越重要的数据权数越大，反之，越小，权数之间的级差一般根据经验来判断确定。加权平均法较能真实地反映时间序列的规律，考虑了事件的长期发展趋势。

3. 移动平均法

移动平均法是指在观察预测对象的历史数据条件下，由远而近采用逐项递移方法，计算一系列平均数，把每期平均数作为下一期预测值的方法。这种方法按一定跨越期逐一求得平均值，随观察值向后推移，平均值也向后移动，形成一个由平均值组成的新的时间序列，对新时间序列中平均值加以调整，可作为观察期内的估计值，最后一个平均值是预测值计算的依据。

移动平均法预测的准确程度，取决于移动跨越期的长短。预测者确定跨越期长短要根据以下两个方面：一是要根据时间序列本身的特点；二是根据研究问题的需要。若时间序列观察值的波动主要是由随机因素引起的，是为了反映预测事物的长期变动趋势，跨越期可以适当长些；若时间序列观察值的波动主要不是由随机因素引起的，而是现象本身的变化规律，是为了灵敏地反映历史数据的变动趋势，跨越期可以适当短些。移动平均法主要包括一次移动平均法和二次移动平均法。

(1) 一次移动平均法是依次取时间序列的 n 个观察值进行平均，并依次移动，得出一个平均序列，并且以最近 n 个观察值的平均数作为预测值的预测方法。适用于具有明显线性趋势的时间序列数据的预测。一次移动平均法只能用来对下一期进行预测，不能用于长期预测。

必须选择合理的移动跨期，跨期越大对预测的平滑影响也越大，移动平均数滞后于实际数据的偏差也越大。跨期太小则又不能有效消除偶然因素的影响。

其计算公式为：

$$\overline{X}_t=\frac{X_{t-1}+X_{t-2}+\cdots+X_{t-n}}{n}$$

式中：$\overline{X}_t$ 为预测值；X_t 为第 t 期实际数；t 为资料的时间数（年、季、月）；n 为移动平均的时间段长。

【案例 3－8】

某公司 2000—2009 年的销售额如表 3－14 所示。试预测 2010 年和 2011 年的销售额。

表 3－14　　某公司 2000—2009 年销售资料　　单位：万元

年份	销售额	$n=5$ 的移动平均值		
		平均值	趋势变动值	平均趋势变动值
2000	80			
2001	82			
2002	71			
2003	82	81		
2004	90	82	1	
2005	85	85	3	
2006	97	88	3	
2007	86	89	1	
2008	87	88.2	−0.8	1.4
2009	86			

解：具体预测步骤如下。

①选择跨越期。跨越期的多少，直接关系到对原时间序列资料的修匀程度，如果跨越期越长，则修匀程度越大，即曲线越平滑；而期数越少，预测值对数据波动的反映越灵敏，有利于反映实际数据的波动情况。如果时间序列资料按年编制，跨越期可适当短一些，如果按季、月、周编制，则跨越期可相对长一些。

②计算跨越期 $n=5$ 时的一次移动平均值，计算结果如上表所示。

③计算趋势变动值。2007 年的趋势变动值以 2008 年为基准，即 82－81＝1，依此类推，计算结果如上表所示。

趋势变动值，是求得预测值的依据之一。在使用趋势变动值时，应根据不同情况分别进行考虑：当每年的趋势变动值比较平稳，即各年之间差别不大时，可以采用最后一年的趋势变动值作为趋势变动平均值；当各年之间趋势变动值差别较大时，则可以将趋势变动值用移动平均法求一次移动平均值，并以最后一个移动平均值作为趋势变动值。

④计算预测值。预测值＝最后一项移动平均值＋最后一次移动平均值距离预测期的间隔数×趋势变动值。

本例题中跨越期 $n=5$ 时，最后一项的移动平均值为 88.2，最后一项移动平均值距离预测期 2010 年的间隔数为 3，距离预测期 2011 年的间隔数为 4；由于跨越期 $n=5$ 的趋势变动值的变动幅度较大，所以采用平均趋势变动值进行预测：

2010 年的预测值＝88.2＋3×1.4＝92.4（万元）

2011 年的预测值＝88.2＋4×1.4＝93.8（万元）

所以，2010 年和 2011 年的销售额预测值分别为 92.4 万元和 93.8 万元。

从上面的例题可以看出，一次移动平均法可以消除由于偶然因素引起的不规则变动，同时又保留了原时间序列的波动规律。而不是像简单平均法那样，仅用若干个观察值的一个平均数作为预测值。

但是一次移动平均预测法也有其局限性。表现在：其一，只能向未来预测一期；其二，对于有明显趋势变动的市场现象时间序列，一次移动平均法是不适合的，它只适用于基本呈水平型变动，又有些波动的时间序列，可以消除不规则变动的影响。

（2）二次移动平均法是就是对时间序列的一次移动平均值再次进行第二次移动平均，利用一次移动平均值和二次移动平均值的滞后偏差的演变规律，建立线性方程进行预测的方法。

假定：$\overline{X}_1^{(1)},\overline{X}_2^{(1)},\overline{X}_3^{(1)},\cdots,\overline{X}_n^{(1)}$ 为呈线性趋势某时间序列的一次移动平均值；$\overline{X}_t^{(2)}$ 为时间序列的二次移动平均值（$t=1,2,\cdots,n$）；跨越期为 n。二次移动平均值计算公式为：

$$\overline{X}_t^{(2)}=\frac{\overline{X}_t^{(1)}+\overline{X}_{t-1}^{(1)}+\overline{X}_{t-2}^{(1)}+\cdots+\overline{X}_{t-n+1}^{(1)}}{n}$$

利用二次移动平均法进行预测的时间序列线性模型为：

$$Y_{t+T}=a_t+b_tT$$

其中

$$a_t=2\overline{X}_t^{(1)}-\overline{X}_t^{(2)}$$

$$b_t=\frac{2(\overline{X}_t^{(1)}-\overline{X}_t^{(2)})}{n-1}$$

式中：Y_{t+T} 为第 $t+T$ 期的预测值；$\overline{X}_t^{(1)}$ 为一次移动平均值；$\overline{X}_t^{(2)}$ 为二次移动平均值；t 为预测模型所处的时间周期；T 为由预测模型所处的时间周期至需要预测的时间之间的周期数；a_t，b_t 为参数（线性方程式的截距和斜率）。

二次移动平均法与简单平均法、加权平均法、一次移动平均法相比，既可以计算未来某一期的预测值，也可以计算未来若干期的预测值，因而有了很大的进步。但是，预测模型的参数是根据已有的数据来确定的，当数据趋势有逐渐改变的迹象时，这种方法就不宜推算未来较多时期的预测值，而只能推算出较少时期的近期预测值。

4. 指数平滑法

指数平滑法是预测中广泛使用的一种预测方法，它是在移动平均法的基础上发展起来的一种时间序列平滑预测法，是加权移动平均法的延伸。指数平滑法是指通过对预测目标历史统计序列的逐层的平滑计算，消除随机因素造成的影响，找出预测目标的基本变化趋势，并以此预测未来的方法。

优点是只要有上期实际数和上期预测值，就可计算下期的预测值，这样可以节省很多数据和处理数据的时间，减少数据的存储量，方法简便。所以应用范围较为广泛，适于短期预测。指数平滑法按市场现象观察值被平滑的次数不同，具体分为一次指数平滑法和二次指数平滑法。这里重点介绍一次指数平滑法。

（1）一次指数平滑法是指根据对权数递增快慢的要求，选择权数（平滑系数）a（$0\leqslant a\leqslant 1$），对本期的实际值加权平均来推算下一期的预测值的一种预测方法。其计算公式为：

$$\overline{x}_t = ax_{t-1} + (1-a)\overline{x}_{t-1}$$

上式也可表示为：

$$\overline{x}_t = \overline{x}_{t-1} + a\ (x_{t-1} - \overline{x}_{t-1})$$

式中：$\overline{x}_t$ 为第 t 期的预测值；$\overline{x}_{t-1}$ 为第 $t-1$ 期的预测值；x_{t-1} 为第 $t-1$ 期的实际值；a 为平滑系数（$0\leqslant a\leqslant 1$）。

在应用指数平滑法时，正确选取 a 值很重要。a 值越大，则近期资料影响越大；反之，则近期资料影响越小。a 取值的一般原则是：时间序列长期趋势处于稳定的状态，a 取值应较小，如 0.1～0.3；时间序列具有迅速且明显的变化倾向，a 取值应适中，如 0.3～0.5；时间序列波动呈明显的上升或下降的斜坡趋势时，a 取值应较大，如 0.6～0.8；在实用中，可取若干个 a 值进行比较，选择预测误差最小的 a 值。合适的 a 值要根据过去的数据经过试算和误差分析求得。在一次指数平滑预测中，通过用不同的 a 值对一次指数平滑值的测算，可以明确两个问题。首先，可以确定被研究市场现象是否适合用一次指数平滑法进行预测；然后，可以通过误差大小的比较，得到最优 a 值作为确定的平滑系数。

一次指数平滑法预测的步骤：

a. 选择平滑系数和时间序列观察期；

b. 确定初始预测值；

c. 计算各期的一次指数平滑数；

d. 进行预测，并根据误差分析对预测结果进行调整。

【案例 3－9】

某地区 2003—2009 年财政收入如表 3－15 所示：

表 3－15　　某地区 2003—2009 年财政收入　　单位：亿元

年份	2003	2004	2005	2006	2007	2008	2009
财政收入	1121.1	1103.3	1085.2	1089.5	1124.0	1249.0	1501.9
年份	2003	2004	2005	2006	2007	2008	2009
财政收入	1866.4	2260.3	2368.9	2628.0	2947.9	3312.6	3610.9

给定平滑系数 $a=0.8$，取前 5 期数值进行简单平均作为初始值，试用指数平滑法预测该地区 2010 年的财政收入。

解：①选择平滑系数，该例题中已给定平滑系数 $a=0.8$

②确定初始值：(1121.1＋1103.3＋1085.2＋1089.5＋1124.0) ÷5＝1104.6（亿元）

③编制预测值计算如表 3－16 所示：

表 3－16　　预测值计算

年份	财政收入（亿元）	平滑预测值
1996	1121.1	1104.6
1997	1103.3	1117.8
1998	1085.2	1106.2
1999	1089.5	1089.4
2000	1124.0	1089.5
2001	1249.0	1117.1
2002	1501.9	1222.6
2003	1866.4	1446.0
2004	2260.3	1782.3
2005	2368.9	2164.7
2006	2628.0	2328.1
2007	2947.9	2568.0
2008	3312.6	2871.9
2009	3610.9	3224.5

④预测 2010 年财政收入总额。$t=15$

$$\overline{X}_{15}=aX_{14}+(1-a)\overline{X}_{14}=0.8\times3610.9+(1-0.8)\times3224.5=3533.6(\text{亿元})$$

(2) 二次指数平滑法。和二次移动平均法一样，一次指数平滑法在处理有线性趋势的时间序列时，也会产生滞后偏差。为了进一步减少偶然因素对预测值的影响，提高指数平滑对时间序列的吻合程度，可在一次平滑的基础上进行第二次平滑，道理同二次移动平均法相同。二次指数平滑法的计算公式为：

$$S_t^2 = aS_t^1 + (1-a)S_{t-1}^2$$

式中：S_t^2 为 t 期的二次指数平滑值；S_{t-1}^2 为 $t-1$ 期的二次指数平滑值；S_t^1 为 t 期的一次指数平滑值，即 $\bar{x}_t$；a 为平滑系数（$0 \leqslant a \leqslant 1$）。

二次指数平滑法对于具有明显线性趋势的时间序列，不但可以用于短期预测，而且可以用于近期或中期的市场预测。它与一次指数平滑法相比是更先进的方法。

（二）回归分析预测法

回归分析预测法是对具有相关关系的变量，在固定一个变量数值的基础上，利用回归方程测算另一个变量取值的平均数。它是在相关分析的基础上，建立相当于函数关系式的回归方程，用以反映或预测相关关系变量的数量关系及数值。

1. 回归分析预测法的步骤

(1) 确定预测目标。通过对企业外部环境和企业内部条件的分析，找出影响企业生存和发展的主要因素作为预测目标。

(2) 寻找影响因素。通过市场调查，寻找与预测目标相关的影响因素，确定主要影响因素。

(3) 收集整理历史和现实资料。

(4) 进行相关分析。通过绘制散点图和计算相关系数，判断预测目标与影响因素之间的相关关系，为建立预测模型奠定基础。

(5) 建立回归模型。通过大量数据的分析，判断预测目标与影响因素之间变化的趋势线类型，并根据趋势线类型，建立回归预测模型。

(6) 求解模型参数。

(7) 对回归预测模型进行检验。

(8) 利用回归模型进行预测。根据经过分析和检验建立的回归分析预测模型进行预测。

由于影响事物发展变化的因素既可能是一个因素，也可能是多种因素；影响因素与事物之间的变化关系也存在着多种形态，既可能是呈直线变化，也可能是呈曲线变化。由此产生了回归预测的几种类型：一元线性回归预测、一元非线性回归预测、多元线性回归预测、多元非线性回归预测。其中一元线性回归预测法是回归预测中最基本、最简单的预测方法，在这里，我们只介绍一元线性回归预测法。

2. 一元线性回归预测法

一元线性回归预测法是分析一个因变量与一个自变量之间的线性关系的预测方法。在经济活动中，经常存在着一个变量随着另一个变量的变化而变化的现象。如果通过大量的数据资料分析，发现两个变量呈线性变化，便可借助一元线性回归预测法进行预测。但是，由于事物之间存在着普遍联系，一个事物的发展变化往往受到很多因素的影响和制约，一元线性回归预测法就是要从影响事物发展变化的众多因素中，找出一个主要因素或决定性因素，作为自变量，通过建立一元回归方程，来预测因变量。

若通过大量数据资料的分析，预测目标与影响因素之间变化大体呈直线变化，则以预测目标为因变量，影响因素为自变量，建立一元线性回归预测模型：

$$y=a+bx$$

式中：y 为因变量；x 为自变量；a、b 为回归模型的参数，其中 b 为回归系数，表示当 x 每增加一个单位时，y 的平均增加量。

一元线性回归模型评价与检验：

(1) 拟合程度评价。通常用可决系数 r^2 来衡量，计算公式为

可决系数：

$$r^2=1-\frac{\sum(y-\hat{y})^2}{\sum(y-\bar{y})^2}=1-\frac{\sum y^2-a\sum y-b\sum xy}{\sum y^2-\frac{1}{n}(\sum y)^2}$$

相关系数：

$$r=\pm\sqrt{r^2}$$

(2) 估计标准误差是评价实际值与估计值的标准误差大小的综合指标。计算公式为

$$S_y=\sqrt{\frac{\sum e^2}{n-2}}=\sqrt{\frac{\sum(y-\hat{y})^2}{n-2}}=\sqrt{\frac{\sum y^2-a\sum y-b\sum xy}{n-2}}$$

相对标准误差

$$V_S=S_y/\bar{y}$$

(3) 回归系数 b 的显著性检验。通常采用 t 检验，其统计量为：

$$t_b=\frac{b}{S_b}=\frac{b}{S_y^2/\sum(x-\bar{x})^2}$$

由选择的显著水平 a 和自由度 ($n-2$) 查 t 分布表，可得临界值 $t_{a/2}$，若 $t_b>t_{a/2}$，则回归系数 b 具有显著性，反之，则不具有显著性。

(4) 回归方程的显著性检验。采用 F 检验，统计量为

$$F=\frac{\sum(\hat{y}-\bar{y})^2/1}{\sum(y-\hat{y})^2/n-2}=\frac{r^2}{1-r^2}(n-2)$$

由选择的显著水平 a 和自由度 (1，$n-2$) 查 F 分布表，得临界值 Fa，若 $F>Fa$，则回归方程具有显著性，反之，则相反。对于一元线性回归方程而言，因为只有一个自变量，故 t 检验和 F 检验是等价的，只需作一个检验即可。

(5) $D.\ W$ 检验。误差序列的自相关检验，首先计算误差序列统计量 d ($D.\ W$ 值)，公式为

$$d=\frac{\sum(e_i-e_{i-1})^2}{\sum e_i^2}\qquad(0\leqslant d\leqslant 4)$$

然后根据给定的显著水平 a，自变量个数 k 和样本数据个数 n，查 D. W 分布表，得到下限值 d_L 和上限值 du，用下列原则作出判别：

①$d_l<d<4-d_u$ 无自相关；

②$0<d<d_L$ 存在自相关；

③$4-d_L<d\leqslant 4$ 存在负相关；

④$d_L\leqslant d\leqslant d_u$ 难以判定；

⑤$4-d_u\leqslant d\leqslant 4-d_L$，难以判定。

一元线性回归模型通过各种检验评价之后，则可利用回归模型进行有关问题的分析、预测和控制。其应用有以下几个方面：

①边际分析和弹性分析。回归系数 b 就是平均边际变化率。而平均弹性系数（E）为

$$E=b\cdot\frac{\bar{x}}{y}$$

②临界点或平衡点分析。根据横截面样本数据建立的回归模型，则可用来测定收支相等的临界点。

$$x=y=\frac{a}{1-b}$$

③利用回归模型进行预测：点预测、区间预测。

④利用回归模型进行控制：求 y 在确定范围内取值，自变量 x 控制在什么数值上或取值范围内。

【案例 3－10】

表 3－17 是某市近 15 年社会消费品零售额，人均 GDP 的数据。经分析，当年社会消费品零售额与当年人均 GDP 的相关系数为 0.9946，上年人均 GDP 的相关系数为 0.9979，两种情形的线性相关关系都很高，为了预测的方便，我们选择上年人均 GDP 作为自变量 x 来预测社会消费品零售额（y）。

表 3－17　　某市社会消费品零售额和人均 GDP 数据

年序（T）	社会消费品零售额(亿元)（y）	人均 GDP（元/人）	上年人均 GDP（元/人）
1	74.5	1356	1104
2	81.1	1513	1356
3	83.3	1634	1513
4	94.2	1880	1634
5	109.9	2286	1880
6	124.6	2930	2286
7	162.7	3923	2930
8	206.2	4854	3923

续 表

年序（T）	社会消费品零售额(亿元)(y)	人均 GDP（元/人）	上年人均 GDP（元/人）
9	247.7	5576	4854
10	273.0	6054	5576
11	291.6	6308	6054
12	311.4	6552	6308
13	341.6	7086	6552
14	366.5	7654	7086
15	383.5	7988	7654

经计算，可求得如下回归模型

$$\hat{y}=16.8628+0.0478X_{t-1}$$

$$(4.264)\ (56.082)$$

$$r^2=0.996 \qquad F=3145.23 \qquad Sy=7.51 \qquad DW=1.102$$

根据此模型提供的检验统计量，该回归模型的各项检验均能通过，表明模型的拟合程度较高，解释能力较强。此模型表明，上年人均 GDP 每增加 1 元，社会消费品零售额可增加 0.0478 亿元。将本年人均 GDP（7988 元）代入模型中，可求得下年社会消费品零售额的预测值为：

$\hat{y}_{16}=16.8628+0.0478\times7988=398.69$（亿元）

任务实训

选定有代表性的案例或在当地选择一家企业，收集预测所需要的数据资料，运用指数平滑法进行预测。

复习思考

1. 市场预测有哪些分类？
2. 常用的定性预测方法有哪些？
3. 常用的定量预测方法有哪些？

案例分析

××××年消费品零售额分析预测

××××年以来，我国经济在前两年高增长的基础上进一步加快，原因之一是消费品

零售额持续快速增长，消费需求对经济增长的贡献显著提高，这是多年来宏观调控所期盼的结果。消费需求旺盛增长源于五方面的因素：一是收入对消费的拉动作用明显增大；二是国民经济连续数年高速增长，消费者信心与日俱增；三是农村消费增速加快幅度大于城市；四是餐饮业对总消费的贡献率不断提高；五是消费结构升级产品保持较快增长。要保护消费强势增长势头，未来一个时期在社会保障、资本市场以及物价等方面的政策调控必须强调保护消费者的利益。当前的消费快速增长具有相当的可持续性，预计××年全年社会消费品零售额将增长15.8%，创1997年以来的最快增速。

当年1～5月消费品零售额呈现不断加速的增长势头，下半年这种增长势头不仅仍会延续，而且增速有可能高于上半年，预计全年消费品零售额名义增长15.8%，比去年增幅提高2.1个百分点，这将是10年以来消费品零售额的最快增速。

1. 消费品零售额快速增长具有可持续性

一是扩大消费的政策基本面不会发生变化。2年以来，我国经济持续高速增长，为了预防经济增长由偏快转向过热，也为了减少外贸摩擦，国家出台了一系列控制投资过快增长，抑制贸易顺差激增的政策措施，投资需求和出口需求的增长或多或少会受到影响，但是，对于消费需求始终采取鼓励、扩大、支持的政策导向，调整投资和消费关系，增强消费对经济增长的拉动作用是宏观调控的主基调。正是由于国家扩大消费的政策基本面短期内不会发生变化，因而消费需求持续增长的势头不会逆转。

二是与消费结构升级相关的热点消费不会降温。城市消费的热点是汽车和住房等消费结构升级产品，目前看这些消费品仍将保持较快增长。从汽车来看，有调查表明，由于受到股市火暴影响，部分购买汽车的资金向股市转移，同时受征收燃油税和提高车船使用税的影响，汽车消费增势不如去年，但事实上，1～5月限额以上商品销售中汽车类销售同比增长34.2%，在各类商品销售增长中排名第四位，比上年增速加快4.8个百分点，汽车销售依然呈现旺势。

从住房消费看，××××年以来，我国房地产开发投资不断加速，1～5月增长27.5%，高于城镇投资1.6个百分点，5月全国70个大中城市房屋销售价格同比上涨6.4%，环比上涨1.0%，涨幅均比上月有所提高，也比年初水平明显提高。住房销售呈现量、价齐升的局面，巨大的需求是商品房市场交易活跃的根本原因。

三是肉蛋油类农副食品涨价对于农民增收促进较大。受多种原因的影响，当年肉蛋油类农副食品涨价幅度较大，虽然等到粮食丰收以后价格会有所下浮，但大幅下跌的可能性不大，因为通过国家储备肉和进口调剂价格的空间较小，农民从肉蛋油类农副食品涨价中将获得一定的增收。此外，当年财政对农业补贴数量增大、进度提前，有利于农民消化农资涨价因素，而国家继续实行农产品最低保护价收购政策，有利于农民务农收入的增长。预计今年农民人均纯收入增幅要高于上年，这将有力促进农民消费的增长。

四是城市公务员和事业单位绩效工资上调陆续实施。××××年年初公务员工资大幅提高，有力地促进了城市居民收入的增长，当年1～2月银行工资性现金支出大幅增长112.9%，创历史最高水平。收入增长直接推动了1～5月消费的增长。而目前城市公务员和事业单位绩效工资上调开始陆续实施，绩效工资上调将进一步促进城市居民收入的增长，引导消费增加。

五是集团消费呈现高水平增长。过去我们有集团消费数据的统计，在经济和消费增长快的时候，也是集团消费快速增长的时期。当前也不例外，据权威部门透露，目前单位集团购车、购房和购买办公用品增幅巨大，非个人消费在总消费中占比不断提升。

六是餐饮和旅游继续旺盛，向更广泛的区域和群体延伸。前面的分析已表明，住宿和餐饮业零售额快速增长，对消费品零售额的贡献率不断提高，而旅游、娱乐和健身等服务性消费也在以较快的速度增长，当年“五一”黄金周，餐饮业和旅游继续旺盛增长，特别是火车提速、将提前买票的购买时间由 4 天延长为 10 天，为出外旅游者提供较大方便，有利于促进此类消费。此外，根据调查，目前大城市旅游消费增长变化不大，但中小城市甚至农民出外旅游的人数大量增加，也就是说，非物质的服务性消费向更广泛的领域延伸，有利于促进整体消费的增长。

2. 全年消费增幅将高于前年 2.1 个百分点

根据上述分析，考虑到政策、收入和消费结构等因素的影响，我们认为当年 6～12 月消费品零售额仍将延续前 5 个月快速增长的态势，消费对经济增长的贡献有望进一步提高。初步预计，当年全年将实现社会消费品零售额 88482.8 亿元，同比增长 15.8%，比 1～5月加快 0.6 个百分点，比 2 年前增幅提高 2.1 个百分点，这是 10 年以来消费品零售额名义增长的最快速度。考虑到当年物价涨幅较大，消费实际增长大约在 12.8%左右，高于上年同期 0.2 个百分点。分城乡看，预计城市消费品零售额将达 59892.5 亿元，同比增长 16.2%，增幅高于上年 1.9 个百分点，比 1～5 月加快 0.4 个百分点；县及县以下完成消费品零售额 28590.3 亿元，同比增长 14.9%，增幅高于上年 2.3 个百分点，比 1～5 月加快 0.8 个百分点；农村消费增速的提高幅度大于城市，城乡消费增速的差距维持在 1.3 个百分点。

问题：

该案例中的预测采用了什么方法？主要进行了哪些方面的预测？

任务四　撰写调查报告

1. 了解分析市场调查资料的含义
2. 熟悉定性分析常用的方法
3. 熟悉定量分析常用的方法

情景案例

关于大学生职业设计的调查报告

■ 导言

随着高校毕业生就业制度的改革和就业形势的变化，大学生就业难的问题日益突出。导致毕业生就业难的因素很多，除经济发展状况、就业环境、就业体制、人事制度等外在的客观因素外，大学生个体的择业观念、职业设计、就业准备等因素也是导致就业难的重要原因。大学生的职业设计问题既包括对择业的偏好、意向、期望等观念研究，也必然涉及就业准备、对就业有影响的因素等操作分析。为了实证性地研究大学生职业设计的问题，笔者于2002年6月在某大学对2002届已确定工作单位的260名本科毕业生作了关于大学生职业设计的正式调查。

■ 研究方案

(1) 研究假设，包括：

首先，随着社会的进步，传统的“官本位”观念在大学生择业的过程中逐渐淡化。

其次，新一代大学生的个体意识逐渐加强，更加关注经济待遇和注重自我价值的实现，并且个体价值出现了多元化，并非一定要由经济待遇来体现。

最后，就业准备充分的大学生择业相对容易。性格、竞争的适应程度、大学期间的社会实践、职业设计理论的运用等因素对就业的准备都有较大的影响。

(2) 调查方法。本次调查以某大学2002届已确定工作单位的本科毕业生为调查对象，采用多段随机抽样方法选取样本。具体做法为：以各院系名单为抽样框，随机抽取14个院系，院系中若有多个专业则随机各抽取1个专业；最后以抽中的各班已确定工作单位的毕业生为抽样框，再各随机抽取10～30名毕业生。这样共抽取了14个院系，2002届已确定工作单位的本科毕业生260名构成了本次调查的样本。实际发放问卷260份，回收有效问卷205份，有效回收率为78.84%；取置信度为95%；忽略前几个阶段的抽样误差，最后阶段的实际抽样误差为6.84%；统计分析使用Spss1.0 For Windows软件包。

■ 调查结果

(一) 关于大学生职业设计的观念研究

1. 传统的“官本位”观念的影响及其根源分析

我国具有几千年的封建历史，“学而优则仕”的“官本位”观念在大学生中仍有一定的影响。从本次调查中对“您联系工作的第一选择”问题项的回答可窥豹一斑：51人首选政府机关，占24.9%；48人首选事业机关，占23.4%；46人首选外企，占22.4%；32人首选国有企业，占15.6%；12人首选民营企业，占5.9%。性别差异对择业第一选择的影响并不大。

为了进一步研究“官本位”观念的存在根源，本次调查运用了“官本位”倾向指数

（为李克特量表），包括“政府机关是就业首选”“寒窗十多年，就为一朝能当官”等问题，如表 3－18 所示。

表 3－18 “官本位”观念的存在根源

“官本位”倾向指数					
	Eta	F 检验		Person’sr	Sig
家人在农村生活过的人数	—	—		0.144 *	0.040
父母的愿望	0.708	通过		—	—
对政府人员社会地位的评价	0.670	通过		—	—

* Correlation is significant at the 0.05 level (2—tailed)

本次调查表明：家人（仅指父母、兄弟和姐妹）曾在农村生活过的人数与大学生的“官本位”倾向指数成正相关；父母希望子女去政府机关工作的愿望与大学生的“官本位”倾向指数的相关系数高达 0.708，高度相关，量化后作皮尔逊相关分析显示为正相关，并且都通过了 0.05 的显著性检验，这说明在 95％的置信水平上，家人曾在农村生活过的人数，尤其是父母的愿望成为“官本位”观念得以存在、传承的重要外在影响。从大学生的个人内部寻找原因，表 3－18 显示：大学生对政府人员社会地位的评价与其“官本位”倾向指数的相关系数高达 0.67，量化后作皮尔逊相关分析显示为正向中度相关，也通过了 0.05 的显著性检验。因此，在 95％的置信水平上，政府机关人员特殊的社会地位成为大学生“官本位”倾向的重要内在根源。

2. 大学生对经济待遇的看法及分析

新一代大学生一方面在受传统的“官本位”观念的辐射，另一方面有其对经济待遇全新的看法。在对于问题项“我首先选择经济发达、生活水平高地区的单位”的回答中，不同意的仅 25 人，占 12.3％；中立的 39 人，占 19.1％；而同意的多达 140 人，占 68.6％。在对于问题项“如果单位待遇好，专业不对口并不重要”的回答中，不同意的 46 人，占 22.8％；中立的 65 人，占 32.2％；而同意的多达 91 人，占 45.1％。

为了进一步分析影响大学生对经济待遇看法的因素，本次调查运用了大学生经济待遇偏好指数（为李克特量表），包括“我首先选择经济发达、生活水平高地区的单位”“个人能力高低只能用收入来衡量”“收入高低最重要”等问题，如表 3－19 所示。

表 3－19 影响大学生经济待遇观念的因素

经济待遇偏好指数					
	Eta	F 检验		Person’sr	Sig
平均每月的总支出额	—	—		0.162 *	0.022
专业适合从事经济工作	0.362	通过		—	—

* Correlation is significant at the 0.05 level (2—tailed)

本次调查表明：在95%的置信水平上，大学生平均每月的总支出额越高，择业时对经济待遇的要求也越高；大学生的专业越适合从事经济工作，择业时对经济待遇的期望也就越高。

（二）学生对自我价值和发展前途的理解及分析

为了统计分析大学生对自我价值、发展前途的看法，本次调查运用了大学生个人发展偏好指数（为李克特量表），包括“发展前途最重要”“个人价值不一定要通过收入体现”“如果在单位不能发挥我的才能，待遇好也留不住我”等问题，如表3－20所示。

表3－20　与实现自我价值和发展前途相关的因素

个人发展偏好指数					
	Eta	F检验		Person' sr	Sig
所去工作单位的制度建设、职业设置情况	0.269	通过			
对所去单位的了解程度	0.353	通过			
对竞争的适应程度	0.663	通过			
就业准备程度	—	—	0.289 *	0.000	
待遇偏好指数	—	—	—0.196 *	0.005	
* Correlation is significant at the 0.05 level（2—tailed）					

本次调查表明：

（1）表3－20中待遇偏好指数与个人发展偏好指数成负弱关系，通过了0.05的显著性检验，这说明在95%的置信水平上，大学生已具有了自我价值并非一定要由经济待遇体现的观念萌芽。本次调查于“您对用人单位最关注的因素”调查项更能说明这一点，在对限定单选的选择题“您对用人单位最关注的因素”的回答中，选住房一项9人，占4.4%；选培训计划一项的10人，占4.9%；选工资奖金一项的24人，占11.7%；选个人能力发挥一项的27人，占13.2%；而选个人发展前途一项的多达126人，占61.5%。这一数据与中国青少年研究中心课题组1998年的大型调查结果非常吻合：对于“充分发挥自己的才能”问题项，6796位调查对象回答“非常重要”的占62%。

这说明随着社会的进步，新一代大学生看重经济待遇，关注生存条件，并越来越注重自我价值的实现和个人前途的发展，而且出现了价值的多元化，形成了个人价值并非一定要由经济待遇来实现的观念。

（2）重实现自我价值和发展前途的大学生普遍具有以下特征：

①竞争的适应能力强，喜欢具有竞争性、挑战性的工作。如表3－20所示，个人发展偏好指数与对竞争适应程度的相关系数高达0.663，量化后作皮尔逊相关分析显示正向中

度相关，且通过了0.05的显著性检验，这说明在95%的置信水平上，大学生要实现自我价值、注重发展前途必须增强对竞争、挑战的适应能力。

②对所去工作单位比较了解，并且倾向于选择制度建设、职位设置和工作量安排情况比较完善的单位，从而更好地实现其价值和追求发展前途。

③就业准备更充分。为了统计分析大学生的就业准备情况，本次调查运用了大学生就业准备程度这一变量（为李克特量表），主要针对大学生就业的心理承受和发展规划等方面提问，包括“从学生到职业工作者的突变使我难以适应”“我对将来自己如何一步一步晋升、发展有明确的设计”“自己的升迁掌握在别人手中，职业设计毫无意义”等问题，在计算总和时对负向维度的问题得分进行了转换。表3-20显示：个人发展偏好指数与就业准备成正比，皮尔逊相关系数为0.289，通过了0.05的显著性检验，因此，在95%的置信水平上，注重实现自我价值和发展前途的大学生对于就业问题在心理承受、发展规划等方面有更充分的准备。

（三）关于大学生职业设计的就业准备

1. 对就业影响较大的因素经验谈

在回答选择题“您认为对就业影响较大的因素”时，260名已确定工作单位的2002届本科毕业生每人限选5项。11个备选项按选择人数的多少依次排列为：专业方向，面试时第一印象，表达能力，社会实践经验（如证明证书），性别，指标（如留京指标），所获奖励，文笔（如发表文章），在用人单位有关系，政治面貌，实习鉴定。

根据2002届毕业生的经验，建议大学生在就业准备时掌握必要的面试技巧，平时多锻炼人际交往能力和表达力，多参加社会实践、多积累社会经验，这些准备对于择业、就业有较大的帮助。

2. 性格对职业设计的影响

本次调查将性格由内向至外向设置为1～5，用以统计分析性格对职业设计的影响，如表3-21所示。

表3-21　　性格对职业设计的影响

性格（维度由内向至外向）					
	Eta	F检验		Gamma	Approx. Sig
竞争的适应程度				0.277	0.003
对所去单位的了解程度				0.250	0.001
就业准备程度	0.44	通过			

表3-21中Eta为定序一定距变量的相关系数，Gamma为定序变量的相关系数，3个统计值都通过了0.05的显著性检验；将性格对竞争的适应程度和对所去单位的了解量化

后作皮尔逊相关分析，显示为正相关，且都通过了0.05的显著性检验。因此，本次调查表明：在95%的置信水平上，性格越外向的大学生对竞争的适应程度越好，对所去单位了解程度越多，就业准备也越充分。因此，建议性格内向的大学生更要注重增强对竞争、挑战的适应程度，更加重视职业设计问题，增加就业准备的充分程度。

3. 影响就业准备的因素分析

影响就业准备的因素如表3-22所示。

表3-22　　与就业准备相关的因素

就业准备程度					
	Eta	F检验		Person’sr	Sig
对现有工作的满意度	0.436	通过			
职业设计理论的运用程度	0.449	通过			
发展规划明确程度	0.674	通过			
大学期间从事社会实践的时间				0.205*	0.003
性格	0.440	通过			
对竞争的适应程度	0.495	通过			
*Correlation is significant at the 0.01 level (2—tailed)					

本次调查表明：

(1) 职业设计对择业、就业确有意义。本次调查进行了工作满意度调查，具体为“与您同学的工作相比，您对现有工作的满意度”，将答案由极不满意至很满意设置为1～8，表3-22显示：就业准备程度与对现有工作的满意度相关系数为0.436，中度相关，量化后作皮尔逊相关分析，显示为正相关，通过了0.05的显著性检验，这说明在95%的置信水平上，大学生就业准备程度越好，在同等条件下，找到的工作越好。

职业设计不仅存在重要性，还有迫切的必要性。在对于问题项“从学生到职业工作者的突变能否适应”的回答中，完全能适应的20人，占9.8%；基本能适应的98人，占48%；中立的63人，占30.9%；而基本不能适应的22人，占10.8%；完全不能适应的1人，占0.5%。同时，在对于问题项“对将来如何一步一步晋升、发展是否有明确的设计”的回答中，完全不明确的6人，占2.9%；基本不明确的53人，占26%；中立的68人，占33.3%；而基本明确的67人，占32.8%；完全明确的仅10人，占4.9%。

(2) 性格对就业准备有较大的影响。表3-21显示：性格（由内向至外向设置为1～5）与就业准备程度的相关系数为0.44，中度相关，量化后作皮尔逊相关分析，显示为正相关，通过了0.05的显著性检验。因此，在95%的置信水平上，大学生性格越外向，就业准备就越充分。关于性格的具体分析请参见“性格对职业设计的影响”。

(3) 大学期间从事社会实践（如从事系、校学生工作）对就业准备有影响。表3-22

显示：大学期间从事社会实践的时间与就业准备程度的皮尔逊相关系数 0.205，通过了 0.05 的显著性检验。因此，在 95%的置信水平上，大学生在大学期间适度增加社会实践的时间，能使就业准备更充分。

（4）对竞争的适应程度对于就业准备有较大的影响。如表 3－22 所示影响就业准备的因素中，对竞争的适应程度与就业准备程度的相关系数居第二位，达 0.495，量化后作皮尔逊相关分析，显示为正相关，且通过了 0.05 的显著性检验。这说明，在 95%的置信水平上，大学生在职业设计的就业准备过程中如何增加对竞争、挑战的勇气、信心和能力是很重要的一部分内容。

（5）职业设计理论的运用程度对就业准备有较大的影响。表 3－22 影响就业准备的因素中，职业设计理论的运用程度与就业准备的相关系数居第二位，量化后作皮尔逊相关分析，显示为正相关，通过了 0.05 的显著性检验，具有推断大学生总体状况的意义。因此，运用职业设计理论进行职业生涯设计与开发对于个人的择业乃至一生的发展都有重要的意义，有利于明确人生奋斗目标，制订培训计划，从而能够自己控制自己的命运。例如，美国工程技术委员会的一项调查表明，在 65 岁以下的在职工程师中，从事管理工作的占 68%；在对工程技术人员进行职业目标的咨询中，约有 80%的人表示希望在 5 年内成为一名主管人员或经理；他们为实现此种职业生涯的目标，往往在大学学习了工程技术专业，工作几年后又进入研究生院读管理硕士，最后进入管理领域工作。运用职业设计理论规划发展方向、工作计划从而取得辉煌成就的事例举不胜举。本次调查也说明，在 95%的置信水平上，大学生运用职业设计理论对就业准备确有较大的影响。但是本次调查同时显示：205 名大学生中不知道、不了解职业设计理论的有 125 名，占 61.3%；了解并能初步运用职业设计理论的有 66 名，占 32.3%；掌握并熟练运用职业设计理论的仅 13 名，占 6.4%，这与职业设计理论在实践中的重要性形成鲜明对比。因此，在大学职业设计教育中，应加强职业设计理论的学习，使大学生了解、掌握并熟练运用职业生涯的设计和开发。

（6）本次调查表明：发展规划明确程度对就业准备影响最大。如表 3－22 所示影响就业准备的因素中，发展规划明确程度与就业准备的相关系数最高，达 0.674，量化后作皮尔逊相关分析，显示为正相关，通过了 0.05 的显著性检验，具有推断大学生总体状况的意义。但本次调查同时显示：205 名大学生对将来自己如何一步一步晋升、发展没有设计的 127 人，占 62.2%；有设计的 67 人，占 32.8%；有明确设计的仅 10 人，占 4.9%。这显然与发展规划的重要性又形成了鲜明的对比。因此，在大学期间的就业教育中，如何结合职业设计理论提高大学生发展规划的明确程度，使大学生普遍能够熟练运用职业设计理论，比较明确地规划工作与人生发展方向，这不仅是职业设计与择业就业的问题，更有利于大学生一生的发展。

■ 主要结论

（1）传统的“官本位”观念在大学生的择业过程中仍有一定的影响，这与研究假设不符；调查表明：父母的期望和政府工作人员特殊的社会地位成为大学生择业时倾向于政府

机关的外来和内在的影响根源，这一调查结果还可能与该校是一所以人文、社会、经济和管理科学为主的综合性大学这一性质有关，因此该调查报告的结论也可能更适合该院校。

(2) 新一代大学生更加关注经济待遇，注重实现自我价值和发展前途，并逐步形成人生价值并非一定要由经济待遇来体现的观念，出现了价值的多元化局面。

(3) 职业设计对大学生就业确有影响；就业准备程度越充分，在同等条件下，找到的工作越好。同时，因为多数毕业生难以适应由学校到职业工作者的变化和缺乏职业生涯设计，大学生职业设计的教育在现阶段尤其重要和迫切。

(4) 性格、大学期间从事社会实践对就业准备有影响；对竞争程度的适应和职业设计理论的运用程度对就业准备影响较大；发展规划的明确程度在本次调查中对于就业准备的影响最大。

(5) 在以上详细地分析影响就业准备的各因素的接触上，列出关于大学生职业设计的路径分析。经过回归假设和回归检验，初步建立了由发展规划明确程度、职业设计理论运用程度和竞争适应程度共同作用于就业准备的理论模型。这一理论模型的提出，从实证的角度分析了发展规划明确程度、职业设计理论运用程度和竞争适应程度对于就业准备的影响，以及3个因素各自对于就业准备的贡献；发展规划明确程度占55%，职业设计理论的运用程度占23.5%，竞争适应程度占20.8%。该模型对于大学生有针对性地提高规划明确程度，学校运用职业设计理论，增加对竞争的适应程度，从而提高就业准备的充分程度提供了理论依据。

资料来源：唐钧．适应竞争现实，做好就业准备——关于大学生职业设计的调研报告[J]．上海：当代青年研究，2000 (05)：10-16.

案例点评

以上是一份关于大学生职业设计的调查报告，从这份调查报告中可以看出市场调查报告是市场调查研究成果的一种表现形式，它通过文字、图表等形式将调查的结果表现出来，以使人们对所调查的市场现象或问题有一个全面系统的了解和认识。市场调查报告一般包括题目、摘要、目录、正文、结论和建议、附录等，这份报告不是一份完善的市场调查报告。可以通过以下的学习，好好掌握调查报告的撰写。

知识体系

一、市场调查报告的特点和作用

(一) 市场调查报告的特点

市场调查报告是市场调查报告活动的直接结果，其目的在于展现市场调查的成果，把获得的市场信息传递给决策者和领导者。市场调查报告应具备以下特点：

(1) 针对性。针对性是市场调查报告的灵魂，主要包括两方面：第一，市场调查报告必须以市场活动为对象，有的放矢地说明或解决某一问题；第二，市场调查报告必须明确阅读对象。因为生产经营者与商品消费者所要求和关心的问题是不尽相同的。如果既不明确解决什么问题，又不明确读者对象而撰写市场调查报告，就是盲目而毫无意义的。

（2）新颖性。市场调查报告应紧紧抓住市场活动的新动向、新问题，引用一些人们未知的通过调查研究获得的新发现，提出新观点，形成新结论。只有突出“新”的报告，才有使用价值，才能达到指导企业市场经营活动的目的。不要把众所周知的、常识性的或陈旧的观点和结论作为市场调查的成果。

（3）时效性。当今世界已进入信息时代，市场竞争更加剧烈，企业在生产经营中必须掌握准确、及时、系统的经济资料，对市场变化迅速作出反应，并对未来状况加以预测，才能在竞争中取胜。因而，要顺应瞬息万变的市场形势，市场调查报告必须讲究时间效益，做到及时反馈。市场调查报告只有及时到达使用者手中，使经营决策跟上市场形势的发展变化，才能发挥其作用。

（4）科学性。市场调查报告不是单纯报告市场客观情况，还要通过对事实作分析研究，寻找市场发展变化规律。这就需要写作者掌握科学的分析方法，以得出科学的结论，适用的经验、教训，以及解决问题的方法、意见等。

（二）市场调查报告的作用

市场调查报告是市场调查工作的最终成果，也是市场调研过程中最重要的一环。许多管理者并不一定涉足市场调研过程，但他们将利用调查报告进行业务决策。一份好的调查报告，能对企业的市场策划活动提供有效的导向作用，同时，对于各部门管理者了解情况、分析问题、制订决策、编制计划以及控制、协调、监督等各方面都能起到积极的作用。如果调查报告写得拙劣不堪，再好的调查资料也会黯然失色，甚至可能导致市场活动的失败。

随着社会的信息化，市场经济的迅速发展，人们迫切要求及时了解经济形势、市场变化。市场调查报告，能对市场经济提供有效的导向作用，对生产经营管理者摄取信息、分析问题、制订决策和编制计划以及控制、协调、监督等方面都起积极的作用，最主要有以下 3 点：

（1）获取经济预测的信息。市场调查报告所掌握的市场的历史、现状及其发展变化的轨迹，提供企业进行经济预测的可靠信息。

（2）提供企业决策的依据。市场调查报告所提供的准确的市场动态信息，可直接为企业决策提供依据，从而使产销需求对路，避免竞争中的风险。

（3）推动企业改善经营管理。市场调查报告有助于正确认识市场，推动企业改善经营管理；遵循经济规律，提高经济计划的制订水平。

二、市场调查报告的结构

市场调查报告没有统一不变的结构模式，它常因调查课题、报告的长短及阅读者的不同等而有所区别。但对于大多数的市场调查报告来说，还是能找到一种最基本的结构框

架。这种结构框架至少需要符合以下要求：①便于阅读者找到他所需要的资料。②报告前段应包括为谁而写、为何目的及采用何法等内容。③较长的报告在正文前应有摘要。④在调查中收集到的事实称为调查结果，它应是报告的精髓。⑤大多数统计资料或相应的佐证资料应放在报告的附件部分。

一份调查报告通常由标题、目录、摘要、正文、结论和建议及附件等内容构成。

（一）标题

这是报告的开始部分，主要告诉读者以下信息：调查的标题或主题、调查的委托者、调查的执行者及报告的作者、报告完成的日期。如有必要，还应在标题页上标明调查编号、机密等级等内容。常见的写法有：

（1）概括被调查的单位、内容和范围。如《××公司××商品市场营销情况的调查报告》。

（2）概括调查的对象和事由。如《日用小商品短缺情况的调查报告》。

（3）用直陈或提问方式揭示调查对象的状况。如《高档呢料大衣在北京畅销》是用直陈式，《充气玩具为何如此热销》采用提问式。

（4）正副标题的形式。正标题一般用以吸引读者注意力，副标题用以揭示报告内容。如《洛阳纸贵——今年我省纸张供应短缺情况的调查报告》。

总之，我们应掌握标题的基本写法，同时要求注意标题要与市场调查报告的内容相符合，力求做到简洁、醒目、新颖。

（二）目录

目录应该列出各章节的小标题及它们各自所在的页码。如若报告较短（如只有5页），则可删除目录而只在报告正文中列小标题；如果报告中有附件，则可排在目录的最后位置。

（三）摘要

摘要是整个报告的缩影，因此在摘要中应点明该调查为谁而做、为何目的、采用何法，以及一些主要调查结果、结论及建议。摘要的编写应当以阅读者无法看见其他任何资料这一假设为条件，而且摘要本身也应该是一份独立的文件。经验表明，摘要最受人们的欢迎，它也是那些公务繁忙的总裁们阅读报告的唯一内容。因此，在撰写摘要时必须非常认真才行。

（四）正文

正文是市场调查报告的主要部分。正文必须正确阐明全部有关论据，包括问题的提出到引起的结论，论证的全部过程，分析研究问题的方法等。正文一般包括开头部分和调查结果部分。

（1）开头部分。一般有以下几种形式：

①开门见山，揭示主题。文章开始就先交代调查的目的或动机，揭示主题。

例如："我公司受北京电视机厂的委托，对消费者进行一项有关电视机市场需求状况的调查，预测未来消费者对电视机的需求量和需求的种类，使北京市电视机厂能根据市场需求及时调整其产量及种类，确定今后的发展方向。”

②结论先行，逐步论证。先将调查的结论写出来，然后逐步论证。许多大型的调查报告均采用这种形式。特点是观点明确，使人一目了然。

例如：“我们通过对天府可乐在北京市的消费情况和购买意向的调查认为它在北京不具有市场竞争力，原因主要从以下几方面阐述：……”

③交代情况，逐步分析。先交代背景情况、调查数据，然后逐步分析，得出结论。

例如：“本次关于非常可乐的消费情况的调查主要集中在北京、上海、重庆、天津，调查对象集中于中青年……”

④提出问题，引入正题。用这种方式提出人们所关注的问题，引导读者进入正题。CCTV的很多调查分析报告都是采用的这种形式。

（2）调查结果部分。调查结果是调查报告的精髓部分，也是报告中最长的部分。它经常由许多章节组成，并配以不少图表说明，内容涉及所调查市场的各个层面，诸如市场的大小、最终使用者的市场、市场上的供应商、分销方式、购买决策及未来趋势等。

在编写时，每一章的开头最好作一简短的说明，然后再分小节陈述，这样便于读者了解接下来谈什么问题，使层次显得更加分明。值得一提的是，调查者往往试图在这一部分中写入每一个调查发现，但这是不可能而且是没必要的，必须努力将调查结果限定在最切题的那些调查发现中。

（五）结论和建议

结论和建议应当采用简明扼要的语言。好的结语，可使读者明确题旨，加深认识，启发读者的思考和联想。结论一般有以下几个方面：

（1）概括全文。经过层层剖析后，综合说明调查报告的主要观点，深化文章的主题。

（2）形成结论。在对真实资料进行深入细致的科学分析的基础上，得出报告的结论。

（3）提出看法和建议。通过分析，形成对事物的看法，在此基础上，提出建议和可行性方案。

（4）展望未来、说明意义。通过调查分析展望未来前景。

（六）附件

附件往往放在报告的最后，是报告的结束部分。它的作用是支持调查结果的合理性和可信度。附件包括问卷副本、受访者名单（适用于工业品市场调查）、书籍与参考资料来源、统计图表及分析计算、财务状况等。

三、市场调查报告的撰写技巧

市场调查报告中重要的是怎样设计主体部分的内容，从一定意义上讲就是如何确定调研报告的整体内容。撰写调研报告的人员应该掌握以下几个环节上的设计技巧。

（一）明确调查报告的阅读者

由于不同的阅读者掌握的信息不同、需要作出决策的性质不同，从而决定了他们需要了解的信息也不同。同时，不同的阅读者的素质决定了他们的兴趣上的差别。同样一份调

查报告，提供给决策者与专家，所着重的信息是不同的。提供给决策者作为决策的依据，则可以着重描写“是什么”“为什么会这样”“如果……将会怎样”。以便他们尽快了解情况与原因，采纳自己的建议。提供给专家评审的调查报告，由于专家对于事实情况、引发的原因都十分清楚，他们关心的是报告中的结论是通过什么方法分析后得出的。

（二）段落的标题设计

调查报告也可以设计成章、节、段，每一章、节、段都应有相应的特征鲜明的标题，问题是这些标题的设计方法应该采用哪种为宜。目前两种常用的方式为：以结论或观点作为各章、节、段的标题，如“高技术含量是明年国外大公司登陆中国市场的撒手锏”“提高价格不能操之过急”等；以原因或状况作为各章、节、段的标题，如“国内许多企业将更加举步维艰”“登陆中国市场的著名跨国公司的产业结构”“调整经营战略窥测中国市场变化的外国著名大公司的举动”等。

（三）图表的使用

一般来说，与使用任何文字去说明某种变化趋势及各个因素的相互关系比较，使用图表通常可以收到更为明显的效果。

1. 图表的选用

使用图表说明必须要有明确的目的性，不能只是为了装饰文字，以求悦目。通常情况下，在总结调查结果和调查报告正文中所使用的图表，应该只是扼要地介绍资料的图表，详细地介绍一切所收集到的重要资料的图表，应该归入报告附件部分。在报告正文部分使用图表还有一种特殊作用，那就是通过图表去突出某些方面的资料，或强调某种关系和变化趋势。因此，在报告正文中选用图表列载的资料，一般须有较大的选择性，为了方便阅读，图表中各项资料的数值通常应选用整数，但经常也会选用百分比和指数，或作补充说明，或使用代替某些绝对数值的资料。

2. 图表的格式要求

使用图表说明还必须认真考虑图表的设计和格式，如果图表格式设计不当，不但无助于说明情况，甚至产生曲解事实真相的相反效果。

（1）统计表必须具备表号、表头（总标题）、横标目（横行标题）、纵标目（纵栏标题）、指标数值、（必要的）注释、资料来源等。表号的作用是为了在文中便于提及和查阅。一份篇幅较短的调查报告，所有的统计表可以按单一顺序一排到底；倘若篇幅较长，表号则应分章排序，如第一章的统计表排为表 1.1、表 1.2……第二章的统计表排为表 2.1、表 2.2……直至最后一章。附录中的统计表可以排为 A－1、A－2……在目录中，统计表的清单排在章节清单后。总标题要写得醒目，扼要提出本表要提供的信息内容。横、纵标目要简明，尽可能使用正规的指标名称、分组标志和时间分量；如果横、纵标目中使用了与国家统计标准指标同名称而不同涵义的指标名称、分类标准，或者使用了尚未被本行业同仁普遍接受的名词，则应在注释部分加以注明。凡表中所用数据来源于本项目调查、观察或实验所获之外的次级资料，均应在资料来源处注明其来源。

（2）统计图也要有图号和图名。它们的要求与标号和总标题相同。统计图在目录中的位置在统计表之后。统计图中所绘几何图形要与所表现的数值成比例。数轴要注明所表示的变量及所用计量单位。在图中对图形加以必要的标注，说明其代表的意义，以便读者不参阅任何文字材料就能读懂统计图要说明的问题。最后，资料来源对于统计图也是必不可少的。

（四）附件部分的利用

在调查报告中不能不用各种统计学的分析方法，也不能没有调查的原始资料，因为这些都是论证自己结论的证据，但是在正文中大量出现，会造成喧宾夺主的效果。调查报告的设计与撰写人员应该保留这些资料，但尽量不使它们在正文中出现，从而扰乱视听，可以将其归入附件之中。在正文的相应部分加以说明。例如，“此部分结果的计算过程请查阅附件 3”。

（五）调查报告中的建议

这主要看管理层或决策层对于下属的建议和意见的一贯态度，或者查看在调研方案合同中是否包括调研机构必须在调查报告中提出客观、公正、准确的建议与意见的相应款项。有些领导希望下属在提供实际情况后再谈谈自己的分析结论与想法，这时调研机构应该在调研报告中详细地列出自己的意见与建议。但有些领导只听下属的报告，不允许下属提出自己的想法，此时调研报告中的建议会显得多余。

（六）撰写调查报告应注意的问题

（1）切忌将分析工作简单化。即资料数据罗列堆砌，只停留在表面文章上，根据资料就事论事。简单介绍式的分析多，深入细致的分析及观点少，无结论和建议，整个调查报告系统性很差，使分析报告的整体价值不大。只有重点突出才能使人看后得到深刻的印象。

（2）切忌面面俱到、事无巨细地进行分析。把收集来的资料无论是否反映主题面面俱到、事无巨细地进行分析，使读者感到杂乱无章，读后不知所云。一篇调查报告自有它的重点和中心，在对情况有了全面的了解之后，经过全面系统的构想，应能有详有略，抓住主题，深入分析。

（3）报告长短根据内容确定。确定调查报告的长短，要根据调查目的和调查报告的内容而定。对调查报告的篇幅，做到宜长则长，宜短则短，尽量做到长中求短，力求写得短小精悍。

任务实训

1. 自己收集至少 3 份调查报告，并比较其优劣。

2. 以班级同学为调查对象，组织一次有关手机使用情况的调查，并将调查结果形成正式的调查报告。

复习思考

1. 市场调查报告有哪些特点？

2. 一份市场调查报告应主要包括哪些？

3. 市场调查报告的撰写技巧有哪些？

××市居民家庭饮食消费状况调查报告

为了深入了解本市居民家庭在酒类市场及餐饮类市场的消费情况，特进行此次调查。调查由本市某大学承担，调查时间是2001年7～8月，调查方式为问卷式访问调查，本次调查选取的样本总数是2000户。各项调查工作结束后，该大学将调查内容予以总结，其调查报告如下：

1. 调查对象的基本情况

（1）样品类属情况。在有效样本户中，工人320户，占总数比例18.2%；农民130户，占总数比例7.4%；教师200户，占总数比例11.4%；机关干部190户，占总数比例10.8%；个体户220户，占总数比例12.5%；经理150户，占总数比例8.52%；科研人员50户，占总数比例2.84%；待业户90户，占总数比例5.1%；医生20户，占总数比例1.14%；其他260户，占总数比例14.77%。

（2）家庭收入情况。本次调查结果显示：从本市总的消费水平来看，相当一部分居民还达不到小康水平，大部分的人均收入在1000元左右，样本中只有约2.3%的消费者收入在2000元以上。因此，可以初步得出结论，本市总的消费水平较低，商家在定价的时候要特别慎重。

2. 专门调查部分

（1）酒类产品的消费情况。

①白酒比红酒消费量大。分析其原因，一是白酒除了顾客自己消费以外，用于送礼的较多，而红酒主要用于自己消费；二是商家做广告也多数是白酒广告，红酒的广告很少。这直接导致白酒的市场大于红酒的市场。

②白酒消费多元化。

a. 从买白酒的用途来看，约52.84%的消费者用来自己消费，约27.84%的消费者用来送礼，其余的是随机性很大的消费者。

买酒用于自己消费的消费者，其价格大部分在20元以下，其中10元以下的约占26.7%，10～20元的占22.73%，从品牌上来说，稻花香、洋河、汤沟酒相对看好，尤其是汤沟酒，约占18.75%，这也许跟消费者的地方情结有关。从红酒的消费情况来看，大部分价格也都集中在10～20元，其中，10元以下的占10.23%，价格档次越高，购买力相对越低。从品牌上来说，以花果山、张裕、山楂酒为主。

送礼者所购买的白酒其价格大部分选择在80～150元（约28.4%），约有15.34%的消费者选择150元以上。这样，生产厂商的定价和包装策略就有了依据：定价既要合理，又要有好的包装，才能增大销售量。从品牌的选择来看，约有21.59%的消费者选择五粮液，10.79%的消费者选择茅台，另外对红酒的调查显示，约有10.2%的消费者选择

40～80元的价位，选择80元以上的约5.11%。总之，从以上的消费情况来看，消费者的消费水平基本上决定了酒类市场的规模。

b. 购买因素比较鲜明，调查资料显示，消费者关注的因素依次为价格、品牌、质量、包装、广告、酒精度，这样就可以得出结论，生产厂商的合理定价是十分重要的，创名牌、求质量、巧包装、做好广告也很重要。

c. 顾客忠诚度调查表明，经常换品牌的消费者占样本总数的32.95%，偶尔换的占43.75%，对新品牌的酒持喜欢态度的占样本总数的32.39%，持无所谓态度的占52.27%，明确表示不喜欢的占3.4%。可以看出，一旦某个品牌在消费者心目中形成，是很难改变的。因此，厂商应在树立企业形象、争创名牌上狠下工夫，这对企业的发展十分重要。

d. 动因分析。主要在于消费者自己的选择，其次是广告宣传，然后是亲友介绍，最后才是营业员推荐。不难发现，怎样吸引消费者的注意力，对于企业来说是关键，怎样做好广告宣传，消费者的口碑如何建立，将直接影响酒类市场的规模。而对于商家来说，营业员的素质也应重视，因为其对酒类产品的销售有着一定的影响作用。

(2) 饮食类产品的消费情况。

本次调查主要针对一些饮食消费场所和消费者比较喜欢的饮食进行，调查表明，消费有以下几个重要特点：

①消费者认为最好的酒店不是最佳选择，而最常去的酒店往往又不是最好的酒店，消费者最常去的酒店大部分是中档的，这与本市居民的消费水平是相适应的，现将几个主要酒店比较如下：

泰福大酒店是大家最看好的，约有31.82%的消费者选择它，其次是望海楼和明珠大酒店，都是10.23%，然后是锦花宾馆。调查中我们发现，云天宾馆虽然说是比较好的，但由于这个宾馆的特殊性，只有举办大型会议时使用，或者是贵宾、政府政要才可以进入，所以调查中作为普通消费者的调查对象很少会选择云天宾馆。

②消费者大多选择在自己工作或住所的周围，有一定的区域性。虽然在酒店的选择上有很大的随机性，但也并非绝对如此，例如，长城酒楼、淮扬酒楼，也有一定的远距离消费者惠顾。

③消费者追求时尚消费，如手抓龙虾、糖醋排骨、糖醋里脊、宫保鸡丁的消费比较多，特别是手抓龙虾，在调查样本总数中约占26.14%，以绝对优势占领餐饮类市场。

④近年来，海鲜与火锅成为市民饮食市场的两个亮点，市场潜力很大，目前的消费量也很大。调查显示，表示喜欢海鲜的占样本总数的60.8%，喜欢火锅的约占51.14%，在对季节的调查中，喜欢在夏季吃火锅的约有81.83%，在冬天的约为36.93%，火锅不但在冬季有很大的市场，在夏季也有较大的市场潜力。目前，本市的火锅店和海鲜馆遍布街头，形成居民消费的一大景观和特色。

3. 结论和建议

(1) 结论。

①本市的居民消费水平还不算太高，属于中等消费水平，平均收入在1000元左右，

相当一部分居民还没有达到小康水平。

②居民在酒类产品消费上主要是用于自己消费，并且以白酒居多，红酒的消费比较少，用于个人消费的酒品，无论是白酒还是红酒，其品牌以家乡酒为主。

③消费者在买酒时多注重酒的价格、质量、包装和宣传，也有相当一部分消费者持无所谓的态度。对新牌子的酒认知度较高。

④对酒店的消费，主要集中在中档消费水平上，火锅和海鲜的消费潜力较大，并且已经有相当大的消费市场。

（2）建议。

①商家在组织货品时要根据市场的变化制定相应的营销策略。

②对消费者较多选择本地酒的情况，政府和商家应采取积极措施引导消费者的消费，实现城市消费的良性循环。

③由于海鲜和火锅消费的增长，导致城市化管理的混乱，政府应加强管理力度，对市场进行科学引导，促进城市文明建设。

问题：

1. 讨论报告的几个组成部分。列出评价这份报告的标准，并就每条标准加以说明。
2. 对结果、摘要、结论和建议进行区分。

任务五　审查和追踪调查

学习任务

1. 了解分析市场调查资料的含义
2. 熟悉定性分析常用的方法
3. 熟悉定量分析常用的方法

情景案例

武汉葡萄酒市场调研报告

1. 调研目的

（1）初步了解样本市场主要大型商场和超市甜型葡萄酒的市场现状，分析武汉市场甜型葡萄酒的整体情况。

（2）收集样本市场主要大型商场和超市不同品牌葡萄酒的市场分布、销售价格、销售状况以及同一品牌葡萄酒的产品分类、销售价格、销售状况，并进行对比分析。寻找武汉市场的最佳突破点。

（3）了解样本市场消费者对葡萄酒的需求层次、品牌认知程度。

（4）了解样本市场消费者的饮酒（葡萄酒）类型、习惯、场合、男女比例、年龄层次等因素，挖掘潜在市场消费者。

2. 调研方法

（1）大型商场超市的走访和调研；

（2）与部分商场超市促销员的个别访谈调研；

（3）与部分商场超市消费者的个别访谈调研；

（4）在互联网上查找资料进行补充。

3. 调研概况

××年3月24日至××年3月25日对样本主要大型商场和超市进行了市场走访和调研。此次调研的大型商场和超市包括：中南超市、亚贸超市、中百仓储超市（武昌珞狮路店）、徐东平价超市、麦德龙超市（徐东店）、好又多超市（民意广场）、家乐福超市（武胜路十升店）、武商千禧龙超市、武汉广场、世贸广场、华联超市（汉阳店）等。这些商场超市为武汉市场知名度较高的商场超市，几乎垄断了武汉市场大部分百货零售和批发；另外，它们分布于武昌、汉口、汉阳，由点及面辐射整个武汉三镇。因此，上述调研的样本可以比较真实地反映武汉市场葡萄酒销售现状。

本次调研普遍感受到消费者在选择甜型葡萄酒时较为看重产品品牌、葡萄酒的包装、葡萄酒的价位和葡萄酒的容量。以上4点是促成消费者购买某一品牌甜型葡萄酒产品的主要因素。而在选择档次较高的干红时则更注重品牌，对品牌似乎已经产生一定的忠诚度。像张裕、王朝等强势品牌，无论其甜型葡萄酒还是其干红葡萄酒都在武汉市场取得了不错的销售业绩。但是如果加上促销手段，那么情况就有一定的变化。例如，威龙系列产品，历来是人们公认的低档产品制造商。但是，在武汉一些卖场，他们开展了一些“买一送一”的促销活动，销售量就立刻超过了几大品牌。

在武汉市场红酒主要品牌排序：张裕、长城、王朝、威龙。张裕大约占30%的市场份额。

甜型红酒的市场适应面较干红要广，消费群体要大。因为在调查的过程中，我们发现女性和一般不胜酒精的群体对甜型红酒更加青睐。而在一般的家庭消费中，为了适应全家所有人的口感，购买时选择甜型产品的可能性较干红要大。

详见以下调查资料。

4. 调研内容

（1）主导产品品牌情况：

①国内品牌：

● 张裕：张裕葡萄酒在武汉大型商场超市的部分品种、容量、度数、价格如表3-23所示：

表 3－23　　张裕葡萄酒产品情况（武汉市场）

品　名	容量（毫升）	度数（度）	价格（元）
金张裕高级干红	750	12	50.00
解百纳高级干红	750	12	76.20
精品张裕干红	750	12	36.40
赤霞珠高级干红	750	12	67.00
高级珍珠红葡萄酒	700	12	9.90
红宝石葡萄酒	750	8	12.70
天然红葡萄酒	750		9.10
天然白葡萄酒	750		9.10
万客乐红葡萄酒	1000	12	12.00
苹果万客乐红葡萄酒	500	4～5	14.20
张裕干白葡萄酒	750	12	24.30
玫瑰白葡萄酒	1000	13	16.80
味美思营养葡萄酒	1000	18	19.30
100%全汁玫瑰红葡萄酒	1000	12	16.80

注：a. 表格阴影部分为本品牌的高档产品，其余为本品牌的中、低档产品。

b. 本表格不包括张裕礼品盒产品。

c. 以上产品价格以中南超市为准，其余商场超市同种类型产品价格略有差异。

从表 3－23 可以看出，张裕甜型葡萄酒在武汉市场种类很多，干型、半干型、甜型品种齐全。有高级珍珠红葡萄酒、红宝石葡萄酒、万客乐红葡萄酒、玫瑰白葡萄酒、味美思营养葡萄酒等。这些甜型葡萄酒容量从 500 毫升、750 毫升到 1000 毫升，价格从 9.10 元、12.00 元到 24.30 元，极大满足了消费者差异化的需求。除甜型葡萄酒之外，张裕在高档葡萄酒上也是强势出击，其解百纳高级干红、赤霞珠高级干红、金张裕高级干红和精品张裕干红深受消费者喜爱。张裕甜型葡萄酒和高档干红葡萄酒的价格最大差异为 67.10 元（如表 3－23 所示）。

张裕甜型酒系列度数多样，有 4～5 度、8 度、12 度、13 度、18 度等，其中主要以 8 度以下产品为主。而干红则统一为 12 度。在市场分布中，张裕高档干红分布于各个调研样品市场，而甜型酒系列则主要占据大型超市酒柜（如麦德龙、家乐福、好又多，而在武汉广场超市等小规模超市则没有张裕甜型系列）。据样本市场中的促销人员介绍，张裕甜型葡萄酒销量较好的为天然系列、红宝石系列以及万客乐系列。而消费者介绍他们选择这些系列产品的原因是因为价格便宜、度数适中和容量较大，而且适应面广。

● 长城（昌黎长城）：长城葡萄酒在武汉大型商场超市的部分品种、容量、度数、价格如表 3－24 所示：

表 3-24　长城葡萄酒产品情况（武汉市场）

品　名	容量（毫升）	度数（度）	价格（元）
赤霞珠干红	750	11.5	115.60
佐餐干红	750	11.5	31.90
优质干红（梅鹿辄）	750	11.5	56.60
三星干红	750	11.5	68.40
二号干红	750	11.5	29.00
长城干白	500		18.90
长城天然白葡萄酒	750		12.10
长城桃红葡萄酒	1000	6	16.00

长城在武汉也有一定的口碑。但是，由于套用“长城”商标的葡萄酒繁多，使市场鱼龙混杂，消费者不堪芸芸。如“华夏长城”“沙城长城”“安徽长城”等若干品牌。所以影响了其一定的销量。

● 王朝：王朝葡萄酒在武汉大型商场超市的部分品种、容量、度数、价格如表 3-25 所示：

表 3-25　王朝葡萄酒产品情况（武汉市场）

品　名	容量（毫升）	度数（度）	价格（元）
经典干红葡萄酒	750	11.5	33.60
金王朝干红葡萄酒	750	11.5	80.20
王朝干桃红葡萄酒	750	11.5	33.00
御用木制礼盒（2 瓶）	750	11.5	91.50
王朝半甜葡萄酒	750	11.5	12.00
王朝干白	750	11.5	22.00
王朝甜葡萄酒	1000	8	12.00

在调查的十大超市中，长城、王朝在样本市场中的甜型葡萄酒品种不多，原汁白葡萄酒更少。笔者仅仅只看到长城天然白葡萄酒，这种在超市中售价为 12.00 元/750 毫升的甜型葡萄酒在大型超市上销售业绩相对干型产品要好。但是，据理解在酒店消费中相对干型葡萄酒要差得多。

长城、王朝高档葡萄酒则在样本市场中与张裕几乎平分秋色，成为干红、干白市场销售的主流品牌。在样本市场中，像张裕一样，它们的高档葡萄酒贯穿于所有的调研市场，在有的商场中还设有摊位专卖，并且反响都不错。总之，在样品市场中，这两大品牌主要

定位于高档葡萄酒，只是兼顾甜型葡萄酒。

● 威龙：威龙葡萄酒在武汉大型商场超市的部分品种、容量、度数、价格如表 3－26 所示：

表 3－26　　威龙葡萄酒产品情况（武汉市场）

品　名	容量（毫升）	度数（度）	价格（元）
品丽珠橡木桶陈酿干红	780	11.5	53.80
白标高级解百纳干红	750	11.5	35.90
薏丝琳干白	750	11.5	22.40
高级红葡萄酒			54.00
绿标干红葡萄酒			26.90
贵族干红葡萄酒			30.00
威龙纯汁葡萄酒（半干）	750		25.50
威龙鲜汁葡萄酒	750		8.80
威龙鲜汁红葡萄酒	1500		17.00
威龙红葡萄酒	1000		12.50
威龙红葡萄酒	750		7.70
威龙全汁红葡萄酒	1000		12.00
威龙冰爽葡萄酒	500	4	8.20
威龙小香槟	750		11.60
威龙苹果香槟	1500		18.00
威龙大红香槟	1500		24.00

注：a. 表格阴影部分为本品牌的高档产品，其余为本品牌的中、低档和香槟产品。

b. 本表格不包括威龙礼品盒产品。

威龙在样本市场中算得上是甜型葡萄酒的一大卖家，这符合其“甜酒大王”的称号。在各大商场超市中，除中南超市、中百仓储、家乐福、麦德龙等超市出现少量高档干红外，大部分卖场是其甜型葡萄酒的天下。其冰爽葡萄酒、鲜汁葡萄酒、全汁葡萄酒、纯汁葡萄酒大面积出现在陈列卖场，迎合工薪阶层消费，并且销路不错。而且还有款式新颖的礼品装系列。另外，在所走访的超市中，威龙是国产几大葡萄酒品牌中唯一出现香槟的（张裕除外），其小香槟、苹果香槟、大红香槟销售情况较好，成为市场亮点。

从调研市场促销小姐和顾客反映的情况来看，选择威龙甜型葡萄酒主要因素是价格优势。在品牌和价格上，威龙表现为品牌大（濮存昕出演其广告代言人）、价格低，似乎找到了比较好的契合点。另外，特色也是威龙甜型葡萄酒的一大卖点，新品纷呈，其生产的冰爽甜型酒，度数仅只有 4 度，500 毫升售价为 8 元左右，深受消费者喜爱。另外，瓶签出现濮存昕的1000毫升红葡萄酒和全汁红葡萄酒也成为甜型葡萄酒的主打产品。

● 丰收：丰收葡萄酒在武汉大型商场超市的部分品种、容量、度数、价格如表3－27所示：

表3－27　　丰收葡萄酒产品情况（武汉市场）

品　名	容量（毫升）	度数（度）	价格（元）
2000解百纳干红	750	12	40.30
丰收干红葡萄酒	750	12	33.00
丰收干红葡萄酒	500	12	21.80
丰收干红葡萄酒	375	12	17.60
高樽丰收红葡萄酒	750		11.00
桂花陈酒	750	11	10.30
丰收纯汁红葡萄酒	1000		12.00
丰收北京红葡萄酒	1000		12.50

丰收葡萄酒在调研的样本市场中，只进驻家乐福、麦德龙、亚贸超市、中百仓储等市场。主要销售以干红系列为导向。其甜型葡萄酒只有纯汁红葡萄酒、北京红葡萄酒和桂花陈酒，这些甜型葡萄酒在样品市场中只在家乐福、麦德龙超市中出现，销售情况不甚理想。丰收在武汉市场上，根本不能排上前4名。据了解，其销售业绩还是2000年以后开始出现回升的。

● 新品牌：新品牌主要是指云南红新天红和藏秘干红等近几年在广告上动作最大的品牌。其中，藏秘干红由于是青稞酿造，口味非常不符合武汉人风格，所以，回头率很低。云南红和新天红由于广告品味较高（云南红的民族风情广告、新天红的仿花样年华广告）很受人们欢迎，加上其产品品种繁多，品名新颖，如云南红的“柔红”，很富于创意，受到消费者青睐。已经成为新品牌中的新宠，后劲很足。

● 其他品牌如表3－28所示：

表3－28　　其他葡萄酒产品情况（武汉市场）

品　名	容量（毫升）	度数（度）	价格（元）
小利口红葡萄酒	350		4.90
狮王红葡萄酒	1500	8	15.30
狮王白葡萄酒	730	7	8.90
狮王金汁水晶红葡萄酒	730		8.90
狮王浓香山葡萄酒	660		18.30

续　表

品　　名	容量（毫升）	度数（度）	价格（元）
狮王浓香山葡萄酒	360		12.40
玫瑰红葡萄酒	700	12	10.80
劲牌红珠干红葡萄酒	750	12	30.00
劲牌西部红珠葡萄酒	1000	12	16.00
劲牌西部红珠葡萄酒	500	8	9.00
白洋河甜妹子原汁葡萄酒	1000	7	13.20
白洋河紫薇红葡萄酒	700		11.20
爱心原汁红葡萄酒	1000	8	13.90
通化爽口葡萄酒	500		11.30
通化爽口葡萄酒	740	7	13.20
通化原汁红葡萄酒	750		11.30
新天新疆红葡萄酒	750		9.90
新疆红葡萄酒	750		9.90
北京富瑞斯天然白葡萄酒	1000		4.90
北京富瑞斯野山葡萄酒	3600		16.90

这几种品牌的葡萄酒在样本市场上的共同特点是进驻卖场不多，像新天，在样品市场中只有麦德龙超市一家超市中有这种品牌的甜型葡萄酒销售；富瑞斯也只有家乐福一家超市中出现这种品牌。

造成甜型葡萄酒在样品市场中群雄割据、竞争激烈的原因一是干型葡萄酒市场格局还没有完全形成，甜型产品具有一定的市场基础，而且风险较低。二是有利可图。在高档的葡萄酒市场上，以张裕、王朝、长城、威龙为首的四大国产品牌占去了大半壁江山，再加之洋品牌的渗入，一些实力弱小的葡萄酒生产企业在夹缝中不得不另找出路。于是，纷纷把生产战略调整到甜型葡萄酒生产领域。在这个领域中，由于地域的关系，使得竞争相对减弱。又由于消费面广，市场投展较容易。另外，开发甜型葡萄酒不仅可以获利，还可以对高档葡萄酒进行产品补充和市场补充，提升品牌知名度和维护品牌营销网络，可谓一举数得。

②国外品牌。

国外品牌葡萄酒在武汉大型商场超市的部分品种、容量、度数、价格详见如表 3－29 所示：

表 3-29　　国外葡萄酒产品情况（武汉市场）

品　　名	容量（毫升）	度数（度）	价格（元）
法国蓝红葡萄酒	750	12	20.20
法国干特级波尔多酒（10 年 100%红葡萄汁）	750		174.40
法国特级地利坊葡萄酒	750		72.20
法国雅图园葡萄酒	750		60.20
法国古堡贵族葡萄酒	750		48.80
西班牙斗牛士干红	750	13	86.90
美国阳光干红	750		90.00

国外品牌的葡萄酒在样本市场中基本上都为高档葡萄酒。只有法国蓝红葡萄酒价格在 20 元左右，这种甜型葡萄酒满足了一部分人花很少的钱买洋酒的心愿，在市场销售中还有一席之地。从武广了解到，洋葡萄酒由于纯正的进口原装产品甚少加上消费者害怕上当受骗购买了假冒伪劣产品，所以，市场份额相对较小，大约相当于一个新品牌（如云南红）的消费量。

（2）销售情况。

从样本市场上了解到：在春节期间，高档干红的销量较好，甚至出现了供不应求的现象。消费者购买干红主要认定的是品牌知名度，像张裕的赤霞珠干红、长城的三星干红、王朝的金王朝干红成为市场销售的主流。消费者购买主要是用于送礼、同朋友聚会、家人吃团圆饭。这一方面体现了档次，另一方面也体现了饮用葡萄酒的激情氛围。到了 3 月份，葡萄酒的销售主流则为甜型的葡萄酒。消费者购买的主要是因为这些葡萄酒的价格较低、容量较多、味道较好，而且酒精度也不是很高。在样本市场中，甜型葡萄酒销量较好的为张裕天然红白葡萄酒、威龙鲜汁全汁葡萄酒、狮王小利口红葡萄酒、通化原汁葡萄酒等。这些葡萄酒的价格普遍在 5～12 元，口味淡雅，甜度适中，能为大多数消费者接受且长期饮用。

（3）消费者调研。

从总体上看，约有 6 成的消费者饮用葡萄酒的原因是出于“在特定场合下，调节气氛和氛围”，约有 2 成的消费者出于“保健作用”而饮用葡萄酒。但是如果从年龄上的角度对消费者进行细分，则会发现饮用目的随年龄的不同有着显著的差别。分析表明，在 35 岁以下的消费者中，62%的消费者饮用葡萄酒是追求一种情调和氛围，甚至是当饮料喝，而出于保健目的饮用的人数比例并不大；这种类型的消费者倾向于饮用味道较甜的葡萄酒；随着年龄的上升，消费者出于保健目的而饮用葡萄酒的人数比例则越来越大。在 36～

55 岁的人群中，追求情调和因保健目的而饮用葡萄酒的比例已经大体接近，分别为 36.4%和 43.6%；而在 56 岁以上的人群中，出于保健目的而饮用葡萄酒的比例则超过了半数，达 56.3%，这种类型的消费者倾向于饮用档次较高的干红葡萄酒。而且在这个群体中，“嗜酒者”的比例也比较多，有 12.5%的人表示饮用葡萄酒就是因为“喜欢喝”。

调查表明，酒店是具体消费葡萄酒的重要场所。除此之外，家中也是葡萄酒的消费场所之一。

年轻人朋友聚会时在家中饮用统计显示，朋友聚会和平时在家饮用是饮用葡萄酒的主要场合。交叉分析结果表明，半数左右的年轻人主要在朋友聚会时饮用葡萄酒。随着年龄的增加，社交活动的减少，年长者在朋友聚会时饮用葡萄酒的比例逐渐降低，而在家里饮用葡萄酒的比例则呈明显上升趋势。值得注意的是，虽然半数的年轻人主要是在朋友聚会时饮用葡萄酒，但是在 18～25 岁和 26～35 岁年轻人中仍然有 20%～30%的消费者表示主要的饮用葡萄酒的场合是“在家里饮用”。

参考相关资料，从总体上看，消费者每月饮用葡萄酒的次数为 5.29 次。但不同类型的消费者饮用的频次存在一定差异：把葡萄酒作为保健饮品的消费者属于高频次消费者，每月消费的次数高达 8.49 次。虽然出于调节气氛和氛围饮用葡萄酒的消费者比例最高，但这部分群体并非高频次饮用群体。场所主要是酒吧、酒店、夜总会或者同学聚会地点。

从饮用场合上将消费者进行划分，可以发现，平时在家饮用群体每月饮用葡萄酒的频次最高。其次是工作应酬的消费群体，这是饮用量最大的。

从饮用不同种类葡萄酒的角度对消费者进行划分，可以发现，饮用干红的消费者群体的饮用频次最高。

从饮用不同价格葡萄酒的群体来看，饮用 20～40 元的消费者的饮用频次最高。

交叉分析表明，在家饮用和在外饮用旗鼓相当。

总体上讲，消费者在家饮用和在外饮用葡萄酒的比例接近 1∶1，但男性在外饮用的比例要高于在家饮用的比例，而女性在家饮用的比例则略高于在外饮用的比例。男性侧重于饮用干红，而女性侧重于饮用味道较为甜的葡萄酒。同时，随着消费年龄的上升，人们在家饮用的比例也呈上升趋势，尤其是 46 岁以上的消费者在家饮用的比例占绝大多数。

参考相关资料，从总体上看，约有 60%的消费者每月在葡萄酒上的花费在 50 元以下。每月花费在 80 元以上的重度消费群体所占的比例仅 1/4 略强。

随着消费者文化水平的上升，每月在葡萄酒上的花费呈上升趋势；特别是随着消费者收入水平的上升，消费者在葡萄酒上的花费的上升趋势表现得更为显著。

5. 小结

通过对甜型葡萄酒的市场进行调研，得出以下结论：

(1) 在样本市场上，各种品牌葡萄酒竞争激烈。传统的四大国内品牌（张裕、王朝、长城、丰收）占据市场高档葡萄酒主导地位，约占 53%的市场份额。其中，前三个品牌约占 50%的市场份额，主要集中在省会级大都市和高档消费场所。其他品牌对市场进行补充，激发市场活力。

(2) 武汉市场整体上葡萄酒消费呈现上升趋势。以1999年为例，当年的葡萄酒销量仅为5000万元，2001年则达到15000万元。增长比率为300%。

(3) 洋品牌的葡萄酒在武汉市场主要以高档消费为主，价格在50～200元。价格在20元左右的葡萄酒只有法国红蓝葡萄酒，所以基本上定位在高档或者国外消费群体。整体上所占比例不高，但是试图尝新者不少，潜在消费群体较大，不可小视。

(4) 强势品牌市场细分明确，终端完善，品种、价格齐全。这在销售中占有很大的优势。在家乐福、麦德龙等大型超市，促销架势使人汗颜，威龙的做法值得借鉴。武汉当地品牌劲牌公司生产的红珠葡萄酒开始为人所知，具有一定市场潜力。

(5) 品牌知名度成为葡萄酒高档市场消费者的首选因素，其次则是价格；味道、容量、价格、度数是消费者选择甜型葡萄酒比较注重的方面。

(6) 中低档红酒市场需求很大。因为中低档消费群体所占的比例很大，加上节日假期走亲访友的需要，对货真价实的葡萄酒还是很受欢迎的。

以上是一份比较完善的关于武汉葡萄酒市场的调查报告，报告通过一系列分析得出了自己的结论。这是不是意味着这个调研活动就此结束了呢？其实不然，在向顾客（或者上级）递交了市场调查报告后，只是市场调查活动暂告一段落，并不等于市场调查活动的结束，市场调查机构必须对市场调查活动的报告内容进行审查和跟踪。

知识体系

一、审查

在市场调查活动基本告一段落后，或者是将调查报告呈交顾客后，应该对市场调查活动进行总结、审查和信息的反馈。对于市场调查活动进行审查与评估的标准有3个：公正性、有效性、可靠性。

（一）公正性

所谓公正性是指所有参与市场调查活动的人员或者组织没有任何偏见和恶意，而以客观公正的态度对待调查活动。

例如，某组织为一个品牌进行支持率的调查，调查的结果是80%的品牌支持率。而实际上，该组织并没有将该品牌与竞争对手的品牌作对比调查，那结果是不公正的，对消费者也是不公正的。

（二）有效性

所谓有效性是指调查人员是否利用了与调查内容相关的某个特定的测量方法或者一系列相关的测量方法。

例如，只调查了某个时期的产品价格，却进行产品价格或者行情的分析；只调查了某

个特定的人群，却对产品的市场需求进行分析；只对某个地区进行调查，却对全国的情况进行分析和预测等。这都属于调查信息资料的无效性。

（三）可靠性

所谓可靠性是指调查行为的可靠性。过少的样本数目，或者样本不能代表总体的特征，或者调查人员在调查活动中徇私舞弊，或者调查机构为了节省开支，而故意减少调查问题的范围和数量等，都属于调查活动的不可靠。

所以，在调查活动的最后，需要对调查活动进行审查。如果出现有不公正、无效、不可靠的现象，应该重新进行调查活动，并且对违纪机构或者人员的行为给予惩处。

二、追踪调查

调查报告的呈交，说明调查工作就此告一段落。但是，为了更好地履行调查工作的职责，还应进行追踪调查。因为实践才是评判真理的唯一标准。只有对调查结果和建议被采纳的情况和实践后的结果进行追踪，才能对调查活动的调查成果进行真正的评判。追踪调查需要了解的情况包括如下两个方面。

（一）追踪调查前一段工作的成效

调查机构可以通过了解调查结果与实际情况的差距、调查结论的正确性、所提建议在实际执行中的实际效果等，以便从中总结经验和教训，促进企业市场调查研究水平的提高，也促进市场调查事业的发展。

（二）调查结果的采纳情况

追踪调查还需要了解调查结果和建议是否被委托人完全采纳。如果没有被采纳，原因是什么？调查报告未被采纳或被搁置是调查单位的责任，还是委托单位问题？调查结果被采纳的情况下，在实践过程中仍有可能未按照调查报告所提的建议去做，这样就会影响实施的结果，需要进行纠正，以便企业的经营顺利进行。

任务实训

在本模块任务四的任务实训 2 中，对班级同学针对得到的调查结果再进行追踪调查，以确定调查报告的质量和水平。

复习思考

1. 对市场调查活动进行审查与评估的标准有哪些？
2. 追踪调查需要了解哪些方面的情况？

对部分“放心粮油”市场跟踪调查情况综述

全国粮油行业开展“放心粮油”活动已有1年多的时间了，这项活动始终得到各级政府和有关部门的大力支持。在此期间，中国粮食行业协会和各省、自治区、直辖市粮食行业协会组织有关方面和有关专家，先后评出两批“放心粮油”，以适应群众对优质粮油及其制品的迫切需要，为消费者购买粮油食品提供正确的导向，避免损害消费者健康的事件发生。

最近，中国粮食行业协会联合26个省、自治区、直辖市粮食行业协会对获得首批“放心粮油”标牌中的84家企业181个品牌进行跟踪调查。此次调查的品牌占首批“放心粮油”企业和品牌总数的30%多。从检测和各方面反映的情况来看，“放心粮油”合格率达98%以上；并以“优质、放心、贴近大众”的形象，为市场提供了健康、营养、安全的粮油商品，受到了社会的肯定和广大消费者的青睐。

1. “放心粮油”的质量在稳定中提升

在“放心粮油”推广活动中，不少企业以获得“放心粮油”标牌为动力，坚持“质量第一、信誉第一、安全第一、服务第一”的经营理念，进一步加强企业内部管理，完善各项管理制度，增强市场营销和新产品开发力度。为从源头抓起，有近20%的跟踪调查企业建立了生产基地上百万亩，并开展订单收购，实行公司+农户的产业化经营。有的与科研单位合作，指导科学种田，管理好生产基地；有的实行“五统一”，即统一种植品种、统一生产资料、统一生产规程、统一技术指导、统一收获与加工，确保原料的安全和纯度，进一步完善原材料的使用制度；有的制订了严格的原辅料及包装物采购标准和要求；有的实行招标采购原辅料，并对原料进行严格的审查、检验和质量追踪，不合格的拒收。

大部分企业都把完善质量全程监管体系和规范质量管理制度作为首要任务。半数以上企业都按照ISO 9001国际标准，建立和完善质量管理体系，有的已通过考核认证。其余企业也都建立了严格的质量管理制度，从原料、加工、仓储、运输、包装、销售和售后服务、信息反馈等方面，做到层层把关、责任到人、全程控制、环环制约，努力实现质量升级、管理升级。部分企业已开始建立食品安全的预防性技术管理体系（HACCP），严格生产流程关键部位的质量控制和危害控制，进一步完善工艺流程和加强现场管理。对添加剂严加管理，并按规定控制添加量；严格仓储卫生安全制度，作好温、湿度控制，优化产品分类储存；对产品车、船运输均有严格规定，以避免运输途中的污染和损耗；认真执行《食品标签通用标准》，强化包装管理，坚持出厂时再次严格检查把关，做到不合格的原料不投产，不合格的制品不进下道工序，不合格产品不出厂。对出现的质量问题坚持不查清原因不放过，不采取措施不放过，不查清责任不放过。以保证产品质量稳定、品质优良、卫生安全、计量准确。

通过开展“放心粮油”活动，企业领悟到“质量是企业的生命”，对现有设施积极开展更新改造。有约20%多跟踪调查的企业，一年来共投资1.7亿元用于增加先进生产线，改造生产厂房、储存设施和工艺流程，添置清理、分级、色选、抛光、烘干、检化验等先进设备，不断提高加工工艺水平，避免环境污染，确保质量，提升档次。从而保证了“放心粮油”质量始终保持稳定，且不断有所上升。自2002年年底以来，30%左右的跟踪调查企业及品牌，首批通过了质量技术监督部门的现场考核和抽查，有的已获得《食品质量安全市场准入许可证》。

2.“放心粮油”的品牌影响力、信誉度、知名度不断攀升

为了让广大消费者真正吃上“放心粮油”，30%多的跟踪调查企业，在当地政府的支持下，加大了宣传力度。通过各种方式广泛宣传粮油质量安全的重要性和劣质粮油对人体健康的影响和危害，介绍识别优劣粮油的基本知识以及添加剂超标的危害；向消费者传递“放心粮油”信息等，使消费者增加科学知识和自我保护意识；同时也扩大了“放心粮油”的影响。

3.“放心粮油”生产企业坚持诚实守信、文明经商等服务宗旨，向社会公开承诺绝不销售不安全、不合格粮油，做到保质、保量、包退、包换，并设立监督电话，自觉接受社会监督。有的企业配合工商等部门参与打假行动，有效地维护了“放心粮食”的形象，保证了消费者的合法权益。据10个省、自治区、直辖市20多个企业组织上万份问卷调查，顾客满意率达95%以上。居民普遍反映选择“放心粮油”就是选择了健康，买“放心粮油”心里踏实。

4.“放心粮油”销售趋旺，社会效益和经济效益提高

由于“放心粮油”的内在质量、外观形象等方面都具有较强的市场竞争力，占有市场份额不断扩张。据59家企业的129个品牌统计（占跟踪调查企业和品牌的70%多），2002年销售的“放心粮油”比上年增加17%；有的企业的“放心粮油”销量比上年增加1倍多。许多“放心粮油”品牌已进入当地及周边地市的大中型超市。湖南、辽宁、山西等省区的部分“放心粮油”品牌被指定为该省或当地大专院校、军供和救灾的专用粮油。浙江、山东、安徽等地的几十种“放心粮油”品牌，都曾一度出现过消费者争购、商品供不应求的局面。据粗略统计，“放心粮油”市场占有率平均增加3%左右。有的在当地市场占有率已达百分之七八十以上。经营“放心粮油”的经济效益随之提高。据跟踪调查企业统计，2002年产销实现利税平均比上年增加10%以上。

5.与时俱进，产品创新

“放心粮油”生产企业都在努力改进对其他粮油品牌的质量，争取使“放心粮油”由单品种向多品种、系列品种发展和向“放心”厂店发展。并根据市场需要，充分运用现代科技，加大开发新产品力度。部分企业与科研部门合作，采用先进工艺和现代科技，开发并投入市场营养保健的粮油新产品达几十种。

开展“放心粮油”活动，是一项利国利民利企业的好事，必将广泛深入地开展下去，力争取得更大的社会效益和经济效益。中国粮食行业协会和各省市粮食行业协会将加快对

“放心粮油”的评审工作，以满足广大群众消费的需要。并要积极主动地配合质检部门，把开展“放心粮油”活动和执行市场准入制度结合起来，引导企业抓紧完善和达到市场准入要求的条件，使现有的“放心粮油”品牌尽早通过考核和抽查，获得“市场准入”资格。同时加强与工商等部门的联系和沟通，对假冒“放心粮油”的行为坚决追查，严厉打击，以加大对“放心粮油”的保护力度。

问题：

中国粮食行业协会通过对获得首批“放心粮油”标牌中的企业进行跟踪调查中了解到了哪些情况？

参考文献

[1] 菲利普·科特勒．营销管理［M］．梅汝和，梅清豪，周安柱，译．北京：中国人民大学出版社，2001.

[2] 范伟达．市场调查教程［M］．上海：复旦大学出版社，2002.

[3] 岑詠霆．营销调研实训［M］．北京：高等教育出版社，2003.

[4] 郭强，李琼，王晓燕．调查报告撰写手册［M］．北京：中国时代经济出版社，2004.

[5] 范云峰．营销调研策划［M］．北京：机械工业出版社，2004.

[6] 邱小平．市场调研与预测［M］．北京：机械工业出版社，2008.

[7] 杨汉东，邱红彬．营销调研［M］．武汉：武汉大学出版社，2004.

[8] 龚曙明．市场调查与预测［M］．北京：清华大学出版社，2005.

[9] 于翠华．市场调查与预测［M］．北京：电子工业出版社，2005.

[10] 金勇进，蒋妍．市场调查［M］．北京：中国人民大学出版社，2005.

[11] 刘德寰．现代市场研究［M］．北京：高等教育出版社，2005.

[12] 徐飚．市场调查学［M］．北京：北京工业大学出版社，2005.

[13] 简明，金勇进，蒋妍．市场调查［M］．北京：中国人民大学出版社，2005.

[14] 王峰，吕彦儒，葛红岩．市场调研［M］．上海：上海财经大学出版社，2005.

[15] 伊恩·布雷．市场调查宝典——问卷设计［M］．胡零，刘智勇，译．上海：上海交通大学出版社，2005.

[16] 马连福．现代市场调查与预测［M］．北京：首都经济贸易大学出版社，2005.

[17] 王峰，吕彦儒，葛红岩．市场调研［M］．上海：上海财经大学出版社，2006.

[18] 陈殿阁．市场调查与预测［M］．北京：清华大学出版社，北京交通大学出版社，2006.

[19] 叶叔昌，邱红彬．营销调研实训教程［M］．武汉：华中科技大学出版社，2006.

[20] 王若军．市场调查与预测［M］．北京：北京交通大学出版社，2006.

[21] 徐联沧．消费心理学［M］．北京：电子工业出版社，2006.

[22] 柴庆春．市场调查与预测［M］．北京：中国人民大学出版社，2006.

[23] 叶叔昌，邱红彬．市场调研实训教程［M］．武汉：华中科技大学出版社，2006.

[24] 张德斌．市场调查和预测［M］．北京：中国经济出版社，2006.

[25] 张飘予．市场调研宝典［M］．北京：中国经济出版社，2006.

[26] 庄贵军．市场调查与预测［M］．北京：北京大学出版社，2007.
[27] 黄丹．市场调研与预测［M］．北京：北京师范大学出版社，2007.
[28] 戚德臣．统计学基础［M］．杭州：浙江大学出版社，2007.
[29] 王枝茂．商务调查与预测［M］．北京：中国财政经济出版社，2007.
[30] 秦宗槐．市场调查与预测［M］．北京：电子工业出版社，2007.
[31] 赵铁．市场调查与预测［M］．北京：清华大学出版社，2007.
[32] 秦宗槐．市场调查与预测［M］．北京：电子工业出版社，2007.
[33] 魏玉艺．市场调查与分析［M］．大连：东北财经大学出版社，2007.
[34] 柳思维．现代市场研究［M］．北京：中国市场出版社，2007.
[35] 刘红霞．市场调查与预测［M］．北京：科学出版社，2007.
[36] 赵铁．市场调查与分析［M］．北京：北京交通大学出版社，2008.
[37] 全球品牌网．http：//www. globrand. com.
[38] 中国营销评论网．http：//www. marketingcn. org.
[39] 中华品牌管理网．http：//www. cnbm. net. cn.
[40] 企业管理资源网．http：//www. m448. com.
[41] 调研在线网．http：//www. mrpad. com.
[42] 阿里巴巴网站．http：//china. alibaba. com.
[43] 中国营销传播网．http：//www. emkt. com. cn.
[44] 中国行业研究网．http：//www. chinaim. com.
[45] 北京新生代市场监测机构．http：//www. sinomonitor. com.